数字经济背景下
智慧旅游理论与实践

孟 妍 赵 爽 ◎ 著

吉林出版集团股份有限公司

版权所有　侵权必究

图书在版编目（CIP）数据

数字经济背景下智慧旅游理论与实践 / 孟妍，赵爽著. — 长春：吉林出版集团股份有限公司，2024.6
ISBN 978-7-5731-5038-7

Ⅰ．①数… Ⅱ．①孟… ②赵… Ⅲ．①智能技术—应用—旅游业—研究 Ⅳ．①F59-39

中国国家版本馆 CIP 数据核字（2024）第 104652 号

数字经济背景下智慧旅游理论与实践
SHUZI JINGJI BEIJING XIA ZHIHUI LÜYOU LILUN YU SHIJIAN

著　者	孟妍　赵爽
出版策划	崔文辉
责任编辑	姜婷婷
封面设计	文　一
出　版	吉林出版集团股份有限公司
	（长春市福祉大路 5788 号，邮政编码：130118）
发　行	吉林出版集团译文图书经营有限公司
	（http://shop34896900.taobao.com）
电　话	总编办：0431-81629909　营销部：0431-81629880/81629900
印　刷	廊坊市广阳区九洲印刷厂
开　本	710mm×1000mm　　1/16
字　数	220 千字
印　张	14
版　次	2024 年 6 月第 1 版
印　次	2024 年 6 月第 1 次印刷
书　号	ISBN 978-7-5731-5038-7
定　价	85.00 元

如发现印装质量问题，影响阅读，请与印刷厂联系调换。电话 0316-2803040

前　言

随着互联网技术的普及和数字通信技术的更新发展，旅游行业出现了多种创新发展模式，如网络预约、浏览、购物等。互联网技术的应用改变了传统旅游行业发展的束缚，使旅游行业的推广发展以更为便捷、高效、生动的方式进行传播。各大旅游地区通过运营互联网线上模式，以新媒体技术为文化宣传，加强对旅游行业的宣传推广。互联网技术对人们日常生活消费模式的转变，是促进旅游行业优化升级的关键因素，因此，在数字经济背景下，智慧旅游的发展将得到全面的服务提升。

随着信息技术对旅游服务专业化的发展，目前，智慧旅游可以为旅游提供更多的服务性功能，对多种旅游服务方案可以进行筛选、修订和完善，为旅游消费者服务提供全程的互动体验，加强旅游消费者的旅游享受。同时，也能完成对旅游服务的自我评估、自我分析等功能，进一步推动智慧旅游的优化发展。智慧旅游更强调的是与旅游消费者之间的互动性，智慧旅游所服务的是旅游消费者个体，而非传统旅游业概念中旅游消费者群体的身份。通过对旅游消费者的一对一智能化服务，完成对旅游各环节全流程、全方位的服务优化资源整合，打破传统旅游行业服务的泛在化旅游服务体验，推动智慧旅游服务创新发展。因此，智慧旅游服务主体提出了更高的需求，同时对旅游行业产业发展提出了更高的要求与挑战。需要智慧旅游在发展时，以数字经济为产业基础，构建全方位、全过程的旅游服务产业链，加强行业发展协调，促进区域旅游发展。

本书围绕"数字经济背景下智慧旅游"这一主题，以数字经济时代的到来为切入点，由浅入深地论述了智慧旅游及其架构、数字技术与智慧旅游，诠释了数字经济背景下智慧旅游新业态、智慧旅游管理、智慧旅游服务、智慧旅游营销、智慧旅游场景应用，探究了数字经济背景下旅游消费者行为趋势，提出了数字经济背景下旅游企业应对消费者行为变化的措施建议，以期为读者理解与践行数字经济背景下智慧旅游提供有价值的参考和借鉴。本书内容翔实、条理清晰、逻辑合理，在写作过程中注重理论与实践的结合，可供智慧旅游建设企业的相关从业人员，方案、设备提供商的管理者以及智慧旅游的研究者阅读和参考。

笔者在撰写本书的过程中，借鉴了许多专家和学者的研究成果，在此表示衷心感谢。本书研究的课题涉及的内容十分宽泛，尽管笔者在写作过程中力求完美，但仍难免存在疏漏，恳请各位读者批评指正。

目　录

第一章　数字经济时代的到来 ·· 1
　　第一节　数字经济概述 ·· 1
　　第二节　数字经济发展的特点 ···································· 10
　　第三节　数字经济的发展趋势 ···································· 17

第二章　智慧旅游及其架构 ·· 23
　　第一节　智慧旅游的概念与演变 ·································· 23
　　第二节　智慧旅游的应用和发展 ·································· 34
　　第三节　智慧旅游的功能与价值 ·································· 36
　　第四节　智慧旅游的整体架构与信息流 ···························· 46
　　第五节　智慧旅游的未来发展趋势 ································ 56

第三章　数字技术与智慧旅游 ·· 60
　　第一节　与移动终端相关的技术 ·································· 60
　　第二节　物联网技术 ·· 69
　　第三节　虚拟现实技术 ·· 71
　　第四节　人工智能技术 ·· 74
　　第五节　云计算技术 ·· 75
　　第六节　信息安全技术 ·· 77
　　第七节　社交网络技术 ·· 79
　　第八节　大数据技术 ·· 82

第四章　数字经济背景下智慧旅游的新业态 ······························ 86
　　第一节　智慧酒店新业态 ·· 86
　　第二节　智慧景区新业态 ·· 89
　　第三节　智慧旅行社新业态 ······································ 91

第五章　数字经济背景下的智慧旅游管理 ································ 94
　　第一节　智慧旅游城市管理 ······································ 94
　　第二节　智慧景区管理 ·· 97

  第三节 智慧酒店管理 · · · · · · 99
  第四节 智慧旅行社管理 · · · · · · 102

第六章 数字经济背景下的智慧旅游服务 · · · · · · 106
  第一节 旅游行前智慧化服务 · · · · · · 106
  第二节 旅游行中智慧化服务 · · · · · · 107
  第三节 旅游行后智慧化服务 · · · · · · 111

第七章 数字经济背景下的智慧旅游营销 · · · · · · 115
  第一节 目的地智慧营销 · · · · · · 115
  第二节 体验智慧营销 · · · · · · 126
  第三节 服务智慧营销 · · · · · · 129

第八章 数字经济背景下智慧旅游场景应用实践 · · · · · · 134
  第一节 景区场景应用 · · · · · · 134
  第二节 酒店场景应用 · · · · · · 142
  第三节 乡村场景应用 · · · · · · 146
  第四节 市域场景应用 · · · · · · 150
  第五节 省域场景应用 · · · · · · 153

第九章 智慧旅游背景下旅游消费者行为的概念与特点 · · · · · · 173
  第一节 智慧旅游背景下旅游消费者消费行为倾向 · · · · · · 173
  第二节 智慧旅游背景下旅游消费者在线消费行为影响因素 · · · · · · 185
  第三节 智慧旅游背景下旅游消费者消费行为数字足迹特征分析 · · · · · · 190

第十章 数字经济背景下旅游消费者行为趋势 · · · · · · 198
  第一节 大数据驱动的消费意愿 · · · · · · 198
  第二节 元宇宙沉浸式旅游体验 · · · · · · 200
  第三节 旅游文化底蕴需求提升 · · · · · · 203

第十一章 未来旅游企业应对消费者行为变化措施建议 · · · · · · 205
  第一节 人工智能赋能新型智慧旅游 · · · · · · 205
  第二节 区块链赋能智慧旅游高质量发展 · · · · · · 206
  第三节 构建沉浸式体验提升景区服务质量 · · · · · · 209
  第四节 结束语 · · · · · · 212

参考文献 · · · · · · 214

第一章 数字经济时代的到来

第一节 数字经济概述

数字经济是一系列社会经济活动，主要以互联网为基础，以数字知识和信息作为最关键的生产要素，有效利用信息通信技术优化市场经济结构的重要驱动力。基于互联网和数字技术，数字经济不仅全面渗透到农业、工业和服务业三大产业，而且彻底改变了许多传统的经济增长规律，包括边际收益递减规律。数字经济已经成为继三大工业经济体之后更高层次的经济形态，未来很可能成为"第四大产业"。

一、数字经济的内涵

（一）数字经济的定义

"数字经济"一词最早于1996年由唐·塔斯考特（Don Tapscott）提出，他认为，数字经济描述的是一个广泛运用信息通信技术（ICT）的经济系统，包含基础设施（高速互联网接入、计算能力与安全服务）、电子商务（在前端与后端大幅利用ICT的商业模式），以及运用ICT的交易模式，包括企业对企业（B2B）、企业对消费者（B2C）和消费者对消费者（C2C）。

1997年5月，日本通产省（于2001年改组为经济产业省）开始使用"数字经济"这一名词，其认为数字经济是需要具备以下四种特征的经济业态：一是在没有人员、物体和资金转移的基础上能够实现非物理移动型经济；二是合同签署、价值转移和财产积累可通过电子途径完成；三是信息通信技术高速发展；四是电子商务广泛发展，数字化逐步渗透。

经济合作与发展组织（OECD）（2017）指出，随着云计算、机器学习、远程控制、自动机器系统的出现，物联网技术逐渐成熟，ICT与经济之间的融贯联系大幅度增加。数字经济迅速发展并渗透到世界经济运行的多个方面，包括零售（电子商务）、交通（自动化车辆）、教育（大规模开放式网络课程）、健康（电子记录及个性化医疗）、社会交往与人际关系（社交网络）等领域。数字化创新和新型商业模式正在引领社会工作和贸易方式的转变。

（二）数字经济的范围

布赫特（Bukht）和海克斯（Heeks）将数字经济按范围分成三个层面。最内层是数字经济核心行业，包括ICT制造与信息服务业；核心行业之外则是蓬勃发展的数字服务与平台经济，属于狭义的数字经济；更外围的广义数字经济即经济数字化，包括电子商务、工业4.0、精准农业、算法经济等。

OECD初步构建了一个既能对接国民经济账户体系（SNA），又能开展独立核算的数字经济卫星账户框架，针对数字经济核算的一些具体问题进行了研究和分析，包括数字经济中的价格和物量核算、个人对个人（P2P）交易中的消费品资本化核算、"免费"经济核算、数字平台中介服务的流量核算等。如对于"免费"经济及类似的非货币化交易问题，OECD主要基于广告融资和数据支持两个视角展开核算。

美国经济分析局（BEA）与国际货币基金组织（IMF）在OECD数字经济制造业部分的基础上进行了不同程度的扩充，两者都将服务业拓展到信息传输、软件和信息技术服务业。BEA的数字经济定义还包括电子商务和数字媒体；IMF的数字经济定义则包括线上平台、共享经济，以及开源免费软件、免费媒体广告等对GDP的贡献，后者通常不包括在传统的GDP统计中。

BEA对美国数字经济的测算主要基于北美产业分类体系（North American Industry Classification System，NAICS）及供给使用表。首先，基于NAICS框架和专家的意见，识别了供给使用表中200多种数字商品和服务；其次，基于供给使用表，得到美国所有产业对上述数字产品的总产出，并求得每个产业生产各类数字产品的总产出分别占该产业总产出的比重；最后，基于每个产业生产的中间消耗占总产出的比重等于该产业生产数字产品的中间消耗比重这一假设，将前一步骤的比重乘以该产业的增加值，作为该产业生产数字产品的增加值。在得到现价的数字经济总产出和增加值后，BEA又进一步构建了相应的价格指数，进而得到以2009年为基准年的可比价总产出和增加值。

2021年6月，中国国家统计局发布《数字经济及其核心产业统计分类（2021）》（以下简称《数字经济分类》）。《数字经济分类》以《国民经济行业分类》（GB/T4754—2017）为基础，对《国民经济行业分类》中符合数字经济产业特征的和以提供数字产品（货物或服务为目的）的相关行业类别活动进行再分类，分类主要基于《国民经济行业分类》中4位数行业建立。国家统计局《数字经济分类》将数字经济产业范围确定为五大类，分别为：01数字产品制造业、02数字产品服务业、03数字技术应用业、04数字要素驱动业、05数字化效率提升业。

从行业分布上看，国家统计局发布的《数字经济分类》涵盖更广。01—04大类为数字经济核心产业，01 大类属于制造业，02—04 大类属于服务业，05 大类为产业数字化部分，指应用数字技术和数据资源为传统产业带来的产出增加和效率提升，是数字技术与实体经济的融合。

中国信息通信研究院将数字经济分为数字产业化和产业数字化两大部分，其中数字产业化增加值部分按照国民经济统计体系中各个信息产业的增加值进行直接加总，产业数字化增加值部分把不同传统产业产出中数字技术的贡献部分剥离出来，对各个传统行业的此部分加总，得到传统产业中的数字经济总量，并基于增长核算账户模型和分行业 ICT 资本存量测算。

二、构建数字经济发展比较框架

我们基于布赫特和海克斯定义的数字经济体系，参考 OECD、IMF、BEA 所设的范围和方法，将数字经济定义为三个由内向外扩展的层面：第一层，数字经济核心产业，经济核算对应数字经济核心产业增加值，称为数字产业；第二层，数字服务和平台经济等数字业态，经济核算对应这些数字经济新业态创造的增加值，第一层和第二层加总，称为狭义数字经济，核算对应数字经济增加值；第三层，数字经济核心行业的产品与服务通过数字化赋能传统产业和实体经济，称为广义数字经济，对应国家"十四五"规划纲要中的"产业数字化"。需要特别指出的是，从度量和统计角度看，第三个层面，数字化赋能传统产业和实体经济，即广义数字经济，其度量对应的是效率提高和资本积累。

我们定义的数字经济，其核心产业包括高技术硬件制造、软件服务两类，分别对应制造业（电气机械及器材制造、通信设备、计算机及其他电子设备制造与仪器仪表制造）、软件服务（信息传输、软件和信息技术服务业），数字业态主要对应平台服务（电子商务平台）（见表 1-1）。

表 1-1 数字经济范围[①]

数字经济体系	分类	行业	备注
狭义数字经济	数字经济核心产业	电气机械及器材制造业	
		通信设备、计算机及其他电子设备制造业	
		仪器仪表制造业	
		信息传输、软件和信息技术服务	
	数字业态	平台服务	仅包括电子商务平台
广义数字经济		产业数字化	

① 杨燕青，葛劲峰，马绍之. 数字经济及其治理 [M]. 北京：中译出版社有限公司，2023：101—102.

其中，我们对数字核心产业的定义与OECD、IMF、BEA所定义的基本一致。除了核心行业，我们在满足中国数据可得性的情况下尽可能地扩展了数字经济的范围，将电子商务平台纳入了数字经济统计范围。如果不考虑不在GDP统计范围的开源软件、免费媒体等传统行业，我们对数字经济的定义与IMF基本一致，由于缺少细分行业数据，我们无法像BEA一样将互联网媒体纳入统计。

21世纪以来，全球主要经济体数字经济发展迅猛，中国数字经济成长更可谓一枝独秀。借助第一财经研究院的单位劳动力成本（ULC）数据库，基于可比较的数字经济定义范围，我们估算了全球18个主要经济体的数字经济核心产业增加值的规模、增速及其占GDP的比重，即数字产业体量。

就数字经济核心产业增加值而言，中国数字经济部门在2008年之后的扩张明显加快，2012年更是超越日本成为全球数字产业第二大经济体。美国保持数字产业第一大国和强国的地位，2020年的数字产业增加值规模达15053亿美元。有关数据显示，中国和美国数字经济核心产业增加值的差距已明显缩小，尤其在2020年更加明显。

中国数字经济实际增速明显高于其他主要经济体。中国信通院发布的《中国数字经济发展白皮书（2023）》报告数据显示，中国数字经济增加值规模已由2005年的2.6161万亿元，扩张到2022年的50.2万亿元，同比增长10.3%，已连续11年显著高于同期GDP名义增速，数字经济占GDP比重达41.5%，这一比重相当于第二产业占国民经济的比重。

三、数字经济的特征

数字经济是一种新型经济形态，其生产投入主要是数据和数字技术，因此表现出以下鲜明特征：

一方面，数字化的边际成本接近于零，这是数字经济最核心的经济学特征。在传统经济中，产量增加使边际成本递减，这几乎是商品生产的普遍规律。但这种递减不会是无限的，当超过一定的限度时，资源的缺乏就会导致边际成本再次上升。数字经济生产要素中的基础设施由软件和硬件构成，其中软件部分一旦推广和应用起来，复制和传播的成本就会非常低。因此，数字经济的边际成本在理论上可以无限趋近于零。

另一方面，网络效应是数字经济和平台企业最广为人知的特征。虽然传统经济中也存在网络效应，但随着平台的崛起，数字经济中的网络效应被极度放大。网络效应可以分为直接网络效应和间接网络效应。直接网络效应是指随着数字经济客户数量的增加，对客户本身而言，数字经济的价值和吸引力也在增加。例如，微信和微博，更多的活跃用户数量自然会吸引新客户注册。而间接网络效应是指数字经济的一方客户（如消费者）实现的价值会随着另一方客户（如服务提供方）数量的增加而增加。假设一个互联网平台有可能接触到更多的潜在客户，那么它对广告商而言就更有价值。如果有更多的广告商被吸引，对那些想买东西的客户来说，也会产生新的价值，因为用户更有可能看到相关的广告，所以降低了信息摩擦成本。

由于存在边际成本接近于零和网络效应的特征，并且数据资源是无穷无尽的，如果不考虑算力的限制，数字经济应该表现出指数级扩张的趋势，这与近年来数字经济爆发式增长相吻合。

四、发展数字经济的意义

（一）成为经济增长的主要动力源泉

1. 数字经济正以前所未有的速度发展，创新创历史新高，在全球经济中的作用日益凸显。它极大地促进了经济社会的快速发展，也促进了生产力的不断提高。发展动力更加充沛，经济活力更加强劲，经济发展也更加健康稳定。当前，在经济发展过程中，数字经济的驱动力日益增强。埃森哲研究员在其论述中强调的数字密度指数专门用于研究数字技术对经济和社会的影响程度以及技术驱动的经济实力。

2. 数字技术引发数字革命，推进数字经济不断发展。近年来，随着物联网、移动互联网及云计算等数字信息技术的指数级增长及不断突破、交叉融合，形成了多种技术的整体演进及突破。首先，大数据和人工智能技术的发展使物联网设备间的不兼容问题得到有效解决，降低数据存储、传输及分析成本而使物联网技术实现从量变到质变的跃迁，推动物联网持续健康发展；其次，移动互联网的发展突破了既有互联网技术的禁锢和约束，使移动互联网的应用领域更加广泛，而云计算的普及降低了信息技术的基建和运维成本，大幅度缩短了信息技术的建设周期，加快了数字技术的系统部署；最后，数字技术的广泛应用改进了传统产业产出效率低迷的现状，促进了传统产业的生产效率和产出水平的大幅度提升，变革出大量促进经济发展的新业态和新模式，成为经济社会发展的新动力，推动经济的可持续增长。

3. 各行业与数字技术的融合日益紧密，同时技术革命也必然带来巨大的"发展红利"。从数字支付的相关研究中可以看出，中国的数字支付在世界各国中排名第二。数据显示，通过支付宝和微信支付的资金总额已达到全球第一。在外贸中，电子商务的重要性日益显现，它已成为一种新的贸易渠道，极大地促进了中国外贸的转型升级。从数字技术驱动产业转型的角度来看，未来数字技术对传统产业的驱动力将持续增强，市场规模将超过40亿。

随着发展步伐的不断加快，特别是近10年来，中国数字经济成果丰硕，后发力量不断增强。根据数据研究结果，目前，中国数字经济占国内生产总值的33%，是世界第二大经济体。此外，中国在网民数量、智能手机出货量和互联网销售额方面均居世界第一。

（二）提高经济发展的质量

一体化是数字经济的重要特征之一。在传统领域与数字经济不断融合的过程中，特别是随着制造业影响力的不断提升，数字经济的赋能效应日益明显，极大地推动了智能制造业的快速发展。近年来，日本、美国等国家从国家战略的角度制定了一系列战略，促进制造业与数字经济的融合发展。大多数发达国家都在不断推动传统领域与互联网的深度融合发展，以不断推动制造业的发展和转型。许多制造业企业正在积极探索自身发展和数字化融合的良好路径，以促进转型升级。德国安贝格致力于将数字化融入企业工作的各个方面，将数字技术融入外部设计、规划和生产、综合服务和工艺抛光。它允许对产品流程进行快速调整，并不断提高产品合格率。不合格产品的比例在逐渐降低，同时保持原有占地，生产力不断提高。

实体经济的发展需要与互联网相互关联，两者的融合是未来发展的趋势。在数字经济的影响下，传统制造业正在经历前所未有的变革。随着协同制造的影响力越来越大，远程智能服务效能不断增强，规模定制已成为一种新的发展模式。这些新业态的不断发展，不仅契合了市场的发展需求，也保证了生产力的不断提高，为制造业未来转型开辟了新的方向。

信息通信技术的发展为实现节能减排做出了重大贡献。一方面，技术的广泛应用导致一些资源的消耗持续减少，导致相关行业的污染物排放持续减少。此外，信息资源属于一种不需要其他资源支持的清洁能源。根据相关计算，信息技术的使用使碳排放量减少了15%—40%。21世纪能源研究强调，在通信技术的影响下，工业生产力将继续提高，碳排放也将减少约20%。欧盟委员会强调，在欧洲范围内扩大通信技术相关研究成果的应用，将更好地实现低碳排放的目标。

（三）改变了经济社会的发展逻辑

从历史发展的角度来看，无论是哪场技术革命，都会推动不同经济范式的诞生和发展。从整个过程来看，它包括两个重要的发展时期，每个时期前后大约有25年的增长期。第一个时期是新技术的快速应用和相关产业的快速发展。在新技术影响下生产的产品也在建设、开发和大规模使用的不断发展过程中，基础设施建设取得了丰硕成果；第二个时期是新技术与各个行业深度融合和不断扩展的阶段，导致其他行业发生重大变化。当前，全球信息技术正处于快速变化的发展阶段。人工智能、互联网、信息技术和相关产品正在向社会的各个领域发展。无论是什么样的人，都可以相互交流并建立联系。各类数据快速增长，新产品不断推出，新业态日益丰富。各行业正以前所未有的速度与信息技术建立密切联系，这令人震惊。与此同时，人们的生活方式发生了革命性的变化。用具体数据来说明，在埃森哲看来，全球数据存量正以前所未有的速度增长，2020年该数据首次突破44ZB。这些数据与社会的许多领域密切相关，多样的数据也可以指导人工智能技术的更新和升级。同时，它也为社会治理提供了更全面、科学、准确的数据支持，未来的治理工作将更加科学高效。同时，通信技术、大数据、云计算等应用领域的不断拓展，将继续推动电子商务发展提质增效。其向外扩张的趋势将越来越明显，全球贸易将越来越相互联系。智能化、电子化配送将成为未来发展的主流。毫无疑问，由于信息技术的影响，生产力将发生革命性的变化，生产关系将发生新的变化，产业效率将不断提高，未来的互联网生态系统将不断优化，贸易形式将更加多样化，制造业的形式也将发生重大变化。

（四）促进创业就业和增进人民福祉

从促进创新的角度来看，随着全球经济结构的不断调整，人口结构也在不断变化，新技术的影响正在逐步渗透各个方面。无论在哪个国家，创业都受到了高度重视，促进了其国际竞争力的不断提高。此外，许多国家出台了各种支持创新创业的政策，引导企业不断增强市场竞争优势。例如，欧盟非常重视创业教育，在各个阶段提供专门的创业课程，并将信息技术和相关教育纳入校园教育。在当前技术革命加速的进程中，信息技术的作用越来越明显。中国出现了新一轮"创业热"，更多的人参与到创业过程中，其中很大一部分与数字经济直接相关。在数字经济的推动下，企业家可以访问更大的在线平台。也就是说，在数字经济的引领下，一大批互联网企业发展壮大，在吸引就业方面发挥了重要作用，成为创新创业的主要动力。

数字经济的发展促进了人类认知能力的提高，帮助人们发展智力，也促进了生产水平的不断提高，对就业水平的提高起到了直接的推动作用。从2021年的数据可以看出，中国数字经济产值已经达到45.5万亿元，为经济的快速发展提供了强劲的动力，这直接导致了数字经济中就业机会的不断增加。据相关报道，从数字经济结构来看，数字产业化在所有招聘岗位中的占比已达33.2%，占员工总数的26.3%。正是出于这个原因，许多国家将数字经济建设视为进一步发展就业的重要途径。2006年，欧盟正式发布了《21世纪——通过就业发展建设信息社会》，明确指出信息技术在提供就业机会和稳定经济发展方面的作用是不可替代的。2015年，日本在《信息技术发展白皮书》中强调，对许多当地企业来说，有必要利用好智能手机等通信设备，扩大云服务的影响力，并充分发挥其在促进就业方面的主导作用，以满足20万人的就业需求。可以说，互联网最大的价值在于它能够不断推动生产效率的提高,确保劳动者拥有更高的劳动技能。对于更传统和机械的任务,可以利用数字技术来取代和完成它们。通过这种方法,工人可以将注意力集中在其他领域,投资和开发新技术,这不仅可以持续降低成本,还可以最大限度地减少不确定性。

在增进福祉方面,人们的生活质量与数字化之间的联系尤为密切。随着数字化能力的不断增强,人们对生活的满意度不断提高。根据世界经济论坛的研究结果,数字化水平每提高 10 个百分点,人们的生活满意度就会提高约 2.1 个百分点。尤其重要的是,数字经济的快速发展使不同地区之间的数字鸿沟得以更好弥合,许多生活在偏远地区的人将有更大的幸福感。数字技术的发展使人们的福祉不断改善,人们的生活在消费、购物、休闲、旅游、教育、交友等各个方面都发生了翻天覆地的变化。

五、数字经济的技术支撑

数字经济建立在各种先进技术的基础上,包括关键技术及专业硬件和设备的参与。[①]

(一)人工智能

首先,从全球研究的角度来看,人工智能已经引起了多个国家的关注。目前,全球已有 30 多个国家出台了相应的人工智能发展规划和发展战略,每个国家都专注于军事发展、技能培训、资源建设、数据处理和就业服务。其次,与人工智能发展密切相关的前沿技术正在快速更新,学习迁移和深度学习成为当前关注的热点。[②]最后,第三代人工智能的发展非常迅速。它充分利用了计算能力、算法和知识等关键要素,实现了更高质量的知识驱动,也实现了数据的价值。当前,人工智能的发展不断取得新的突破,受到了业界的高度关注。例如,2020 年,在人工智能的帮助下,成功预测了 3D 蛋白质结构折叠过程,为生物学研究做出了重大贡献。

(二)量子科技

量子技术有助于国家技术进步。一个国家未来竞争力的强弱与量子技术的发展密切相关。在技术力量的推动下,各国在相关方面统筹谋划,不断推动量子技术基础研究提质增效,加大关键技术研究力度,优化推进工程发展和攻关的基本发展格局。

中国也高度重视量子技术的发展。量子技术的发展关系着我国的整体建设和发展。我们必须真正把它作为一项重点和核心工作来加强,从整体上进行战略部署,优化总体布局。

---

① 陈云伟,曹玲静,陶诚,等.科技强国面向未来的科技战略布局特点分析[J].世界科技研究与发展,2020,42(1):5—37.
② 唐川,秦晓林,李若楠,等.国际人工智能研究的前沿与进化趋势:基于人工智能期刊论文突变项检测与分析[J].数据与计算发展前沿,2019,1(6):121—134.

此外，中国在量子研究领域取得了新的突破。2020年，"墨子号"量子科学实验卫星在国际上首次实现了基于纠缠的量子密钥分发，引起了世界各国对中国的持续关注。同时，这对中国来说也是一个颠覆性的举措，其未来的发展空间相对较大，许多投资者将注意力集中在了相关方面。2019年，谷歌向全世界宣布实现了量子霸权。

（三）未来信息通信

5G技术具有容量大、速度快等特点。5G技术的发展必然会给文化生产、产业制度和生产形式带来革命性的变化。随着5G技术与其他各个领域的融合不断深化，人们将进入物联网的新时代。物理世界对人们来说不再陌生，人与物之间的直接联系已经建立。无人机、电子智能、智慧城市、信息农业等领域将实现跨越式发展。特别是在不久的将来，6G技术将与人们的生活更加紧密地联系在一起，人们将处于一个万物互联的新时代。区块链、数字云等对人们来说将不再陌生。

（四）先进计算

众所周知，超级计算机在P级计算中取得了卓越的成绩，这是一个前所未有的新突破。从那时起，世界各国加快了本国超级计算机建设的步伐，并继续向计算的E级迈进。E级的基本要求是每秒执行数十亿次浮点计算，每秒可实现的浮点计算数量已达到1018次。从《财富》500强超级计算公司展示的相关数据中可以看出，中国排名第一的超级计算系统数量已经超过200个。美国有115个，日本有30个，分别排名第二和第三。从算力来看，美国排名第一，其次是中国和日本，三个国家的算力分别为28%、25%和23%。

（五）区块链

区块链技术本质上是一种重要的加密货币技术。目前，许多国家在相关行业的发展中不断出台相应的法律法规，许多地区的政府也在加快区块链行业的发展，以确保项目能够真正落地。在全球范围内，已经建立了150多个区块链项目，突出了它们与实体经济的互动。项目建设数量排名前五的国家是荷兰、韩国、美国、英国和澳大利亚。[①]

（六）自动化系统与机器人

未来，机器人和自动化将在教育、交通、农业、工业、日常生活和战场等各个领域得到广泛推广。随着自动化发展的日益成熟和技术的不断升级，许多职位将由专业机器使用手工劳动，这将对就业、经济发展等方面产生直接影响。经合组织的《就业展望》明确强调，在未来发展中，全球至少50%的工作岗位将由机器人代替，而这种转变是趋势。在这一转型中，自动化技术、人机交互和遥感将直接影响这一技术的开发和建设水平。

---

① 郭滕达.美国推动区块链发展的主要做法及启示[J].世界科技研究与发展，2020，42（5）：558—566.

(七)网络空间与安全

当前,各国正通过网络空间进行国与国之间的博弈,网络空间的重要性日益凸显。它在国家安全战略中的作用正变得越来越重要。在数字经济加速发展的背景下,数字化对人们生活的影响越来越直接。因此,网络安全变得更加重要。网络本身也将面临各种问题,包括网络欺诈、虚假信息收集、安全维护、病毒入侵、舆论控制等,这些问题会对网络的发展产生重大的负面影响。

(八)大数据分析

近年来,大数据的发展引起了社会各界的广泛关注,其在组织驱动中的作用尤为显著。越来越多的公司将注意力和研究集中在大数据研究上,旨在找到更好的解决方案,为企业赢得新的增长点。到目前为止,研究人员的注意力都集中在技术上,对战略应用的研究很少。未来,数据采集、数据应用、气候监测、数据库建设、数据处理、自然语言、情报信息分类将成为大数据工作的重点。

第二节 数字经济发展的特点

近几年来,在政府的支持和市场的驱动下,我国数字经济取得了长足发展,且在国内生产总值中所占比例持续攀升,使我国数字经济在世界范围内的影响力也日益增强。数字经济是推动经济勃发的新动力与新引擎,并成为当今世界最引人注目的经济增长点,所以,数字经济领域中呈现出的竞争局面也越演越烈。中国共产党第十九届中央委员会第五次全体会议中提出,促进数字技术与实体经济的深度融合,推进数字产业化、产业数字化,构建数字产业集群,增强数字产业国际竞争力等为推动数字经济的一系列要领。这一政策的颁布,深度表明了我国对发展数字经济的坚定信心。因此,本节着重分析和总结了数字经济发展的前期基础工作,并对未来数字经济发展的特殊优势进行了客观认识,以优化和提高我国在数字经济方面的国际影响力。

一、现阶段我国数字经济发展的特点

(一)数字产业化稳步发展

1. 信息基础设施建设取得跨越式发展

目前,我国无论是4G网络,还是光纤网络,在国际社会中均处在遥遥领先的地位,相关数据统计显示，当前，4G网与光纤网络在全国行政村覆盖率已达到98%以上，IPv6在固定宽带移动LTE网中的应用也基本实现。最近几年对数据基础设施的建设也基本完成，新一代的云运算平台设施已初具规模，并且国际传输网络架构的建造工作也在如火如荼开展中，其大容量多方向的先进技术不但促进了数字经济新兴业态，也给予了融合应用方面的有力支持，切实为国内数字产业化未来高质量的发展道路打下了牢固的根基。

2. 数字化消费新业态新模式加快形成

近几年，我国数字技术与数字服务发展势头迅猛，不仅拥有非常好的发展前景，而且对国民经济发展也有着一定的推动作用；伴随数字技术的普及运用和发展，在线消费已经成为广大消费者的一种习惯，重量级的消费新模式也日渐顺应市场趋势。如电子政务、远程办公等线上服务的跨越式激增，充分体现了数字经济的独特优越性。而智能家居和数字媒体等新的消费模式也在5G新兴数字技术的支撑下迅速萌芽壮大。

（二）产业数字化进程提速

1. 数字技术创新助推产业转型升级

当下，我国在深度学习和大数据等方面的数字技术研究和开发已有长足进步，新一代信息技术的发展为我国产业数字化转型、数字经济的健康发展、数字经济产业链的不断完善提供了有力支持。目前，我国制造业数字化的基础能力日渐平稳，自动化水平与智能化技术水平日益成熟，在"数字经济"战场中，制造业行业俨然成为"宠儿"。

2. 数字经济融合发展取得重要进展

近些年，数字经济与实体经济之间的联系越来越紧密，相互渗透的融合程度也更契合。譬如，随着工业互联网创新发展，其不但延伸出了数字化管理和智能制造等多种不同的新业态模式，更极大地促进了数字经济的深入发展，使实体经济行业与数字经济的融合发展共同顺应时代的市场规律。

（三）数字化治理成效显著

数字经济广阔的应用前景与重大影响力，使国家对数字化治理给予了高度关注。随着政府的大力建设和积极推动，数字化治理成效显著。目前，全国各级政府机关电子政务在线化进程加快，"掌上办""一网通办"等多个相关电子政务平台的上线，实现和提高了跨层级、跨区域、跨部门的业务处理能力与快速响应能力，极大地增强了一体化政务服务平台的服务能力与服务水准。

传统产业和数字技术的有效结合，使我国现有的治理体系也在朝着更高层的方向发展。从治理方式角度而言，我国传统的治理方式大多基于个人判断和经验主义，而数字经济粉碎了情感倾向模棱两可的模式，并逐步过渡到数据驱动精细精确的数字化、标准化和规范化治理模式。同时，将大数据和云计算等数字信息技术与传统公共服务的融合应用，进一步提高了治理体系的科学决策和态势感知，加强了风险防范和对突发事件的响应能力，促进了数字社会的数字化公共服务的均等化发展。

（四）数据价值化加速推进

目前，政府对数字经济中的数据作用给予了高度重视，且制定了一系列相关政策，并围绕着"政府有为""个人有益"及"企业有利"等多方向构建了以数据要素为核心的市场化配置机制；回顾以往，国务院联合其他部门早在2002年便正式颁布了《关于构建更加完善的要素市场化配置体制机制的意见》文件，此要件宗旨意在加速推进培育大数据。

要素市场的出现，意味着数据将与资本、技术、土地以及其他资源要素融合在一起，从而形成一个完整的价值创造体系；资源要素的融合不仅是数字化时代发展的重中之重，更是数字经济的战略资源与重要生产力。

在中央决策的正确指导下，各地区都将推动数据交易流通作为工作重点，同时也十分关注当地大数据交易平台的总体建设情况。

（五）数据成为驱动经济发展的新要素

随着移动互联网和物联网的蓬勃发展，人与人的互通互联使数据量呈爆发式增长。如此庞大的数据量使大数据这个概念应运而生，并逐渐成为国家及企业的重要战略资产。数字经济背景下，数据驱动型创新正渗透在经济社会、科技研发等各个领域，相较于传统的经济形态，数字经济给数据信息的产生、传递提供了丰富的条件；而经济社会活动的各相关主体在参与数字经济活动的同时，也成为创造和使用数据的主体，使各项经济社会活动所创造的成果逐渐数字化，数据成为经济社会活动的新要素。此外，数字经济背景下的数据增长遵循大数据摩尔定律，每两年都会翻一倍，是经济活动的重要战略资源。数据有别于传统经济要素，具有易共享、易复制、无限供给的特点，为推动经济发展奠基资源基础，是数字经济最为关键的生产要素。

（六）数字经济与传统经济不断融合

在传统发展模式下，经济发展主要依靠的是服务业、工业和农业等，不同产业形式之间的交互性日益增强。农业机械化的进程不断加快，工业制造领域取得累累硕果，服务业与上述领域的融合步伐不断加快。这些都足以说明，未来经济发展将会呈现出明显的产业融合趋势，这一趋势将会越来越明显。传统产业中，人工智能、网络信息、数字技术的交融性特征日益显著，这将会进一步促进传统产业发展活力的上升。由此可知，在未来的发展中，产业革命将会在云计算、智能技术、数字革命的引领下获得更大的技术成果。

（七）生态平台成为更趋主流的经营模式

在传统发展模式下，决定竞争力大小的要素主要包括企业模式、市场需求、生产力、发展战略以及相关产业等。数字化时代，企业的决策机制发生了明显的变化，产业竞争趋势越来越呈现为规模化、系统化的平台竞争。产业竞争力越来越受到生态系统构建的多方面影响。2016年，美国的一项调研结果显示，当前，大多数互联网公司都倾向于选择平台模式，在排名前100的互联网公司中，60%的公司都使用了平台模式。同时，不少行业都扩大了对新技术的应用范围，深度应用趋势日益明显，新业态、共享经济、O2O[①]等也更加倾向于选择平台模式。

（八）多元治理的发展模式

由于数字经济的影响，社会治理面临的困难越来越多，政府无法单单依靠自身的力量实现对数字经济的高效监管。数字经济具有明显的综合性、复杂性及多变性。其中，涉及诸多的用户，对技术的要求也比较高，需求变化日新月异。此外，由于线上线下等多种形式融合的影响，所面临的竞争越来越大。即便是一个十分简单的问题也有可能经过发酵而持续升温，变得日益复杂，如果仅仅依靠政府来进行监管将会存在极大的难度。面对这一治理情况，需要引导监管主体由原来的政府向多元共管的模式转变，最重要的是引导各种组织、企业、客户等积极参与到数字经济的治理过程中，使得每一个成员的价值得到充分的释放，真正打造多主体相互配合的良好运作模式，引导数字经济不断进行创新。例如，平台经济的参与使得原有的资源配置体系发生了较大的改变，在市场交易中，平台的重要性逐渐凸显。所以，针对平台上所出现的各种形式的问题，平台必须要对其进行合理的处置。同时，平台自身也具备较强的资金、技术等多方面优势。发挥平台在治理过程中的作用，对其职责和权利进行严格的界定，使其充分参与其中，发挥治理作用，已经成为一种共识。[②]

（九）数字经济基础产业成为新兴基础产业

有别于农业经济时代和工业经济时代，以实体经济为基础和主导产业。

数字经济背景下，数据成为驱动经济发展的关键生产要素，改变了基础产业和基础设施的形态，使数据产业成为新的基础产业。一方面，在数字经济背景下，不同新经济范式

[①] O2O，即Online To Offline（线上到线下），是指将线下的商务机会与互联网结合，让互联网成为线下交易的平台。

[②] 王振.全球数字经济竞争力发展报告2017[M].北京：社会科学文献出版社，2017：8.

的涌现，推动了产业革命升级和经济体制改革，催生了大量新的主导产业，成为经济活动中最为活跃和最为盈利的利益主体。其中，以无线网络、云计算为代表的新兴产业，通过开发新技术、提供新产品及服务等方式推动技术进步和创新积累，推动旧产业结构转型升级、促进新兴产业迅猛发展。另一方面，数字化技术的应用和实施，使传统产业为迎合市场需求而不得不进行数字化改造，在改进传统基础设施的基础上实现数字化转型升级，促进不同产业和部门提升工作和生产效率、丰富产品类型、提高服务质量，推动工业经济时代以"砖和水泥"为代表的基础产业转向以"数据和信息"为代表的基础产业。

二、我国发展数字经济的突出优势

当今世界，数字经济的竞争越演越烈，数字经济的发展上，我国想要做数字时代的领跑者，离不开数字化的高质量发展。虽然这一双重挑战任务非常艰巨，但不可否认的是我国在发展数字化经济这一领域在市场、制度、工业体系、平台企业上等都具有极大的优势。

（一）制度的优越性

1. 有助于推动我国新型基础设施建设

我国现有的制度优势在推动政府构建数字化基础设施方面取得了极大成效。其特点包括建设规模大、投资费用高、涉及产业广等，针对这几个特点，若想顺利建设新型基础设施，必须吸引更多企业或社会资金的投入与支持。我国以汇集各方力量"以发展为主"的制度优势，能够更好地组织和整合各种资金投入到新的基建领域，从而为发展及完善数字经济生态体系打下坚实基础，也充分体现了新型基建的战略意义与现实意义。

2. 有助于形成包容宽松的政策法规体系

目前，我国政府、企业乃至民众对于发展数字化经济的共识已基本形成，从中央到地方，以自上而下为主导的政策环境，为发展数字化经济创造了有利条件，致力于推动数字经济新产业、新模式及新业态所蕴含的无限潜力与强劲动能的持续释放。针对数字化经济的监管，我国政府向来秉持包容宽松的政策态度，把发展数字化经济放在了国家发展战略的高度。随着"上云用数赋智"活动的推广，以及与之相关的数字化转型伙伴行动计划等一系列政策举措的问世，数字经济发展的制度优势越来越明显。

（二）广阔的市场空间

1. 市场规模优势

网络外部性是数字经济发展的一个重要特点，伴随着我国市场规模的不断扩大，受市场规模扩增带来的有力影响，大量数据层出不穷，这为推动数字经济的迅速发展做出了巨大的贡献。众所周知，我国14亿庞大的人口基数形成了国内强大的内需市场，而互联网的普及，也使我国网民规模庞大。据相关数据显示，2022年12月，中国网络用户总数达10.67亿人，逼近76%的网络普及率。这一数据充分表明国内的强大市场，不仅有助于数字经济的有序运作，还能最大限度地减少市场交易与协调整合的支出费用，有效提高数字市场的整体效能。

2. 消费群体优势

基于中国的人口基数与互联网的普及，我国数字消费者不断攀升，使数字应用的渗透率稳居全球首列。巨大的网络消费用户群，不但满足了消费者的个性化需要，而且推动和延伸了数字经济企业研发新场景与新产品，以迎合消费者的特殊或与个性变化的相关需求。如今，中国的许多互联网公司正在采取一种全新的网络生态策略，即在网络环境场景中将线上线下紧密相连，优化"买与卖"的有效交流，以社会化的形式为消费者群体提供新产品和新服务等。

3. 消费变革优势

目前，中国的消费水平正在不断提升，这既为数字经济的发展带来了多样化的应用机会与应用场景，同时也减少了企业的试错成本和创新成本。在大数据和人工智能等与数字经济密切相关的领域，依靠庞大的数字用户群，可以实现数字经济的高速发展。另外，在我国还有某些传统产业发展相对迟滞，难以满足人们对更好生活的需求和向往。而数字经济的到来，将会针对这一不足带来更多创新性的解决方案，这一市场趋势或将迎来数字经济的飞跃式发展。

（三）领先的平台企业

1. 市场主体优势

近几年我国在移动支付、电子商务及共享经济等数字化经济的核心领域，涌现出了大量全球领先的数字平台企业。在各大企业的引导与推动下，也随之集聚了一批中小型企业，在新型基础设施、制度、人才和金融等诸多因素的支持下，由市场和政府共同驱动，构建了一个巨大的数字产业生态，积极推动了传统产业的转型或升级。另外，在电子商务、数字内容及移动支付等方面，世界数字经济领头企业可利用其在国际上的优先发言权，加深对外经贸合作和相关的技术交流，为中国更多的数字经济企业"走出去"创造有利的规则基础与数字环境。

2. 协调配置优势

在数字经济时代背景下，我国正在利用互联网平台来对现有的资源进行协调和配置，试图借助这种方式来推动我国经济向更好的方向发展。目前，关于生态系统打造工作，已经有多个平台参与其中，以期通过打造共赢和统一化类型的生态系统来促进传统社会经济向数字化过渡，致力于为中小型企业提供所需的世界级数字基础设施，使可利用的各项资源达到有效聚集，这既降低了整个社会的信息成本，也极力推动了大范围远距离的协同合作从虚到实。可以说，数字经济的出现一方面借助平台组织的帮助，降低了信息的不对称性，有效规避了因生产要素冗余或闲置而导致的资源浪费；另一方面，网络平台能突破各种生产要素在空间与时间上的限制，通过技术与模式的创新来拓展各种生产要素的供应。

（四）完整的工业体系

1. 产业优势

我国是世界制造业大国，在全球联合国产业类别中，我国是唯一一个拥有全部工业类别的国家，且工业体系也属世界最齐备，随着工业互联网的日趋成熟，也为数字经济的发展奠定了坚实基础。比如，利用产业链完整的优越性，可将供应链体系建造的更完备，为各类行业相关的数字技术的升级及数字化技术的应用提供便利和费用支出的成本优势。

2. 技术优势

信息技术的不断更新，为数字经济的发展注入了新的动力，使中国在信息技术的几个重要领域，如5G、量子计算、人工智能、大数据、物联网等不断取得重大突破，同时也加速普及了产业化应用，夯实了未来数字化经济的健康发展。同时，数字技术的突破与融合发展的促进作用也迅速显现出来，不断迸发出"创新红利"，实现对传统经济的一定渗透补充目的，高效促进了传统经济的转型和升级。

3. 后发优势

从整体层面而言，中国的产业数字化转型还处在萌芽阶段，传统产业的数字化水平还需要更深入的提升，并且各地区数字经济发展的不均衡问题也越来越突出，偏远、落后的农村地区仍然存在着难以解决的数字化需求。数字化产业具有广阔的发展空间，不但是当下及未来的数字经济新动能，还是促进数字经济发展新增长点。另外，由于我国经济体系还存在着部分不健全因素，与世界发达国家相比还有较大差距，但这也使在数字经济发展的道路上不会被"历史包袱"所拖累，相对而言能更好地发挥其后发优势。我国移动支付的迅速发展就是一个很好的例证。中国没有像欧美等发达国家一样制定出一套完善便利的银行信用卡支付体系，这也成就了中国手机支付的潮流。这也间接说明了我国的网络化、数字化与智能化并不一定要追寻西方国家的发展足迹，相反，我国应因地制宜，综合优劣发挥后发优势，采取并联式跨越发展，具备长远发展的格局观，推陈出新，形成具有中国特色的"智能制造"新模式。

（五）丰富的人力资源

第一，持续优化人才素质。随着近年来"人才强国"战略的不断推进，中国的教育体系也随之完善，科技创新人才的培养水平初见成效。同时也累积了一定规模的人才优势，以往的"劳动力红利"逐渐过渡到"工程师红利"，这一转化为数字经济的高质量发展培育了强大的人才储备和智力资本，推动了中国数字化经济的健康发展。同时，随着人才质量的提升、人才队伍结构的多样化、人才数量的增加以及国家对各类人才的服务、扶持和管理等方面的大力支持，使数字化经济的发展得到了强有力的保证。

第二，逐步提高人才吸引力。数字经济作为一种新兴的经济增长方式，其GDP占比已达四成，数字化以巨大的发展潜力和对经济增长的巨大推动作用，已经成为推动经济增长与就业增长的新动能。同时，通过提供科研经费、子女教育、签证、个人税收等方面的优惠政策，为人才的发展创造了良好的外部环境。从世界范围内的人才流动走势来看，越来越多的国际高层次人才愿意来中国工作，这也为中国数字化经济的国际竞争力打下了坚实基础。

第三节 数字经济的发展趋势

党的二十大报告深刻揭示了党和国家推进中国式现代化过程中数字经济发挥的重大战略作用。因此，如何利用大数据和应用场景的优势，推动数字技术与实体经济的深度融合、促进传统行业的转型升级、衍生新产业、新模式和新业态，是当前中国数字经济持续发展的关键所在。

为了增加本节内容的真实性，提高内容说服力，本节将从五个不同的维度作为切入点，结合我国社会经济发展特征，深度分析和展望我国数字经济发展趋势。

一、产业数字化趋势

（一）数字化转型向县域和中小企业下沉

目前，伴随着工业经济的迅猛发展，以县域工业经济为主导的工业体系为推动我国整个工业产业链发展做出了非常大的贡献。随着这类经济模式的不断发展，此模式在"一镇一品"和"一村一品"的基础上，形成了众多的"小商品隐形冠军"。近年来，由于受国际环境的冲击，我国传统产业的发展速度有所减缓，然而仍有一些隐形冠军利用网络打开突破口，通过空间区域的产业集群为单位进行全方位的数字转型，逐步形成了"数字化产业带"。经相关数据表明，中国目前已经有3000多个数字化产业带，当每个数字产业的供应商数量增加 1%，就能使整个线上规模增长 3.4%。以中小型企业为主体的数字化产业带，是中国产业向数字时代转变的重要产业基础。因势利导，我国中小企业也逐渐从市场营销阶段转向了企业运营全链条，开始了"数据意识"的觉醒，加快了数据的要素化与数据变现增值的实现。

由此可见，我国数字化原生型的中小型企业有极大可能会持续增长，并且能依据其独特的竞争优势在经济领域找到有利于自身的发展方向，朝着"专精特新""独角兽"的实体企业发展。数据是中小型企业的重要财富，拓展数据资源，提高数据质量，扩大数据规模，提高数据分析能力以及实现数据要素价值，是未来中小型企业发展的当务之急。

（二）数字化场景动态优化全面加速突破

从产业数字化角度而言，数字化场景拥有的重要性类似于"牛鼻子"。本质上数字化场景是促进整个社会数字经济发展的核心环节，伴随着数字化场景的不断运用和发展，在数字化场景的发展进程中，以多技术融合和智能数据决策等为主导的"数字化特征"日益凸显。目前，数字技术已经融入诸多行业中，随着数字技术的普及运用，其无论是在各行业构建业务流程和商业模式上，还是在推动传统产业实现智能化和数字化等转型上做出的贡献越来越大。

未来的数字化场景建设将会更多偏向人性化，且构建出的新型迭代机制将会贯穿于从用户体验到用户反馈全流程中。为了满足规模化的共性需求，可利用全面采集需求展开大数据用户画像，来开发和建设更加贴近实际的应用场景；同时，根据用户的个性化和快速多变的要求，进行同步建设、同步使用和同步优化，从而使场景应用更加富有活力。

（三）平台经济发展转为以信用为核心

我国"十四五"规划纲要在数字产业化章节中强调要"促进共享经济、平台经济健康发展"。平台经济是实现数字产业化的主要载体，也是实现数字化发展的主要途径之一。在消费互联网飞速发展的 20 年中，电子商务、餐饮外卖、信息服务、金融服务及交通运输等网络平台经济都在蓬勃发展。但在最近几年里，由于监管举措的漏洞，平台经济中存在着大量的数字技术滥用，且算法垄断和大数据杀熟等问题频发。我国中央经济工作会议在 2022 年 10 月的全国人大常委会上，特别提到了要加大对互联网平台和企业的监督力度，确保消费者的信息安全和财产安全。

在不久的将来，互联网平台经济原有的发展思路和发展理念有可能发生转变，并且，早期以流量等为核心搭建出的竞争战略也将转向到信用平台战略方向发展。在此背景下，信用体系建设工作无论是在交通出行还是在电子商务等多领域中会强化建设力度；从电子商务平台角度而言，这类平台的转变会在数字信用体系建设的基础上，从原重流量、轻信用的模式转变到重信用、拼服务和质量等。

二、数字产业化趋势

（一）数据服务产业更具特色

"十四五"以来，各级政府部门针对政府数据的开放共享问题逐步进行规范，并出台相关政策文件促进社会数据开放和融合应用。在政府相关政策逐渐落实后，陆续出现了一批第三方数据服务产业，如数据的采集和汇聚、数据治理与分析、数据的登记和确权及交易等，形成了一个庞大的中介数据产业。作为信息服务产业的重要载体，我国各地、各区筑建了各规模、各经营方式的信息交易市场，唯一差异体现在建设的基础环境和土壤与时间等方面。

未来，在数据要素市场建设的快速推进和各种市场主体加速认可数据资产化的情况下，将逐渐呈现出数据交换的两极分化。能够真正做到面向全国的只有极少数，大部分都将发展为面向区域的、专门为特色聚焦打造区域转型发展以及为行业实体经济模式发展创新提供服务的数据交换平台。[①]

（二）数字产品国产可替代将迎来高速增长

从某种意义上而言，我国智慧城市和数字经济发展离不开欧美等发达国家IT企业提供软件和硬件等产品的支持，譬如，CPU和微软操作系统等；尽管国内软硬件的自主开发步伐一直没有停下，但国内同类产品与国外同类产品之间的技术生态建设仍存在显著差异。然而，在数字产业规模的不断扩大中，加之"黑天鹅"事件的曝光，信息安全已经得到了全社会的重视和关注。采取"自上而下"的生产方式，打造适宜我国发展的软硬件设备成为刚需。

目前我国颁布的"2+8+N"政策体系中，其中"2"和"8"分别代表的是党政、电力等多个关键性的领域。而"N"代表了其他消费市场，如工业、物流等。目前，国家和地方各级政府的设备自主可控已基本完成，金融与电力能源等行业的国产化替代工作也在逐步推进，在市场需求、政策扶持的双重推动下，数字产业化将是下一个经济增长点，可大力推动数字技术应用业与数字产品服务业以及数字产品制造业的大力发展。

---

① 颜蒙.数字经济发展新趋势：基于地方"十四五"规划建议的解读[J].互联网天地，2021（2）：24—29.

三、数字技术趋势

（一）科研技术创新体制加速优化

《科技体制改革三年攻坚方案（2021—2023年）》强调要优化科技力量结构，发挥企业在科技创新中的主体作用，推动形成科技、产业、金融良性循环，加速推进科技成果转化应用。目前，我国在量子计算和人工智能方面处于世界前列，但在核心工业软件和高端芯片制造领域，由于缺乏成熟的技术积累，正处于"卡脖子"的尴尬境地。

在数字化经济的大环境下，互联网龙头企业拥有庞大的数据资源，对市场的洞察力极强，对商业运作有着丰富的经验，且有实力和能力发掘和创新应用市场，在实现人工智能等多种新兴技术和商业模式发展上，推动数字经济实现良性循环发展上做出的贡献不容小觑。另外，国内各大高校与科研院所目前拥有的科研实力非常强，学术气氛浓且毫无市场竞争压力，可潜心专注信息基础设施的建设，打好数字经济的基石。而科研管理模式的出现，为各高校和科研机构等转变滞后的创新机制、形成新型的创新体系等也贡献了较大的力量，在此背景下，以企业为主导的创新主体将拥有更好的生存环境。

（二）数字技术工具属性凸显

目前，数字经济已经与各行业发展紧密相连，而在数字经济发展中，依靠数字技术来解决行业中的某些问题已经成为从业者常用的方式和方法。以区块链技术为例，此项技术由于其去中心化和不可篡改性的特性被广泛运用于银行业和金融领域；而具有较好拟合度的AI算法，可用于医疗影像检查，为病人提供早期诊断；融合了物联网技术的城市信息模型CIM可以构建"数字孪生模型"，其可靠性已经在许多智慧城市的构建中得到验证，并在实际应用中取得了良好效果。

时代的迅猛发展不断充实和丰富着数字化经济的内涵，并对其范围进行了延伸；而大数据和人工智能等新兴技术在材料与化学、生命科学以及经济等多领域中起着举足轻重的作用；作为一种有效的基础性工具，数字技术为解决众多实际问题，构建以用户为主导的方式和方法提供了一定的保障，并促进了数字化科学与其他学科的快速结合。可以预见，未来的人工智能技术，会深入人们生活的各个层面，无形中对人们的生活方式产生深远影响，并将在全球范围内掀起一场新的经济体系和社会变革。

四、数字新基础设施建设趋势

（一）数字基础设施建设与行业应用场景创新更加紧密

数字经济的迅猛发展，其新的经济增长引擎地位日益突出，引起了国家和各国政府的密切关注，新的数字基础设施建设不断升温，实现了从单一的"单线建设"到"一体化建设"的全面融合及转变。工信部数据显示，发展至2022年年底，国内5G基站建设数量已经超出了228.7万个，"东数西算"建设也正式拉开帷幕，且卫星互联网布局工作也取得了诸多傲人的成就。在此背景下，重视数字新基建发展工作的落实情况，紧握发展机遇是推动各产业向数字化方向转型发展的重中之重。

未来，数字化转型将不断优化，数字基础设施将会有效融入行业的应用情境创新中，并发挥着重要的作用和价值。而在新能源和汽车等多领域市场中，以盈利价值为主导的工业互联网平台必将大量出现。这种情况下，数据安全在算力网络中的重要性日益凸显，数据共享分布式存储或将取得新的突破，以建立自主可控的、安全公正的网络数据空间，对算力体系与云计算能力的建设也将给予更多重视。

（二）数字基础设施与多类型基础设施协同发力

我国进入新发展阶段后，基建工作的展开会以高质量发展为目标进行，此时，基建工作不能只注重经济发展为主要目的，要统筹规划，综合考虑经济效益之外的社会效益等因素及影响。随着数字新基建的战略地位得到社会的广泛认可，数字新基建已经步入了与传统基础设施体系共同谋划、全面协同的阶段，数字新基建的融合化发展将随之加速。

数字新基建在今后发展中必然会遵循"多轮驱动""立足长远"及"科学规划"等重要的战略原则和要求，且会与农业农村、安全、城市和创新等相结合，实现产业升级的共建共享、互联互通、协调联动，为推动我国数字经济社会发展做出更大贡献。如今，新一代数字基础设施的雏形已初具规模，在新型数字经济格局背景下，国家要注重社会经济发展的实际情况，以国家战略安全为主导，倡导基建领域各主体发挥出较强的协同作用，以此来推动我国整体综合效益的有效提升。

五、数字经济生态趋势

（一）数字经济安全体系云上部署弹性调度

数字经济背景下，网络安全体系所面临的问题和迎接的挑战众多，譬如，在符合国家对互联网安全的相关要求前提下，采取怎样的方式才能应对数据盗取或者是网络攻击等新威胁；如何增加网络安全体系拥有的适用性，强化同步防护作用等；根据当前数字经济发展的情况，在应对众多"新威胁"问题上，我国必须搭建出一套完整的弹性架构安全体系，并在此基础上建立云安全集中管理系统来实现各种安全设施统一转化和管理，发挥出各安全功能单元的最大作用，从而应对新型的安全场景。与此同时，构建安全资源池，并将开放式架构融入其中，利用此方式来强化安全资源池拥有的安全能力，必要时，可以借助第三方掌握的安全技术或者是大数据和AI等新兴技术来应对变幻莫测的新安全场景。

（二）数字经济风险防控趋于智能化

"健全产权保护制度，制定完善的市场准入机制，营造优质的公平竞争环境，健全社会信用等多项不同的市场经济基础制度，营造良好的营商环境"是党的二十大报告中的重要内容。近几年，中央加大了对数字监管的统筹调度力度，推进了数字监管体制改革，运用数字技术，不但发展了应用数字监管科技，提高了数字监管水平，实现了对数字经济的公平监管，而且促进了数字经济向更加开放健康安全的生态环境发展。与此同时，各地的数字治理能力也呈现出百鸟争鸣的态势，且市场中出现了诸多能够促进数字经济突破和发展的治理典型案例，这为我国数字治理能力实现更好的发展提供了强有力的支撑。

未来，监管科技将以平台经济反垄断、区域经济风险监测、数据资产管理等为应用场景，在更多的领域发挥作用，以驱动被监管机构从被动、响应式监管向主动、包容式合规转变，并积极推动合规管理水平的提高。在风险防控管理中，由于其现有的防控方式和群众需求呈现出的矛盾日渐突出，所以，市场中，无论是服务机构，还是科技机构等在解决这类问题上都越加偏向于借助数字技术来实现，基于此，将机器学习和人工智能等多项新兴技术融入企业数字科技风险的防控中，必然是今后各企业转变传统风险应对方式，发展和创新数字科技风险防控策略和技术的必经之路。

伴随着我国经济的快速发展，数字经济对国内经济带来的影响已经引起了社会各界的广泛关注和重视。正如党的二十大报告所强调的，经济发展的着力点在实体经济，因此，怎样才能使数字经济的发展更好地促进实体经济发展，推动我国产业体系的高质量发展显然是当前亟待解决的重要问题。党中央在相关会议多次提出，必须把数字技术融入实体经济中来，经济只有"脱虚向实"，使其发挥真正作用，才能惠及广大民众。因此，充分发挥数字化优势，促进实体经济的健康发展，创造新的增长点，已成为我国未来经济发展的必然趋势。[①] 今后，我国应更加坚定地把握数字经济的发展趋势与规律，牢牢掌握数字经济发展的主动权，将数字经济发展的规模、力度、质量、效益发挥到极致，利用其发展契机，将要素资源和经济结构进行有效的重塑，使竞争格局得到改变，为打造更有利于我国数字经济发展的竞争环境和营商环境埋下伏笔。

---

① 李晓华."十四五"时期数字经济发展趋势、问题与政策建议[J].人民论坛，2021（1）：12—15.

第二章 智慧旅游及其架构

第一节 智慧旅游的概念与演变

一、智慧旅游的兴起

人类社会经历了原始社会、农业社会、工业社会与信息社会,目前正处在信息社会飞速发展期。随着智慧旅游、智慧城市、智慧交通、智慧家居、智慧电网、智慧医疗、智慧农业、智慧物流、智慧社区、智慧校园、智慧环保、智慧安防等"智慧+"的出现,以及互联网金融、互联网工业、互联网农业、互联网商业等"互联网+"的出现,现代社会已进入数字化、云平台、全息化的发展阶段,未来社会智慧化发展必将进入泛在化发展阶段。

随着我国经济发展方式转变和产业结构调整,移动互联网、云计算、大数据、物联网等新一代信息技术与现代生产和服务业的融合创新不断催生新的产业业态,互联网及其所覆盖的各行各业将成为推动世界经济发展的新引擎,为经济全球化创造无限的可能,互联网已完全植入社会生产、消费、流通、服务与管理等各领域。

2015年的政府工作报告中首次提出,制订"互联网+"行动计划,"互联网+"随即成为全社会关注和讨论的热点。智慧是人类创造性的思维,互联网文明已取代工业文明。

国家旅游局将2014年定为"智慧旅游"主题年,阿里巴巴在美国上市,携程、途牛、驴妈妈、去哪儿、阿里旅行、艺龙、众信旅游等一大批互联网在线旅游平台企业利用"互联网+旅游"或"智慧+旅游",在中国甚至在全世界率先抢占智慧旅游市场,从而引发新一轮旅游产业的大发展、大进步。

旅游业本身是一个综合性的产业,涉及面广,信息来源复杂多样,旅游消费者群体也十分庞大,旅游活动在时空上的供需矛盾始终约束着旅游产业的发展,而智慧旅游打破了传统旅游产业的枷锁,通过在线化、自动化、智能化、数字化、智慧化、泛在化、人性化、全息化、便捷化、平台化、个性化、社交化、移动化、大数据化等方法与手段开创了旅游产业发展的新时代。

中国的固定宽带用户、移动手机用户、网络应用软件用户居全球首位。中国的网络公司，如阿里巴巴、腾讯、百度、京东以及华为、小米等上市或非上市公司均已成为全球知名的互联网公司。随着旅游在线交易量的上升，同程、驴妈妈、携程、去哪儿等OTA线上产品占整个旅游产品的比重在不断上升。智慧旅游正引领旅游产业的创新发展，必将以更低的成本、更快捷的服务、更智能化的产品、更人性化的关怀推动旅游产业的飞速发展。

二、智慧旅游的内涵

智慧旅游是一个综合概念，智慧旅游是以旅游消费者为中心而创立的，智慧旅游使一切都变得越来越快捷与方便。智慧（Wisdom）在《朗文高阶英汉双解词典》中被解释为"有很好的判断及做出明智决策的能力"。新英汉词典解释Smart为轻快、敏捷、精明。这表明智慧旅游与传统旅游相比，旅游决策更加精准，旅游出行更加便捷，旅游服务更加智能，旅游体验更加全面，旅游过程更加满意。

近年来，互联网旅游已经成为旅游经济发展的新动力与新引擎。随着新一代信息与通信技术（ICTs）的发展，我们的社会正在经历着翻天覆地的变化。互联网、物联网使大数据与云计算得到应用。互联网加入社会基础设施的行列，不仅大大方便了人类的生产生活，更重要的是提高了人类社会的智慧，延伸了人类的各种感官认知，流量、跨界、平台、教育、社会化等新思维大大提高了人类思维的广度与深度。互联网以大数据作为新生产要素，以云、网、端作为基础设施，以去中介化、定制化、协同化作为新业态，以实现连通一切、融合一切为发展目标。利用互联网旅游产业可以提升传统旅游产业的服务质量，整合各类旅游资源，进行更加科学的旅游规划、营销、服务、管理与运营。

智慧旅游主要是通过互联网以及数字技术将信息、通信技术与传统的旅游配套服务设施融合，使旅游的食、住、行、游、娱、购等传统功能与文化、资讯、信息、环境、教育、制度、秩序等新功能更加有效地融合在一起，并向旅游消费者提供服务的一种理念与方法。智慧旅游主要包括三个阶段与九个层面：三个阶段指旅行前、旅行中与旅行后的旅游产品生产、消费与服务的智能化；九个层面指智慧旅游餐饮、智慧旅游酒店、智慧旅游交通、智慧旅游景区、智慧旅游文娱生活、智慧旅游通信、智慧旅游金融、智慧旅游环境与智慧旅游监管。智慧旅游从满足旅游消费者价值的角度出发，充分发挥智能导游、导航、导购、导服等功能，提升旅游消费者体验和旅游活动的品质。智慧旅游使旅游管理更加动态、主动，由事后管理向事中实时与提前预测管理转变。智慧旅游通过旅游大数据分析，发掘旅游热点，为旅游消费者定制策划个性化的旅游产品，并进行精准营销，提高旅游服务的科学技术水平，改变传统的以经验、感觉、案例分析判断为主的旅游产品生产服务模式，智慧旅游推动旅游产品策划与设计向精细化、科学化、定制化方向发展。智慧旅游的目的就是尽可能地实现让旅游消费者在任何时空条件下与旅游相关联的事物高效便捷地连接起来，以满足旅游消费者在旅游过程中的各种旅游需求，实现旅游企业、政府和消费者无缝对接与共享共赢。

智慧旅游是旅游企业应用技术设施，向消费者提供的网络系统，以便达到创造一个合作共赢、知识共享与开放创新的数字环境。由此可见，旅游不仅仅是一个劳动力密集型产业，也是一个信息密集型产业。智慧旅游的核心就是旅游信息高效与高收益的传播与交流、分享与开发的过程。智慧旅游的在线即时综合旅游服务是其重要的核心。

三、智慧旅游给旅游业带来的变革

（一）旅游营销的现代化

旅游产品具有综合性、服务性以及不可移动和不可存储的特点，旅游产品的生产和销售需要在旅游消费与旅游服务的过程中完成。而且旅游产品包含食、住、行、游、购、娱等大量的有形与无形的产品信息，旅游产品受实物物流的制约较少，旅游销售与购买存在一定的时空差距，因此，旅游销售与宣传在旅游产业中占据着重要的地位。智慧旅游引导和规划旅游产业要素的合理配置和融合，构建诚信、规范、健康、和谐的旅游产业环境以及多层次、多业态旅游产业集群，促进旅游营销手段的现代化，推动旅游产业转型升级与在更大和更广阔的领域合作创新。

（二）旅游服务的现代化

目前，旅游消费领域中的中高端、深度游与延展小包团旅游、自由行、主题游已成为时尚，而旅游信息化、智慧化则可以24小时全天候地开展信息化服务，更有效地将各类旅游信息推介给消费者，最终实现旅游信息流、资金流、人流的互联互通与协调整合，使旅游消费者获得前所未有的流畅体验，大大促进了旅游企业、旅游消费者与政府之间的信息沟通与交流。

智慧旅游通过"互联网+"等信息化手段，大大推进了旅游产业与关联产业的互联、互通、交叉、渗透、融合、集群与一体化进程，创新了旅游业态，催生了智慧旅游休闲、智慧旅游文化、智慧旅游经济、智慧旅游工业、智慧旅游农业等新业态，拓展了旅游产业链与产品链，促进了旅游产业的规模经济、范围经济与集群经济效益。智慧旅游依托新一代互联网、云计算、大数据分析等信息技术，采用智慧的方式，将旅游资源、旅游需求者与旅游供应商以及旅游管理部门各系统融合到云平台上，为旅游市场服务。智慧旅游应该为实现旅游产业的技术创新、产业支撑和促进经济社会发展做出应有的贡献。智慧旅游更是一种观念，即对及时的、可实施的、高价值的产品与思想的追求。

（三）旅游业运行模式的现代化

智慧旅游必然改变传统旅游业的运行模式、企业流程及产业联动方式。智慧旅游有利于缓解与解决旅游产业固有的矛盾，即旅游消费者不断增长的个性化与对物美价廉的旅游产品的需求和相对固定与相对滞后的旅游资源供应企业之间的矛盾。消费者希望降低成本、旅短游长、旅游服务高效快捷，在旅游计划、决策、预订、行程、支付与评估中维护个人利益，达到最佳收益。企业则希望更加有针对性地进行营销、促销，增加旅游产品供应与销售，扩大旅游总体效益。政府旅游管理部门希望尽可能全面、实时、实地地掌握旅游消费者的数量、收入、旅游行为，防范不必要的风险。智慧旅游大大促进了旅游产业的重组整合、变革发展与做大做强，较好地解决了旅游产业要素之间的矛盾。

四、智慧旅游开发的意义

具体而言，智慧旅游开发的意义主要表现在以下几方面。

（一）从旅游企业角度来看

互联网思维呈现出多种模式，如跨界思维、平台思维、大数据思维、社会化思维、流量思维、迭代思维、极致思维、简约思维、用户思维。旅游企业的互联网思维是重网络、重规模经营、重锁定客户，讲效率、轻资产。因此，依托大数据进行精准旅游广告投放，可以实现旅游信息的可视化、大规模传播，使得旅游信息的受众范围更大，旅游信息发布更加及时。旅游消费者的智能感知，使得旅游潜在市场开发的价值更高。旅游企业推出更多的定制化的旅游产品和服务，使得景区旅游内容更加丰富，更加贴近生活与娱乐休闲发展。如携程、艺龙、去哪儿、去啊（淘宝旅行）等直接提供服务，而客户可通过网络、App、微信甚至门店直接进行预订。旅游企业的网络化管理，可以对旅游预订、流程、服务、支付系统实行统一的代码体系、核算标准、权限控制、销售及用户管理，能够支持不同时空下所有客户端各项综合需求的管理，使会员、客户、供应商、OTA、淘宝、微信、App、官网、官微、微店等所有渠道系统直连，实现查询、咨询、预订、活动、支付、反馈等手段的多样化，而信息管理数据中心可实现实时对预订、客源、经营、销售渠道等资源的统筹管理。

越来越多的旅游企业利用媒体作为自身的销售平台，如搜索引擎排名、关键词的流行程度、相关性的搜索引擎、在页面取得较高的排名等，广告互换、流量互换、信息发布推广、病毒营销、快捷网址推广等均成为互联网与智慧旅游时代商家重要的营销手段。由此可见，智慧旅游使得各类旅游经营企业可以直接面对市场，进行各类资源的整合与使用，减少传统的旅游中间商的佣金，降低经营成本。智慧旅游使得旅游企业运营、推送手段更加多样化，电子商务交易、手机移动端消费、微信等"四微"宣传、虚拟全景漫游等线上线下创意宣传成为旅游宣传营销的主动力，有利于旅游企业自媒体营销和在线直销的开展，降低管理、服务、营销的成本，增加电子商务的份额，实现旅游企业的转型升级与业绩提升。智慧旅游使得旅游企业绩效提升空间更大，大大提升了旅游服务的质量，如与消费者的沟通更加高效，信息更加安全可靠，面对市场变化的响应与接触力更快更强；智慧旅游使得旅游产品质量有了更大的提升，旅游服务更加及时、准确与可信赖；旅游的成本更低、质量更好，旅游消费者的满意度更高。

（二）从旅游消费者角度来看

旅游消费者是智慧旅游建设受益的主体，旅游消费者通过云计算和移动手机得到更好的旅游体验，获取信息更加便利，服务支付成本更低。"互联网+"的含义就是连接一切，跨界融合，通过智慧网络与大数据使得旅游产品、旅游线路、旅游要素与旅游信息整合成为可能，更加方便旅游消费者的选择。消费者通过智慧旅游网络与平台消费，旅游成本更低，使用产品更加便利，与旅游企业的互联互通更加畅通。如旅游消费者通过线上搜索和比价，最后实现线上预订、支付和分享。同时，旅游消费者通过网络与移动终端主动感知与智能化利用各类旅游信息，并对获得的旅游信息进行更加便捷的咨询、签约与支付，使得旅游消费者在旅前、旅中与旅后均能享受诸如预订、交易手段的瞬间快捷，使得旅游消费者个性化、情感需求以及主动参与产品的设计与制造的愿望得到更好的满足。

（三）从旅游管理角度来看

智慧旅游为旅游行业跨界化管理，进行传统产业与旅游产业融合，在旅游范围和旅游要素不断增加的情况下，使智慧化的旅游管理更加便利高效。如对旅游消费者行为追踪，实施电子政务管理；对旅游产品不可控性和多变性进行管控，对旅游路线、旅游产品包装、旅游服务质量、旅游消费者反馈意见等各方面进行在线管理。实现了旅游管理，上控资源、中控技术和大数据、下控客源的目的。实施智慧旅游还便于管理者实时统计分析旅游产业的运行态势和变化趋势，通过旅游消费者手机来开展定位、消费抽样调查，旅游满意度调查等活动。

智慧旅游政务是指利用物联网、云计算、移动互联网、人工智能、大数据分析、知识管理等技术与手段，提高政府办公、监管、服务、决策的智能化水平，形成高效、敏捷、便民的新型政务方式。智慧旅游时代的公共服务体系将面对更多散客，用信息与网络将旅游消费者、旅游供应商、旅游监管部门有机地串联起来是智慧旅游管控系统的基本功能，最终将旅游交通、无障碍旅游、旅游安全、旅游环境、旅游教育培训、旅游政务、旅游救助、旅游志愿者服务等工作快速智慧地组织起来，提高各项工作的时效性和针对性，共同为旅游市场提供服务。

智慧旅游使得政府能够更好地进行旅游信息资讯服务和旅游公共管理服务，更有利于政府通过政策、标准、示范来引导市场建设参与大数据的开发、配套和衔接工作。智慧旅游远比以往任何传统旅游所创造的产品与服务复杂。旅游管理者还可以针对线上线下获取的各类信息进行交互式的动态管理，并且由事后补救管理向事先预防管理转变，利用互联网根治旅游企业各种虚假、欺诈与不良行为等顽症。

未来，国家应该尽快出台智慧旅游行业标准，提升智慧旅游信息化综合服务平台的服务水平，加强旅行社、景区与酒店有机整合，强化区域旅游综合体与旅游集团信息化规划与建设。智慧旅游信息化平台一般需要具备云平台、网络化的管理，实现旅游资源整合共享与一体化管理。

（四）从旅游其他相关利益者角度来看

互联网使得旅游在国际贸易平衡与国内消费潜力增长中发挥更大的作用。智慧旅游可以使旅游产业部门与农业、商贸、文化等部门实现跨界合作，推进区域内旅游企业的智能化。基于大数据的旅游产业监管服务平台可以更畅通地接入公安、边防、高速、民航、航运、公路、移动通信、商贸、文化、教育、健康、医疗、气象、海洋、环保等涉及旅游行业的大数据，从而更好地带动旅游相关产业与部门的发展，促进国家与区域经济及社会的可持续发展。

五、互联网与智慧旅游

旅游互联网平台通过互联互通融合了众多直接或间接为旅游提供服务的行业或企业，首先，实现了旅游供应商、旅游消费者等的连接，旅游互联网企业通过对旅游信息的搜集、处理、存储、挖掘、销售和分发，实现了智慧旅游的信息化服务。其次，旅游信息在互联网旅游企业之间及其内部实时的分享，降低了旅游企业的成本，扩大了旅游营销的边界，提高了旅游企业的服务效率与边际收益，特别是互联网旅游企业以近乎零成本的复制来分摊最初投入的一次性开发成本，所获得的收益更大。最后，旅游企业利用网络扩大产品销售与市场营销和管理，通过搜索市场信息、开展旅游电子商务服务等途径，与消费者进行交易，最终达成交易并实时获得消费者的信息反馈。互联网彻底改变了传统线下旅游企业相对缓慢的运营节奏，提高了旅游信息传播的频率与传播质量，使旅游企业运营的速度、效率、灵活性及成本发生了根本变化。

互联网在旅游中的运用模式主要有线上查询、预订与线下消费的平台化模式；提供预订服务、信息查询服务以及以行程记录、结伴交友、旅行分享等为功能的旅游类手机应用模式；互联网还可以通过"工具＋景区"，为旅游消费者提供快捷的门禁入园入住以及导航、导游、导购、导服的旅游饭店景区行程应用模式。

六、智慧城市与智慧旅游

从 2006 年开始，美国、欧洲、日本、韩国和新加坡等国家和地区率先提出建设智慧城市的计划与战略设想。IBM 最早于 2008 年提出"智慧地球"与"智慧城市"的概念，之后智慧城市成为许多国家政府施政的愿景和目标。我国国家发展和改革委员会等 8 部委于 2014 年 8 月联合印发了《关于促进智慧城市健康发展的指导意见》(以下简称《意见》)，《意见》认为智慧城市是运用物联网、云计算、大数据、空间地理信息集成等新一代信息技术，促进城市规划、建设、管理和服务智慧化的新理念和新模式，建设智慧城市，对加快工业化、信息化、城镇化、农业现代化融合，提升城市可持续发展能力具有重要意义。

智慧城市将互联网、物联网、大数据、云计算等信息技术和网络平台与城市元素结合起来，即将智能化与信息化植入城市规划、安全、城管、文教卫、社保、民生、通信、环境监测、智慧社区、政务、商务、交通、企业等部门与行业以及综合管理等体系，实现全面立体感知、快速可靠传递、智能安全处理与和谐数字生态的环境，提升城市各行业的科技发展水平、管理水平与居民的生活品质，以达到资源共享、互联互通、高效可持续发展的目的。

智慧城市依托相关的技术手段、软件平台、传感器、观测数据，对信息资源进行传输、采集、存储、建模，为城市社会经济与文化生活等各方面需求提供在线服务，以满足政府、企业和居民的各种个性化信息需求。智慧城市的物联网具有低成本、低功耗、高可靠性、微型化与时空不受限制的无线传感、精准定位，以及多信息、多角度、多方式、多时段的采集信息资源等特点，使城市管理者能够及时、准确、全面地把握各方面信息。智慧城市主要通过多层次智慧城市信息综合管理系统，对城市的各项基础设施与交通通信、人口民生、经济社会、能源环境、文化教育、医疗、公共安全与政府监管等多方面时空海量、异构的事件与资源，进行处理、建模和整合，并根据用户需求，提供不同层次的信息服务与智能化管理，实现城市建设、管理与服务手段的信息化。智慧城市建设可以有力地提升城市品质、增强城市核心竞争力。

云平台是智慧城市的基础，通过智慧的交通网络实现交通管理、导航和电子收费等，与旅游相关的云平台包括旅行信息系统（ATIS）、车辆控制系统（AVCS）、商业车辆运营系统（AC-VO）、不停车收费系统（ETC）等。

七、智慧旅游的演变趋势

　　旅游智慧化的提出和智慧城市密切相关，也和信息化技术对旅游行业的逐步渗入密切相关。旅游信息化是旅游业发展的全局变革，旅游产业作为与用户体验息息相关的行业面临着网络化和数字化的快速变革，以计算机技术和网络化技术应用为主要手段的信息化已成为全球经济的发展趋势。旅游业的信息化是现代化经济和技术发展的需求和必然，也是旅游业自身发展的需要，旅游信息化成为推动旅游业发展的新的增长点。旅游信息化发展经历了四个阶段，即从数字化到网络化到智能化再到智慧化。第一阶段是数字化，由于计算机的出现，通过将信息转化为数据成为计算资源，由计算机进行计算处理，使其成为有用的旅游信息。第二阶段是网络化，由于互联网的出现，旅游信息可以在网络中互联互通，通过通信传输，将分散的旅游信息转化为集成的信息，从而得以更好地应用。第三阶段是智能化，由于信息技术的进步，由现代通信与信息技术、计算机网络技术、行业技术、智能控制技术汇集而成的针对某一个方面的应用的智能集合。第四阶段是智慧化，由于物联网的出现，使物体与物体在网络中互联互通，根据需求将感知信息进行加工建立智慧系统，实现智慧化应用。智慧化是旅游信息化发展的最新阶段。

（一）旅游数字化阶段

　　旅游数字化是旅游信息化建设较早的阶段，主要是利用互联网技术简化旅游从业人员的工作流程，提高工作效率，掌握旅游消费者的基本信息。对旅游行业主管部门来说，旅游数字化可以包括以下内容：

　　一是构建旅游信息数据库。强调有组织地规划和设计旅游信息资源库，统一管理基础数据和专题数据，旅游数字化主要是应用互联网等技术实现信息的集成共享，分布式异构数据集成管理，建立共享和服务机制，实现从单一功能到专题综合应用。将数字化作为一种手段，这种手段的主要功能是整合覆盖各个方面的旅游信息资源，解决旅游服务的效能问题，通过旅游数字化的建设，实现旅游信息资源的共享，极大地提高旅游市场的政府监管的运作效能，降低旅游企业和政府的运营成本。

　　二是构建城市/区域性旅游信息服务终端。旅游数字化建设不仅需要看不见的软件的集成组合，也需要通过一些数字终端来展现。基础设施是数字化建设的基础支撑，尤其是在旅游公共服务建设方面，数字化旅游在构建城市/区域性旅游信息服务终端中发挥着重要作用，如"数字信息亭"等。

　　三是构建旅游网站与旅游呼叫中心的协同发展模式。旅游网站建设并不是全面的，也不可能实现旅游消费者在旅游过程中的旅游信息咨询要求，因此，旅游消费者客观上还是比较依赖旅游呼叫中心的服务。传统的旅游呼叫中心主要有114、12580等综合性服务热线，然而，由于其涉及内容庞杂，服务的精细化程度远远不够，因此，由国家旅游局牵头实施的12301呼叫中心系统工程建设得到很好的发展。12301呼叫中心系统是一个定位于多媒体技术、整合各种旅游资源、支持多种接入方式、全面服务公众的旅游信息公共服务平台。旅游网站与旅游呼叫中心的协同发展能为旅游消费者带来便捷的服务。

四是旅游数字化能在一定时期实现旅游劳动力的大解放，为旅游信息化的继续向前发展奠定良好的硬件和软件基础。一方面，旅游数字化建设推动了先进的技术融入旅游业，数字景区、数字酒店等旅游接待服务设施的数字化建设成果提升了旅游业的整体服务水平，为旅游信息化的建设提供了良好的基础支撑平台；另一方面，旅游数字化建设带动了旅游服务质量的改善和提升，促进了先进的旅游管理理念的普及，为旅游信息化的深入建设提供了良好的思想环境。

（二）旅游网络化阶段

网络已经成为人们日常生活、工作的重要组成部分，由此使传统的社会系统、经济结构、人类的生活方式发生了深刻的变化。因此，对旅游而言，网络的介入与发展，不仅使传统旅游业加快了信息化的步伐，更为重要的是，传统旅游业的概念得到了新的诠释，网络旅游新概念开始深入人心，由此使得旅游资源所构成的地理空间概念得到深化和发展，网络旅游空间这一新的空间形态概念开始形成，展示了网络旅游特有的价值取向。

随着网络在全球的发展，网络服务已进入旅游业的方方面面，不但为旅游消费者提供了空前的快捷服务，也为旅游业提高效率、改进服务质量和降低成本等提供了日益便利的条件。大量的旅游企业或旅游目的地设立了自己的网站，既可以宣传旅游目的地以及旅游企业，同时也可以进行网络分销和中介交易的旅游电子商务活动，而且紧跟科技步伐并不断完善自己的网络管理。这类网站的不断普及和改善，既可吸引更多的客户，为旅游消费者提供更多便利，又不断推动了全球旅游业整体的完善和发展。旅行者通过网站选择旅行路线和景点，可获得充足的资料。网络预订机票、旅店、汽车等各类与旅游相关的项目，为航空公司、旅店等节省了大量的人力开支，这类企业再把节约的成本让利给旅游消费者。

（三）旅游智能化阶段

时代在发展，科技无止境。旅游数字化随着科学技术的向前发展不断深入，尤其是面对旅游消费者需求层次的大幅度提高，旅游智能化建设应运而生。智能化是一个方向，旅游智能化主要是为了解决有效配置和运行的问题，为旅游业的发展提供全面解决方案，创造核心竞争力。首先是解决资源的整合问题，其次是在资源的整合过程中有效配置。旅游智能化主要解决的是旅游业中各个要素之间的结构和关系的问题。

旅游智能化是智能化系统应用于旅游业产生的作用和效果，是旅游信息化发展的高级阶段。智能化系统是由现代通信与信息技术、计算机网络技术、行业技术、智能控制技术汇集而成的针对某一个方面的应用的智能集合。随着现代通信技术、计算机网络技术以及现场总线控制技术的飞速发展，数字化、网络化和信息化正日益融入人们的生活。在生活水平、居住条件不断提升与改善的基础上，人们对生活质量提出了更高的要求，随着人们需求的日益增长，智能化的内容也得以不断更新和扩充。

第一，对于信息科技革命的智能应用。旅游智能化较之于以往的数字化，其对科技革命的理解和应用更为深刻和全面。旅游智能化面向应用、面向旅游产业升级，把新一代IT技术充分运用在旅游产业链的各个环节之中，把"智能"嵌入和装备到各类旅游资源中，是对信息技术的透彻解释。

第二，忽视旅游消费者的需求，从技术到技术的发展。旅游的智能化由于过分强调信息技术革命在旅游业中的应用，往往忽视旅游消费者的需求，对于一项技术成果，不是考虑旅游消费者对其是否有需求，而是一味思考其能够应用在旅游业的什么方面，因此产生的市场效益也不够高。

（四）旅游智慧化阶段

从旅游智能化到旅游智慧化，不仅要实现技术上的变革，更重要的是实现旅游信息化定位的变革，将旅游信息化建设的出发点和落脚点从强调科技的职能，转移到强调科技带给用户体验的提升，真正做到以旅游消费者的满意为重点。

1. 旅游智能化到旅游智慧化的技术基础

智慧旅游依托智能旅游的技术基础，凭借先进的智能化手段，将以物联网、云计算、射频技术等最新科技信息革命的成果注入为旅游消费者服务中去，通过超级计算机和云计算将"物联网"整合起来，实现人与旅游资源、旅游信息的整合，以更加精细和动态的方式管理旅游景区，达到"智慧"状态。智慧旅游强调以人的需求为主题，而不是一味地追求科技的最先进、最尖端、最智能。智慧旅游贯穿于旅游消费者旅游活动的始终，从旅游需求的产生到旅游实践，再到旅游心情的分享可以做一个闭环的智慧旅游范例。

旅游智能化强调的是技术上与旅游相关的一种能力，使人能够更好地享受便利、高效的旅游服务（将有形的产品看作整个服务的一部分），也可以被认为是旅游体验，但这种体验中的人是处于被动地位的，即职能程度不同获得的服务也不同；而旅游智慧化对信息（数据）集成技术依赖程度更高，旅游智慧化强调的是通过技术手段（设备）的主动感知和数据积累，可以主动发现人的需求而推送服务，从而使人可以被动地获得准确的服务。

旅游信息化实现从智能化到智慧化的飞跃，不仅仅是技术手段上的变革，更是应用效果上的变革。智能是技术范畴，而智慧更多地强调技术对人们产生的效果。智能旅游营造的旅游是一种机械的、智能的、孤立的服务，智慧旅游主要在于面向旅游需求的各种智能技术手段和技术能力的高效整合、快速呈现、迅速传播。旅游智能化向旅游智慧化的过渡，是旅游发展的必然规律。

2. 旅游智慧化需要借助旅游智能化基础平台

旅游智慧化建设不是盲目地追求科技的先进化，而是如何配置合理的资源，让旅游消费者体验无缝旅游的舒适感，但是旅游智慧化也是需要借助旅游智能化的基础平台，利用先进的技术设备和手段来实现的。旅游智能化是旅游智慧化的基础，具体包括思想基础、技术基础和基础设施基础。

首先，旅游智能化深化人们利用信息极速发展旅游业的认知，为旅游智慧化奠定思想基础。旅游智能化向旅游消费者、旅游企业和旅游监管部门展示出信息技术为旅游业带来的巨大变革，促使更多的人相信信息化是实现旅游产业转型升级的重要路径之一，也越来越成为一条必然之路。这为旅游的智慧化建设奠定了很好的认知基础，使得智慧旅游容易被更多人接受和肯定。

其次，旅游智能化提升旅游信息化水平，为迎接旅游智慧化的到来准备好技术条件。旅游智能化建设不仅带动了旅游业的迅速发展，同时带动了信息技术的应用成熟，证明了信息技术在旅游业中的强大生命力和效力，为推动信息技术的继续突破式发展夯实了技术层面的基础。

最后，旅游智能化提高了城市整体基础设施设备的智能化水平，为旅游智慧化营造良好的环境。如果说思想认知上的基础是"软"实力，那么基础设施方面的基础就是"硬"实力。

3. 旅游智慧化是智能化的发展目标

旅游智慧化代表着旅游信息化领域的最新成果和必然趋势。

首先，从词义本身来看，智慧生活、智慧旅游、智慧城市等词语强调的是技术的进步使人们的生活得到改善而变得更加便利。智慧化和智能化的主要差异在"智"的结果上——"能"是"智"的基本效用，而"慧"是"智"的升华。

其次，从发展阶段来看，旅游的智能化在前，智慧化在后。沿着信息技术的发展趋势，旅游智慧化凭借的技术手段要比智能化更加高端和人性化。科技在不断进步，旅游信息化在向更先进的方向发展，旅游智慧化是智能化不断发展的结果。

最后，从实践价值和目标来看，旅游智能化为智慧化奠定了实践的基础，而智能化发展的终极目标是智慧化。智能旅游实现的是旅游媒介的高端化和智能化，忽视旅游消费者的需求，完成的是从技术到技术的循环；而智慧旅游以融合的通信与信息技术为基础，以旅游消费者互动体验为中心，以一体化的行业信息管理为保障，以激励产业创新、促进产业结构升级为特色。旅游智慧化实践的切入点和核心价值是旅游消费者互动体验。

第二节　智慧旅游的应用和发展

一、智慧旅游的条件

在智慧城市与智慧地球等概念的影响下衍生出智慧旅游概念，具体分析发现，智慧旅游与以下六个因素有关：

1. 全球信息化对旅游产业的推动，提高旅游产业的信息化水平。

2. 国务院将旅游业视为对国民经济具有助益的战略性支柱产业，是提高群众满意度的现代服务业，信息化技术是推动旅游产业飞速发展的主要动力，将信息产业与旅游业相结合，不仅能够刺激旅游行业消费，更有助于带动旅游产业素质提升。

3. 多项先进科技快速迭代更新，从技术层面上支持智慧旅游建设和发展，如人工智能、移动通信、物联网以及云计算等技术。

4. 社会信息化的快速发展促使旅游消费者拥有更强的信息手段应用能力，为后续智能化变革打好群众基础。

5. 智能移动终端快速普及，智慧旅游可应用载体较多，如平板电脑、智能手机等。

6. 旅游人数扩大，旅游体验不断深入，旅游消费者信息服务需求越来越多元化，旅游活动涉及多个空间之间的流动，此过程中的不可预见性与不确定性因素较多，实时掌握信息可以改善旅游体验和旅游质量，可见智慧旅游建设未来市场需求可观。在社会发展历史过程中经历了工业化、电气化、信息化和智慧化四个阶段，智慧旅游是新时代旅游业的一次自我变革。

二、智慧旅游的应用

现实生活中的智慧旅游应用例子较多。我国多个省市开始在旅游领域应用智慧旅游，如旅游营销、旅游服务、旅游管理等。从旅游管理层面上看，旅游管理与智慧旅游的结合改变了传统管理方式,现代化管理方式成为主导。在信息技术的支持下,旅游行业监管质量和效率得到改善,监管机构能够精准且及时地掌握旅游企业经营管理情况和旅游消费者旅游活动信息,监管实时性和精确性提高。智慧旅游自身具备信息技术优势,可快速收集并分析旅游消费者信息,实时掌握旅游消费者旅游活动的实际情况,促使决策更加科学合理。从旅游服务层面上看,智慧旅游的目标是发挥信息技术的优势作用为旅游消费者提供优质服务,改善服务体验与质量。智慧旅游向旅游消费者展现出现代化的信息供应模式,旅游消费者可随时随地快速掌握旅游信息并做好决策。不仅如此,智慧旅游还具备监控、定位和无线技术等,能够无障碍快速交换和传递信息,避免不必要的问题影响旅游消费者旅游满意度,提供给旅游消费者更加安全有品质的旅游体验。从旅游营销层面上看,智慧旅游可通过大量数据信息掌握最新热点和大众关注焦点,依托于这些信息可为旅游消费者提供所需旅游产品、设计适合的营销战略,增强旅游行业的营销创新和产品创新能力。智慧旅游能够借助新媒体传播的优势作用引导更多旅游消费者投入旅游研究当中,促进旅游传播。与此同时,智慧旅游积累大量与旅游产品、旅游消费者等方面的数据信息,依托于这些数据可发展成为自媒体营销平台。

三、智慧旅游的发展

旅游发展可分为四个不同阶段:第一,传统旅游,主要包括人工与纸质两种路径;第二,电子旅游,依靠局域网、计算机一级单应用等途径;第三,数字旅游,多应用、分布式、电子化以及单项控制共同作用;第四,智慧旅游,旅游业向社会发展情况看齐。

西方国家将智慧旅游称为智能旅游(Intelligent Tourism)。IBM公司先后推出了"智慧地球"和"智慧城市"等新进理念,并将其融入旅游酒店接待业日常发展当中,设计出"智慧酒店"(Smarter Hotel)新方案。该方案包含多个模块,如自助进店、离店、云前台及集中化管理等。酒店将智慧科技与自身服务融为一体,具备远程会议服务、楼宇自动导航、酒店服务与预定的App程序、先进的客房设备以及Wi-Fi网络等功能。凭借这些功能缩减服务流程和服务时间,控制运营成本投入,改善管理成效,提高住客的住宿体验感。2006年,美国部分州在旅游接待行业中引入了射频识别(RFID)技术,旅游消费者通过射频识别手腕可以自主完成酒店入住支付、餐饮与产品购买以及其他旅游项目费用支付等。2009年,欧盟国家面向全欧建立囊括游览车运行调度系统、游览车安全控制系统、旅游信息系统的旅游交通无线通信网络,全力开发远程信息处理技术,提高信息发布、应急管理、交通导航以及安全提醒等功能的智能化水平。不仅如此,英、德等国家针对旅游消费者导览过程也进行了改进和提升,将智慧元素融入其中,设计出智慧导游手机App程序。

旅游消费者在智能手机中下载 App 程序后即可获得相应的导览服务，包括原景重现、线路规划、影片播放、动画模拟、游览解说等，这种设计同时包含了博物馆展示以及人员导游两种优势。韩国研发出"i Tour Seoul" App 程序，提供中、英、法、德、日五国语言的导航服务和信息查询服务，旅游消费者自行查找手机即可获得与当地旅游有关的各方面信息服务，包括交通、医疗、历史文化、旅游景点、餐饮住宿以及美容娱乐和天气等多方面服务。

第三节 智慧旅游的功能与价值

一、主体功能

（一）社会功能

1. 资源整合

智慧旅游的发展建设，不是单一资源的利用，而是各类资源的有机整合，其在发展过程中，也会对社会资源进行整合。智慧旅游是一个庞大的系统，其中涵盖了较多的资源要素。就旅游企业而言，包括技术资源、市场资源、人力资源等；就公共供给而言，主要有土地资源、媒体资源、信息资源等。对各类资源进行优化整合，促进资源的充分利用，从而实现智慧旅游功能的集成，这是智慧旅游社会功能的主要体现。

2. 公共服务

如果说旅游企业开展智慧旅游经营管理活动是出于自身利益最大化的考虑，那么政府构建智慧旅游体系的出发点则是提供公共服务。智慧旅游的建立，能够为公众提供各类服务，如城市交通导引系统、安全事故预警系统等。这些信息与其说是为旅游消费者提供的，不如说是为社会公众提供的，因为这种服务已经不单纯是旅游消费者所需要的，而是社会公众都需要的。为社会公众提供服务，一方面是发展旅游的需要，另一方面也是构建服务型政府的重要体现。

3. 应急救援

在旅游过程中，抑或发生公共危机时，为公众提供救援是智慧旅游的功能体现。首先，在危机发生后，处于危机中的人能够通过智能终端设备，将自身所处的危急情况发布出来，让人们了解，这体现的是智慧旅游的信息接收功能；在接收信息后，通过广阔的网络覆盖，及时地将这些信息传播给有关部门，从而迅速采取行动，及时化解危机，这体现的是智慧旅游的联动功能；同时，在危机情况出现时，通过智慧旅游体系，及时地将相关信息扩散给最广大的社会公众，这体现的是智慧旅游的扩散功能。因此，通过接收、联动和扩散，实现智慧旅游的应急救援功能。最重要的是，通过畅通的智慧旅游系统，能够及时地传递旅游信息，可以起到事故防范、安全预警等作用，从而减少事故的发生。刘军林和陈小连对智能旅游灾害预警与灾害救助平台的构建与应用进行了研究，认为智能旅游系统及其灾害预警与灾害救助平台，能即时发布旅游气象灾害、地质灾害等方面的信息，对旅游防灾意识宣传、旅游灾害监测、旅游灾害预防与提醒以及旅游灾害救助都具有十分重要的意义。

4. 社会治理

智慧旅游实现其社会治理的功能，主要体现在其惩恶扬善的公开性。智慧旅游是一个信息发布的渠道，更是信息共享的载体，人们通过智慧旅游体系获得信息，主管部门通过法制和德治的方法，利用智慧旅游系统，将社会中尤其是旅游活动和旅游经营中的优良和不良现象公之于众，使人们明确社会主义道德观和法律观，从而自觉规范自身行为，有利于促进社会管理。

（二）经济功能

就经济发展形式而言，智慧旅游的发展将推动旅游市场由线下向线下线上相结合转化。传统的线下经营模式中，个人或组织想进行旅游消费，需前往旅行社、旅游酒店或旅游目的地现场进行购买。在购买之前，旅游消费者不能充分获得旅游消费的相关信息，因而，市场运行不够透明；同时，人们到消费场所进行现场购买，在购买时获得相应的信息，于是做出消费决策，这种消费决策通常并不能达到最优。人们花费较多的时间、精力和金钱来进行旅游消费，结果却消费不畅且极不便捷，这在某种程度上抑制了旅游需求。因为在获取信息或者购买困难的情况下，人们可以不进行旅游消费或以其他的消费方式予以替代。智慧旅游的出现，推动了旅游信息化的发展，使得线上旅游业务和旅游电子商务的发展进一步的大众化和平民化，人们易于获取准确全面的旅游信息，同时又便于进行网上支付，消费的便利化使得旅游近在身边。线上与线下的融合发展，将推动旅游业发展进步。

就经济发展效益而言，智慧旅游的发展能够产生明显的经济效益。从短期来看，智慧旅游发展中投资的增加使得政府和企业的成本增加。然而，从长远发展来看，这种短期追加的固定资本将会转化为长期收益，并且这种短期投入的固定资本远比长期发展中各类成本的总和要小得多。例如，智慧旅游的发展需要相应的设施、技术和人才，而智慧旅游系统的建立，使得组织和企业能够获得竞争优势，并且智慧旅游系统一旦建设完成，能够保持长期的运营。就实体企业而言，在日常的经营运作中，各种固定成本和可变成本之和远多于在智慧旅游中的投资；同时，作为一种新的经营管理方式，通过智慧旅游系统，旅游目的地或旅游企业能够直接与旅游消费者进行沟通和交互,有利于建立良好的形象,维持顾客关系,实现顾客忠诚,从而创造经济效益。

(三) 文化功能

作为公众生活的一部分,智慧旅游的存在与发展伴随着人类社会的发展而不断演化和前进,其在人机交互的过程中,将推动社会文化的发展。

1. 物质文化

在智慧旅游中,智能设备、智慧旅游设施是人们直接接触的物质载体,这是一种科技文化,且被应用在旅游发展中。科技与旅游相结合,形成具有旅游行业特色的科技实物,承载着智慧旅游中的物质文化,如旅游咨询中心的特色建筑、特色设备,具有提示意义的实物,都承载着一种可以触摸的实体文化。

2. 制度文化

不同于政府和企业中存在着明确的制度,智慧旅游本身不存在什么制度,不像企事业单位中工作人员的行为受到约束,智慧旅游所倡导的制度文化是一种制度文化认同。人们在日常的生活中,通过智慧旅游系统,经由智能设备和终端设施,可以主动地了解相应的法律法规、道德规范和行为准则等;在了解、学习和掌握的基础上,人们自觉遵守、自觉践行、合理运用,在遇到问题时,运用法律和相关制度予以解决,从而形成法制和德治相结合,人们自觉遵制守法的文化。

3. 行为文化

智慧旅游推动人们行为文化的发展变迁。例如,消费方式由线下转到线上;信息获取方式由交易过程中获取转变为交易前获取;支付方式由购买时支付转变为购买前或购买后支付;支付渠道由现场支付转变为网上支付。在人的行为方式方面,传统的随团旅游向自助旅游转变;对景区景点的讲解,由导游讲解转变为智能设备讲解。旅游消费者的行为方式随着技术和经济的发展而不断改变,而智慧旅游的发展,则直接加快了这种行为文化转变的速度。

4. 精神文化

精神文化是文化的核心,智慧旅游作为一种现代生活方式,本身并不能改变人类精神文化,也不能强化精神文化,但其在间接产生精神文化过程中的作用却不可小觑。智慧旅游通过推动旅游的发展促进精神文化功能的形成。智慧旅游促进人类旅游方式的转变,从而有更多的人参加旅游,在旅游的过程中,人们的思想意识得到端正,自身素质得到提升。例如,通过游览祖国的大好河山,增加了自己的爱国热情;通过参加生态旅游活动,增强了自己的环保意识。这种潜移默化的作用,正是智慧旅游文化功能的体现。

（四）科技功能

1. 推动现有技术的普及应用

智慧旅游的发展，需要依托两类技术的发展。其一，信息科技核心技术的发展。云计算、移动通信技术、全球定位系统（GPS）等技术的发展使得相关的数据和功能得以生成，智慧旅游的建立将会推进技术在旅游行业内的普及应用，旅游业的应用将会形成示范效应，从而引起其他行业的同时跟进，因而，智慧旅游的应用将能推动核心技术的普及应用。其二，设备终端技术的发展。核心技术的应用最终应当使人们的生活更便捷，因而，越来越多的人通过智能终端来接收智慧旅游的相关信息，进而促进行业发展。

2. 加速新技术的研发

随着社会的发展和需求呈现的多样化趋势，智慧旅游不断发展，一些新的功能和需求需要满足，因而，对智慧旅游中技术的水平也提出了更高的要求。在市场规律的运作下，企业会投入更多的资本来进行新技术的研发。

（五）环境功能

1. 提高生产效率，节约社会成本

智慧旅游的发展，将会节约社会成本，促使旅游企事业单位无纸化办公的实现。传统的企业运作是一种高碳式的运行，消耗大量的人力、物力和财力，且效果一般。智慧旅游的建立，将会使许多人力和物力从工作中解脱出来，减少资源的消耗；在资源有限的情况下，减少消耗就是一种对环境的保护。同时，智慧旅游的发展与我国建设资源节约型和环境友好型社会的发展战略是相一致的。

2. 提升公众素质，强化环保意识

人们在旅游过程中，通过与不同人群的交流，与不同文化的融合，逐步提高自身素质；与此同时，其自身的环保意识也得以增强。如在生态旅游景区，优美的自然环境和良好的社会环境使人们对环境保护的自觉性得以增强，这也是环境功能的体现。

3. 加快智能步伐，避免环境破坏

智慧旅游的发展不能仅仅限于企事业单位的应用，不能仅仅应用于市场，也不能仅仅侧重于服务，同时还应逐步地完善其功能，比如，环境监测和环境治理等。例如，在旅游开发的过程中，引入智慧旅游设备，对拟开发地区的生态环境予以跟踪监测，及时获取环境相关数据，了解环境情况，从而指导旅游开发，避免旅游发展中对环境的破坏。

二、行业价值

发展智慧旅游对旅游业意义重大,无论是旅游消费者、旅游企业,还是旅游主管部门,智慧旅游都具有非常深远的意义。智慧旅游将在优化旅游消费者行为模式、旅游企业经营方式和旅游行业管理模式上,推动旅游行业发展。

(一)旅游消费者

旅游开始之前,人们可以通过智慧旅游设备设施查询相关信息。人们可以在旅游前或旅途中,通过网络等途径获得旅游目的地的相关信息,这些信息包括旅游资源、市场信息、旅游服务质量和类别等。这些旅游信息为旅游消费者提供出游决策。通过智慧旅游体系,人们可以获得更为完备的信息,因而能够货比三家,在信息透明的情况下,人们可以个性化地安排自己的旅游行程。在旅游目的地,旅游消费者不必拘泥于以往的团队式旅游(行程固定,灵活性较差),可以通过选择,自己来安排旅游行程。对旅游消费者而言,这种旅游活动完全是依照自己的意愿定制的,因而更具有自主性,这可以提高人们对旅游活动的认可度和满意度。在获取足够充分的信息后,人们可以进行预定。传统的营销和预定较为麻烦,而通过网上预定,信息较为透明,支付比较方便。旅游消费者来到旅游目的地后,可以直接开展旅游活动,避免了排队购票、查阅信息等时间的浪费,各种信息成竹在胸,可以尽情享受自己的个性化旅游。同时,智慧旅游系统及时地发布目的地、酒店、景区等相关信息,人们可以根据自己的需要选择性地开展旅游活动,也可以避免景区的"拥堵"现象,实现人流疏导。

在旅游过程中,智慧旅游可以实现四个功能:导航、导游、导览和导购。

①导航。导航是将位置服务嵌入旅游信息中,借助如全球定位系统(Global Positioning System,GPS)导航、基站定位、无线网络定位、无线射频识别技术(Radio Frequency Identification,RFID)定位和地标定位等技术,实现智能终端设备与网络和位置服务进行连接,旅游消费者可以通过智能终端设备为自己随时随地进行定位。基于此,在旅游过程中,旅游消费者可以随时获得自身位置信息,引导自身行为,从而有利于缓解旅游消费者在异地开展旅游活动时的陌生感和紧张心理;通过位置服务,旅游消费者能够获得相关的路线图、距离和时间等信息,从而为自我行程提供建议。

②导游。旅游消费者来到旅游目的地后,其旅游活动不仅仅限于旅游景区,同时还会参加一些其他的活动,比如,观看演出、逛街等,因此需要了解自身周边有哪些酒店、景区、旅行社、银行和邮政等信息。智慧旅游能够精确地为旅游消费者提供这些信息,从而便于旅游消费者做出决策,即智慧旅游不仅仅限于旅游活动,凡是与旅游相关的活动,都

应当成为智慧旅游发展的重要内容。

③导览。旅游消费者到达某一旅游目的地进行旅游活动，在某一个旅游景点，需要了解的相关资料，如景点的内容，即导游在旅游活动中所讲解的内容，可以通过智能设备便捷地获得，从而实现设备导游而非现实中的人员导游。

④导购。旅游消费的过程中，智慧旅游应当提供充分的信息供旅游消费者进行选择。例如，旅游消费者在选择酒店时，需要知道酒店的星级、顾客评价、发展历史、价格、优惠政策等，这些信息应当与在实体酒店中所了解到的是同等的，从而保证消费者的知情权，进而使交易能够正常进行。导航、导游、导览、导购的功能集成，能够真正实现旅游消费者在旅游过程中的自主化。

在旅游结束后，旅游消费者一般会进行信息反馈。就反馈信息的内容而言，可以分为两个方面。其一，旅游心得分享。旅游消费者会分享旅途中所遇到的新奇事件、获得的满意服务、看到的奇特景观。其分享的是一种愉快的超乎寻常的体验，因而，能够将此正面信息传递给他人，使得旅游要素的品牌和形象得以强化，从而使旅游目的地吸引到更多的旅游消费者。其二，对旅游中存在的一些不满，也会向公众传播。这种传播将使更多的人知晓，旅游要素的形象也得以广而告之。因此，旅游消费者的分享实际上是一把双刃剑，把其中的满意因素公之于众，把其中的不满加以曝光。这在无形中会促使旅游企业提高服务质量，规范自身行为，由此逐步提升自身品牌形象，从而扩大知名度，提高美誉度。同时，反馈的信息也可能是一些投诉建议，智慧旅游作为一种系统、平台和渠道，既为旅游管理提供便利，也为旅游消费者权利保障提供法律和技术支撑。旅游主管部门应当充分利用智慧旅游的功能价值，解决旅游中的主体问题，从而优化智慧旅游的发展环境。

（二）旅游企业

1. 提供产品

智慧旅游丰富了产品的形态。传统的旅游产品过于单一，其主要局限于一般的旅游线路产品，如观光旅游产品、度假旅游产品、旅游景区和旅游酒店等。这些产品基本上处于旅游的初级阶段，只能满足基本的需求，产品的形态不够丰富，人们的个性化需求不能得到有效满足；同时，在经营管理的过程中，出于成本利润的考虑，个性化和定制化的旅游产品并不多。智慧旅游的出现、高科技的应用，使得旅游景区、旅行社等对旅游产品的开发力度加大，产品形态逐渐丰富，人们借助智慧旅游，更能使自身的需求得以满足，因而在一定程度上促进旅游产品的多向发展。同时，智慧旅游也拓宽了旅游的销售渠道，传统的营销和促销被逐渐地放大。智慧旅游将旅游产品搬到线上进行销售，旅游消费者更易获得。微博、微电影等的出现，智能设备的广泛应用，使得人们接触的新媒体增多，而在新媒体上进行旅游产品的销售，并引入智慧旅游，可以极大地拓宽产品的销售渠道。

2. 展示形象

智慧旅游拉近旅游企业与旅游消费者之间的距离，也为旅游企业展示形象提供了更好的平台。智慧旅游的运用、智能终端的使用，使得旅游信息的发布更为快速和频繁。旅游企业可以通过产品来展示自身的形象，产品的多样化、个性化、人性化、标准化、人文化和科技化等成为旅游企业展示自身的一个重要途径。通过了解产品，人们可以了解旅游企业的经营方向和发展理念，形成对旅游企业的良好印象。旅游企业可以通过企业自身展示形象。自觉履行社会责任的企业将会赢得政府和社会的青睐。政府在推动智慧旅游发展的过程中对其宣传，展示企业的优质产品、企业文化、经营理念等，通过正面宣传强化其在公众心目中的良好形象，既能在行业中起到模范与示范作用，又能进行免费宣传。旅游企业也可以通过旅游消费者展示形象。旅游企业为旅游消费者提供优质的产品和服务，得到旅游消费者的赞赏，旅游消费者在游览后会将旅游中的感受分享给他人，通过滚雪球效应不断强化企业在人们心目中的美好形象。

3. 节约成本

臃肿的组织结构使得企业在经营的过程中成本增加，运行起来举步维艰，然而，智慧旅游的应用能为企业节约成本。首先，旅游企业能通过网络获得旅游消费者的信息和需求，进而根据需求制定产品、价格、促销和渠道策略，从而避免以往进行市场调查持续时间长、耗费人力多、成本开支大的弊端；其次，在产品销售的过程中，通过网络进行智能化销售，运用机器设备实现销售水平的提高，从而节省人力资本。在信息的保存上，将企业信息进行云存储，随时更新随时应用，由机器进行管理，易于保存，不易损坏，取用方便。既节省人力、物力，又避免资源的浪费，同时还能实现企业的低碳化运营。发展智慧旅游还能降低资金成本。以往采购物质资源，交通等费用是企业一项不小的开支，并且这种开支的发生频率高，而智慧旅游的应用，将实现企业的虚拟化采购，从而极大地节约成本。

4. 优化企业管理

企业在管理过程中需要依托较多的技术和设施设备，传统管理中的较多方法和实践是粗放型的，管理起来困难而庞杂。比较明显的例子是信息调用困难，如客户信息的管理、财务状况的记录，这些信息和资料通常以笔记的形式记录，储存量较大，修改、保存、查找和取用困难，为了调用一项信息或数据会花费较长时间，并且时常容易出错。智慧旅游建设运用云计算等技术，实现企业数据集中管理，将存储和计算等网络化、系统化、实时化、智能化，实现数据和信息应用的便捷化。这样既提高了企业的信息化水平，又提高了其经营运作效率，还推动了企业的标准化建设。

5. 转型升级

智慧旅游的发展建设将促进旅游业的转型升级。首先，旅游市场由线下转变为线上线下相结合。智能设备与移动互联网的无缝对接，使得人们更加便捷地利用智能设备，实现旅游产品的网上购买。其次，旅游产品的优化升级。传统的旅游产品只能满足旅游消费者的基本需求，然而，随着智慧旅游的应用，旅游产品会向着科技化、人文化、个性化的方向发展，使得旅游产品更具文化内涵。智慧旅游的发展将调整产业结构、优化旅游方式，从而促进旅游业的转型升级。

（三）旅游主管部门

旅游主管部门进行智慧旅游建设，主要体现在两个方面：一方面是内部体系的建设，如智慧办公体系；另一方面是外部体系的建立，如智慧旅游公共服务体系的构建等。无论是外部还是内部智慧体系的建设，无非要达到两个目的。

首先，实现智慧政务处理。旅游业发展涉及较多行业和要素，在发展的过程中政府管理部门有烦琐的工作需要处理，旅游行政管理部门在业务处理的过程中同样存在着提高效率等现实诉求。智慧政务的建设，使得相关的管理和服务工作能够随时随地进行，不仅节省人力、物力和财力，还有利于提高办事效率。

其次，外在形式的公共服务体系的建设。这是创建服务型政府的体现。通过智慧旅游体系，及时将相关的政策、法律和规范等公之于众，使人们了解相应的法律法规，因而能够使行业运作更加透明；同时，及时地将旅游行业信息予以公布，使得旅游消费者和旅游企业自觉规范自身行为，能够有效促进行业自我管理。因此，旅游主管部门推动智慧旅游发展建设的着眼点和落脚点是推动行业发展、助力行业监管和提供公共服务。

具体来说，智慧旅游的发展将从以下方面促进旅游行业管理：

1. 行业统计

通过位置服务和网络服务获得旅游相关的各类信息，对旅游消费者的行为特征进行分析。例如，对某一类型的旅游景区，其旅游消费者的共同特征是什么，该类旅游活动表现出什么样的发展趋势等。

2. 需求采集

市场交易主体能够进行动态的双向的信息交流。通常情况下，需求决定供给，旅游消费者将其对产品的需求通过智慧旅游体系反馈给管理者，管理者据此引导旅游市场的发展，进而有针对性地提供产品和服务。

3. 预警预报

旅游市场具有敏感性和脆弱性，容易受到各类因素的影响，智慧旅游的建立，能够及时地反映市场动态，便于旅游管理部门见微知著，从而及时采取措施，引导行业的健康发展。此外，在旅游活动中，遇到突发事件、出现险情时，可以通过智慧旅游体系获得救助，全面高效的救助体系能够在第一时间做出反应，从而及时解决危机。同时，旅游主管部门可以通过智慧旅游体系，发布潜在的危险信息，旅游消费者经由智能终端设备获得这些信息，从而及时地采取预防措施，减少不必要的损失。

4. 监督管理

旅游消费者和社会大众在透明的信息网络下，在便捷的智慧旅游体系下，可以及时地将旅游过程中的不良行为公之于众。大众的监督管理可以督促旅游企业约束自身行为，从而促进旅游企业的规范化运营。

5. 投诉处理

旅游业在发展中经常存在着各类投诉事件。旅游消费者在旅游中处于劣势地位，因而，较多的旅游消费者在权利受到侵害后，没有采取相应的措施加以维护，为了保证旅途的顺利进行而选择忍气吞声。智慧旅游的出现，使得投诉更为便捷，投诉的处理能力也得以增强。因而，智慧旅游的建立将会极大地提升旅游投诉处理效能。

6. 科学决策

智慧旅游的"智慧"能够生成优秀的决策方案，进而促使旅游主管部门做出科学决策，促进旅游业的持续健康发展。

（四）旅游业创新发展

1. 为不同主体进行智慧旅游发展建设提供理论支撑与实践指导

当前，智慧旅游建设主体主要有政府和企业，政府主要从公共服务视角建设智慧旅游目的地，在顶层设计中明确规范做出指导；企业则主要围绕自身发展需求，有针对性地发展建设智慧旅游项目。统筹政府和企业两方需求，明确各自的任务和职责，能够理顺智慧旅游发展建设的逻辑思路，在此基础上为政府和企业进行智慧旅游发展建设提供理论依据和实践借鉴。

2. 为智慧旅游发展建设对象提供切实可行的对策建议

从旅游要素或旅游目的地来看，智慧旅游发展建设的对象主要包括智慧景区、智慧酒店、智慧旅行社、智慧旅游目的地等，其中尤以智慧景区和智慧旅游目的地的建设较为普遍。在发展实践中，不同景区进行智慧旅游发展建设的思路、过程、项目、路径并不相同，分析并明确不同要素或旅游目的地进行智慧旅游建设的逻辑思路和体系框架，能够在既定条件下发挥智慧旅游的最大效力。从智慧旅游功能要素和框架体系来看，当前智慧旅游发展建设主要集中于微信、二维码、网络覆盖、旅游网站、综合数据库、线上商务平台、智能监控系统、智能门禁系统、安全预警系统、自动化办公体系、客房多媒体系统等内容。同时，依据建设难易程度、成本投入大小、应用轻重缓急等实际情况，智慧旅游建设往往是不成体系的，甚至是碎片化的。将这些零散的建设思路整理成现实可行且能持续发展的路径和发展步骤，能够从长远上保障智慧旅游发展建设的内容、体系、规模、步骤，并最终推动智慧旅游发展建设整体水平的提升。

3. 为智慧旅游发展建设的路径选择提供现实依据

作为旅游业发展的重要推动力量，政府和企业看到了智慧旅游的功能作用及隐藏在背后的商业价值，于是，许多地区开启智慧旅游发展建设。殊不知，智慧旅游发展建设不可一蹴而就，而是一个庞大、系统的工程，在建设中需要投入巨大的人力、物力和财力。在经济社会发达、旅游市场旺盛的区域，发展智慧旅游或许能够解决旅游业发展的许多问题，同时也不会对建设主体本身造成负面影响，因此智慧旅游建设无可厚非。但是，在一些经济水平较低、地方财政困难、旅游条件不优越、智慧旅游功能暂时不能有效发挥的区域，投入大量资金开展智慧旅游建设，不仅收效甚微，甚至会影响当地经济社会的发展，在此情况下，智慧旅游发展建设就需仔细斟酌了。因此，各地区、各主体应当结合自身实际，选择与之相适应的智慧旅游发展路径，如通过分期建设，明确智慧旅游功能需求的轻重缓急，有规划、有重点、有策略地发展建设，以持续推动智慧旅游健康发展，并充分发挥智慧旅游的优势。

4. 为新常态下智慧旅游发展建设提供新思路

当前，中国旅游业面临转型升级的新常态，包括大数据、产业融合、技术应用、在线交易、区域一体化等，智慧旅游的发展建设应当结合新常态、顺应新形势，在新常态下集聚新理念、新功能，进而丰富完善智慧旅游功能要素和体系架构，促进智慧旅游在动态变化的社会环境和市场环境中稳步发展。

智慧旅游的发展建设，在旅游消费者、旅游企业和旅游行政管理等方面有着共同的但有区别的内容和需求，但最终都能通过智慧旅游的发展建设，推动中国旅游业的优化升级。智慧旅游的发展建设，需要旅游业产学研界共同发力。只有进行整体建设和联动发展，才能实现智慧旅游体系的全面构建。

第四节　智慧旅游的整体架构与信息流

一、智慧旅游的整体架构

（一）智慧旅游的感知层

感知层解决的是人类世界和物理世界的数据获取问题，是保证泛在网感知和获取物理世界信息的首要环节。感知层是智慧旅游体系中的神经末梢，也相当于皮肤和五官，用于识别物体，采集信息。感知层使用条码和识读器、RFID标签和读写器、摄像头、GPS、传感器技术，采集各类旅游活动对象的基本信息，为相应的智慧旅游应用提供有效、精准的信息分析与决策依据。

1. 感知方式

根据不同的感知信息和感知节点的特点，主要的感知方式可以分为以下四类：

（1）身份感知

通过条形码、射频识别、智能卡、信息终端等对感知对象的地址、身份及静态特征进行标识。

（2）位置感知

利用定位系统或无线传感网络技术对感知对象的绝对位置和相对位置进行感知。

（3）多媒体感知

通过录音和摄像等设备对感知对象的表征及运动状态进行感知。

（4）状态感知

利用各种传感器及传感网对感知对象的状态进行动态感知。

2. 感知技术

在信息采集和感知方面，感知层所用技术主要包括：

（1）条形码

条形码是一种信息的图形化表示方法，可以把信息制作成条形码，然后用相应的扫描设备把其中的信息输入计算机。

（2）智能终端

智能终端主要包括智能手机、平板电脑、智能电视、智能卡等设备。

（3）射频识别技术

射频识别（RFID）又称为电子标签，是一种通信技术，可通过无线电信号识别特定目标并读写相关数据，而无须识别系统与特定目标之间建立机械或光学接触。RFID 标签主要分为被动、半被动和主动三类。由于被动式标签具有价格低廉、体积小巧、不需电源等优点，因此目前市场的 RFID 标签主要是被动式。RFID 技术主要用于绑定对象的识别和定位。通过对应的阅读设备对 RFID 标签（tag）进行阅读和识别。RFID 的典型应用领域包括门禁考勤、图书馆、医药管理、仓储管理、物流配送、产品防伪、生产线自动化、身份证防伪、身份证识别等。

（4）多媒体信息的采集

多媒体信息的采集是利用录音设备和各种摄像设备对音频、视频信息进行同步采集，并将其存储的各类技术，广泛应用于城市建设和管理的各个方面。

（5）传感技术

传感技术同计算机技术与通信技术一起被称为信息技术的三大支柱。从仿生学观点来看，如果把计算机看成处理和识别信息的"大脑"，把通信技术看成传递信息的"神经系统"的话，那么传感器就是"感觉器官"。传感技术是遵循信息论和系统论的，它包含了众多的高新技术，被众多的产业广泛采用，是现代化科学技术发展的基础条件。

传感器是智慧旅游感知层获得信息的主要设备之一，主要包括温度、压力、湿度、光度、霍尔磁性传感器、微机电（MEMS）传感器、智能传感器等，在医疗领域得到了广泛应用。

（6）定位系统

全球定位系统（Global Positioning System，GPS）是具有海、陆、空全方位实时三维导航与定位能力的新一代卫星导航与定位系统。GPS 作为移动感知技术，是采集移动物体信息的重要技术，更是物流智能化、可视化的重要技术。GPS 广泛应用于军事、民用交通（船舶、飞机、汽车等）导航、大地测量、摄影测量、野外考察探险、土地利用调查、精确农业以及日常生活（人员跟踪、休闲娱乐）等不同领域。

3. 传输方式

感知层需要采用各种短距离无线通信技术，具体包括以下几类：

（1）IEEE 802.15.4

IEEE 802.15.4 是一种经济、高效、低数据速率（小于 250Kbit/s）、工作在 2.4GHz 和 868/915 MHz 频段的无线技术，用于个人局域网和对等网络。

ZigBee 是 IEEE 802.15.4 协议的代名词。ZigBee 是部署无线传感器网络的新技术，它是一种短距离、低速率无线网络技术，是一种介于无线标记技术和蓝牙之间的技术提案。

ZigBee 来源于蜜蜂的"8"字舞,由于蜜蜂(Bee)是靠飞翔和"嗡嗡"(Zig)地抖动翅膀的"舞蹈"来与同伴传递花粉所在方位信息,也就是说蜜蜂依靠这样的方式构成群体中的通信网络。其特点是近距离、低复杂度、自组织、低功耗、低数据速率、低成本,主要适用于自动控制和远程控制领域。

(2)UWB

UWB(Ultra Wideband)是一种无载波通信技术,利用纳秒至飞秒级的非正弦波窄脉冲传输数据。通过在较宽的频谱上传送极低功率的信号,UWB 能在 10 米左右的范围内实现数百 Mbit/s 至数 Gbit/s 的数据传输速率。

(3)NFC

NFC 技术在单一芯片上集成非接触式读卡器、非接触式智能卡和点对点的功能,运行在 13.56 MHz 的频率范围内,能在大约 10 厘米范围内建立设备之间的连接,传输速率可为 106 Kbit/s、212 Kbit/s、424Kbit/s,未来可提高到 848 Kbit/s 以上。

(4)蓝牙

蓝牙是一种支持设备短距离通信(一般 10 米内)的无线电技术,能在包括移动电话、PDA、无线耳机、笔记本电脑、相关外设等众多设备之间进行无线信息交换。

智慧旅游建设具有范围广、规模大、业务复杂等特点,因此需要利用多种感知方式、感知技术和传输方式,实现信息从汇聚阶段向"人—人、人—物、物—物"协同感知阶段和泛在融合阶段迈进,满足智慧旅游采集是利用录音设备和各种摄像设备对音频、视频信息进行同步采集,并将其存储的各类技术,广泛应用于城市建设和管理的各个方面。

(二)智慧旅游的网络层

网络层类似于人体结构中的神经系统,是在现有通信网和互联网的基础上建立起来的,综合多种通信技术,实现有线与无线的结合、宽带与窄带的结合、感知网和通信网的结合。该层的主要任务是将感知层采集到的信息,通过传感器网、通信网、互联网等各种网络进行汇总、传输,从而将大范围内的信息加以整合,以备处理。

网络层主要包括网络互连、三网融合、泛在网络三个方面的内容。

1. 网络互连

(1)IP 宽带城域网

IP 宽带城域网是覆盖整个城市区域内的宽带网络。从目前通信网络技术的发展趋势看,多网的融合是不可逆转的大趋势,IP 技术将作为下一代网络的主要承载技术,IP 宽带网将成为各种通信应用统一的网络平台。

（2）无线宽带接入网

无线宽带接入网主要包括 4G/5G 移动通信系统、WIMAX、WLAN（Wi-Fi）宽带无线接入网以及数字集群网络、卫星移动通信网络、短波通信网络、专用无线通信等。利用宽带移动通信（4G/5G 等）和无线接入技术，确保全部公共场所、景区、道路实现无线网络覆盖。实现旅游消费者在任何地点、任何时间、任何情况下都能利用无线宽带上网，使用无线移动应用和信息服务。

（3）有线宽带接入网

有线宽带接入网为用户提供大容量、高速率的有线接入能力，主要包括局域网 LAN 接入、基于铜线的 xDSL 接入、FTTx 光纤接入网、基于无源光 Cabie 接入网等接入手段和网系。有线宽带接入网能够满足旅游消费者对高速上网、网络电视、高清电视、高清视频通话、全球眼等高宽带服务的需求，以及云计算服务的需求。

2. 三网融合

三网融合中的三网是指以互联网（Internet）为代表的数字通信网、以电话网（包括移动通信网）为代表的传统电信网和以有线电视为代表的广播电视网。三网代表现代信息产业中三个不同行业，即电信业、有线电视业和计算机业的基础设施。三网融合主要指通过技术改造，实现电信网、广播电视网和互联网三大网络互相渗透、互相兼容，并逐步整合成统一的通信网络，形成可以提供包括语音、数据、广播电视等综合业务的宽带多媒体基础平台。三网融合意味着三个网络层面实现互联互通，业务层互相渗透和交叉，为用户提供多样化、多媒体化、个性化的信息服务。

3. 泛在网络

目前通信网络作为信息通信技术的重要基础分支，已经从人与人的通信发展到人与机器（或物体）间以及机器与机器间（M2M），并朝着无所不在的泛在网络方向演进。泛在网（Ubiquitous Network）是基于个人和社会的需求，实现人与人、人与物、物与物之间按需进行的信息获取、传递、存储、认知、决策、使用等服务，网络具有超强的环境感知、内容感知及智能性，为个人和社会提供泛在的、无所不含的信息服务和应用。

（三）智慧旅游的数据层

在智慧旅游的建设过程中，需要从整体角度有效组织、整合和利用数据，最大限度地发掘数据的价值。数据层主要包括基础数据库与业务数据库、数据共享交换平台、数据安全体系、数据管理与维护体系四个方面的内容。

1. 基础数据库与业务数据库

智慧旅游离不开大量基础数据支持，所以应建立基础数据库对所有信息资源进行科学整合与应用，遵照"以对象为中心"的原则，收集、整理和应用各行业与各部门数据，最大限度展现出数据资源优势。针对基础库对象以"物理分散、逻辑集中"的形式，依托于数据共享交换平台，建立规范的数据标准和信息资源目录，确保各行业与部门之间能够实现无障碍信息互联。打造智慧旅游各类业务库，提供更具权威性的数据渠道，确保各行业能够实时获取可靠信息，不管是市民、企业和政府都可以享受到最新、最全面的基础信息服务。

2. 数据共享交换平台

数据共享交换平台的定位不仅仅是一个技术层的交换机制，更应该考虑作为基础的、重要的应用支撑平台和体系。通过跨层级、跨部门的数据交换和业务协同，解决面向内部、外部的信息系统业务数据采集交换问题。鉴于其复杂性，应借助成熟的数据交换平台，将业务数据进行整合。通过数据交换平台，将不同来源、不同格式的数据统一格式和规范后存入各类数据库。另外，制定并实施信息资源共享与交换的管理办法，建立信息资源共享交换长效机制和管理制度，包括系统操作管理制度、交换流程管理制度、运行环境监视设备管理制度、系统应急计划及备份管理制度等。

3. 数据安全体系

数据安全体系提供从信息和管理方面保证数据访问、使用、交换、传输的安全性、机密性、完整性、不可否认性和可用性，避免各种潜在的威胁。其主要包括身份证、授权管理、数据交换过程安全保障和数据交换接口安全等方面的内容。

4. 数据管理与维护体系

数据管理与维护体系是数据库建设的关键之一。智慧旅游建设形成的旅游信息资源是公共资源，应明确归属政府或授权相关部门进行管理和运营，并对数据采集、更新和整合进行统一管理，制定信息资源管理维护制度和技术平台管理维护制度。信息资源管理维护制度应包括信息资源公共制度、信息资源动态管理制度、信息资源安全管理办法、信息资源共享查询制度等。技术平台管理维护制度包括平台管理办法、平台对外服务指南及平台安全运营管理制度等。

（四）智慧旅游的应用和服务层

服务是智慧旅游建设的出发点和落脚点。智慧旅游借助无处不在的感知网络，以统一的旅游信息数据库为基础，通过各种应用系统，向旅游消费者、旅游企业和政府管理部门提供各种智慧的服务。

1. 面向旅游消费者

旅游消费者是旅游活动的主体。智慧旅游为旅游消费者有针对性地提供综合信息查询与在线订购服务，为旅游消费者出行之前的准备提供充分的资讯参考，帮助旅游消费者解决旅途中食、住、行、游、购、娱等诸多问题。比如，提供住宿、餐饮、购物行业和娱乐场所的资讯信息订购，航班时刻表及实时票价查询订购，市区公交地铁换乘、车站、驾车路线等信息服务，医疗安防等配套保障信息服务，其他日常旅游信息服务等。

根据跟团、自助、自由行、自驾游、背包客、商务游等多种旅游形式和旅游消费者的不同需求，有针对性地提供行程规划服务。对有意跟团的旅游消费者用户，提供各个旅行社的旅行价格、服务质量、用户评价方面的比较，并根据服务质量、路线价格等评价标准向用户推荐旅行社，帮助用户进行选择；对自助游的用户，提供旅游目的地各个方面的详细信息，包括交通、住宿、饮食、购物等信息查询，以便用户提前掌握旅游地的资讯；对自由行、自驾游、背包客用户，推荐旅游地最合适的旅游景点，提供时间、价格等方面的综合信息。

智慧旅游具备智能化导览服务的功能，根据旅游消费者偏好和精准定位技术，以视频、声音、图片或文字等形式，为旅游消费者呈现景区的优美景色和民俗民生，提供丰富多元的观赏资源、旅游服务项目和服务设施，带给旅游消费者优质的旅游体验。

智慧旅游的优势不仅在于能够提供"全程式"旅游服务，旅游消费者在旅游过程中的情感分享、游记分享及经典评论等也可以借助智慧旅游完成实时发布。智慧旅游凭借各互动平台，将政府部门、旅游消费者、旅游企业和旅游接待方衔接在一起，彼此之间可以进行无障碍沟通与互动，同时也保证任何旅游投诉都可以得到快速处理。

2. 面向政府管理部门

旅游管理部门的职责是公共服务、市场监管、经济调节及社会管理等。推行智慧旅游后，有助于加快电子政务建设和发展，让各级旅游管理部门具备更强的办公自动化能力。如此一来，政府行政效率提升，行政成本投入减少；旅游市场运行检测、旅游市场主体管理和服务能力都能够得到强化和提升，大众的旅游投诉与评价渠道顺畅无阻；文化资源和自然资源管理与保护更具智能化优势，旅游宏观决策合理性和有效性得到显著提升。

智慧旅游与管理部门相结合可以增强其行业服务与政务管理能力。在智慧旅游的推动下，各行业管理系统不断升级完善，确立面向全国的信息框架，实现全国数据统一、分级授权管理，提高旅游管理信息传递的有效性、精确性与一致性，促使旅游政务管理成效提升；实时监控客源地旅游团队人员信息与其形成信息，为旅游安全提供外部保障；提高旅游企业与相关行政管理部门信息公开的透明度，改善旅游服务质量。

智慧旅游有助于增强部门自身的旅游监测与应急响应能力。基于智慧旅游打造高效快速的旅游监测预报体系，信息发布更加及时精准，对于客流高峰时段的客流引导能力进一步提升；建立面向景区的多领域监测、预报预警系统，从生态环境、地质灾害、专业气象及视频监控等多个方面进行监控和预警，加强与各级应急指挥中心信息平台的联系，打破信息壁垒，实现信息共享，强化旅游景区自身的安全监控能力，以及应对各类突发情况的应急调度能力；基于信息无障碍流通和共享，强化旅游景区与政府各部门之间的协作关系，如质检部门、公安部门、工商部门、卫生部门、商务部门等。针对旅游过程中各种投诉与救援工作，建立完善的投诉受理与救援服务机制，不断增强旅游行业的管理能力，实现高效监管、科学调控的新旅游管理模式。

3. 面向旅游企业

智慧旅游建设是面向区域范围建立的虚拟资源地，依托于云计算平台，发挥IT资源优势作用，为旅游企业集约化建设提供科技助力。智慧旅游设置了一系列专业化的服务系统，通过在线营销、企业资源管理和供应链等为旅游企业提供理想的应用服务和优质的软硬件环境，削弱各中小型旅游企业因信息化水平不同造成的技术与资源差异，刺激旅游信息化发展，提高其研发与服务成效。

智慧旅游有助于联营企业向网上营销方向发展。智慧旅游借助各类网络渠道资源完成旅游营销的目的，如社交网络服务（SNS）、网络媒体、博客/微博客、广播电视、短/彩信平台、互联网门户与论坛等。基于目标客户群特征开展对应的线上旅游营销活动，划分不同营销内容，提高客户的黏合度。设计旅游产品目标，针对客户群体制定有针对性的旅游产品与服务，寻找新的旅游服务增值点，打造独有的竞争优势。

智慧旅游能够加快旅游电子商务发展进程。制定科学完善的旅游企业信用评估标准，进一步健全旅游市场主体信用信息管理体系；建立完善的电子认证基础设施，提高电子认证服务的规范性；制定旅游产品安全电子合同系统，针对电子商务凭证和数字签名设计适合的解决方案，确保旅游电子商务产品交易市场有序安全且公平运行；将金融系统与电子商务系统绑定在一起，在旅游市场中引入各种新兴支付工具，如移动支付、网上支付以及电话支付等；以更加便捷且交互性强的支付工具，帮助客户高效迅速完成产品服务选择、订单确认及支付等步骤。

（五）智慧旅游的支撑保障与产业体系

智慧旅游的支撑保障体系包括智慧旅游的标准规范体系、安全保障体系、运营管理体系三方面的内容，是智慧旅游建设的基础支撑和重要保障。智慧旅游产业体系的发展是智慧旅游建设的关键目标。

1. 标准规范体系

智慧旅游标准规范体系是智慧旅游建设和发展的基础，是确保系统互通与互操作的技术支撑，是智慧旅游工程项目规划设计、建设管理、运营维护、绩效评估的管理规范。智慧旅游标准化体系包括技术标准、业务标准、应用标准、应用支撑标准、信息安全标准、网络基础设施标准等。

2. 安全保障体系

智慧旅游的安全体系建设应按照国家等级保护的要求，从技术、管理和运行等方面对智慧旅游的信息网络采取"主动防御、积极防范"的安全保护策略，建立计算环境安全、网络通信安全、计算区域边界安全三重防御体系，并在感知层、通信层、数据层和应用层通过建设安全的传感网络、安全的通信网络、安全的数据中心和应用平台，实现对智慧旅游的层层防控。

（1）对于传感层，安全防护的重点是实现用户的可信接入，保证数据的机密性、完整性、可用性、不可复制性。

（2）对于网络层，安全防护的重点是实现传输过程中的完整性、机密性、可用性，主要通过采用防火墙、IDS/IPS、抗 DDoS 攻击系统、网络密码机、信道密码机、服务器密码机、VPN 设备、安全接入网关、安全性能检测设备等实现。

（3）对于数据层和应用层，可通过采用安全应用支撑平台、身份认证及访问控制系统、漏洞扫描系统、安全扫描工具、防病毒及恶意代码产品、可信接入认证系统、防非法接入认证系统、监控与审计系统、安全存储系统、主机安全加固系统、网络安全审计系统、入侵检测及防护系统等实现。

3. 运营管理体系

智慧旅游的建设应逐步形成多元化投资机制。坚持以政府投入为导向、企业投入为主体、金融机构和其他社会资金共同参与的多渠道、信息化投资模式。建立"谁投资，谁受益；谁使用，谁付费"的运营机制，吸引社会力量参与。完善投资融资体系，吸引国内外风险资本进入智慧旅游的产业和基础设施建设。

智慧旅游的建设应大力推行服务外包制度。围绕用户技术支持、系统运行维护、软件设计开发等服务需求，积极在相关部门中推行信息化服务外包制度。改善预算管理，完善信息化项目支出预算相关规范，探索将信息化建设的技术支持、运行维护、软件开发等外包服务纳入政府采购序列，为政府部门购买服务、推行外包制度提供保障；通过资质认定、服务承诺、收费管理等配套的规范标准，为推行外包制度创造条件并形成规范。

智慧旅游的运营管理体系应逐步发展为多元化的投资中介服务体系。鼓励、引导工程技术研究中心、生产促进中心、创意服务中心等各类技术开发和中介服务机构按照市场运作的方式，结合智慧旅游建设，为政府、企业实施信息化提供需求诊断、方案设计、咨询论证、实施、监理、人员培训等方面的服务，形成专业化、网络化、市场化的新型信息化技术服务体系，最大限度地降低智慧旅游建设的风险。

4.智慧旅游产业体系

智慧旅游建设是对旅游产业链全流程的优化升级，提高其智慧化水平，推动国内旅游产业实现跨越式发展。智慧旅游能够提高旅游消费者的体验感和信心，拉动旅游消费需求；智慧旅游扩大旅游服务范围，开展面向各国的电子商务与网络营销，增强中国旅游业的国际优势；智慧旅游是对旅游服务业的一种创新，将现代服务业与战略性新兴产业充分结合，如计算机服务、物流业、金融业等。

智慧旅游拉长旅游产业生命线，实现可持续发展。传统的旅游开发模式过度强调开发和掠夺，对于资源保护的重视度不足，这种粗放模式与当前经济发展需求并不相符。智慧旅游将旅游产业与信息技术相结合，增强旅游经济的科技性与知识性，改变了传统的以物质资源为依靠的粗放式旅游开发模式。现代旅游业关注的是要素使用效率，主张实行集约式发展路径，推动产业的长久稳定发展。

智慧旅游能够强化旅游产业的竞争优势，从管理、日常经营及服务等方面进行提升，改善传统旅游缺乏灵活性和低效等问题，提高供应链各环节互动的流畅性。基于智慧旅游的推动，促使供应链具备网络化、全球化、虚拟性和动态性的特点。除此之外，还能够刺激旅游管理需求、信息安全需求以及应用系统需求扩大。对此应完善相关标准和规范，做好培训与宣传工作，确保智慧旅游建设过程中能够严格按照标准完成，为智慧旅游优质建设打好基础，提高智慧旅游效益。

二、智慧旅游的信息流

（一）来自旅游消费者的信息输入与输出

旅游消费者可以从智慧旅游平台获取景点介绍、导游广告、电子门票、优惠券信息以及社交信息，同时旅游消费者也可向智慧旅游平台发出指令并进行交互，从平台选购优惠券、订酒店、买机票以及发出自己的评论，等等。旅游消费者与平台之间的其他互动如下：

1.旅游电子商务：用户通过多种接入方式，享受全方位、诚信的旅游服务。如旅游信息服务、单项旅游服务、综合旅游服务、特产购物服务。

2.智能门票及优惠服务：售票系统、中心平台、支付平台、验票系统。

3. 个性化智能导游：旅游消费者通过下载手机导览客户端，或租用定制导览终端的模式提供自助导览服务。

4. 景区（景点）应急救援。

5. 多媒体旅游资讯查询。

（二）来自旅游行政管理机构的信息输入与输出

旅游局向平台进行政策发布，并且依托平台进行行政管理，包括办公平台、行政审核等，同时平台采集信息，向旅游局输出景区安全信息、旅游消费者容量、统计分析以及投诉反馈等。监管部门与平台之间的其他互动包括：

1. 跨部门协同办公系统：为旅游监管部门提供满足业务需要的网上协同办公系统，改善现有工作条件，提高跨部门工作效率，规范工作流程。

2. 旅游行业监管系统：市场监管、景区质量监管、合同监管、旅游电子合同、旅行团旅游消费者信息、旅行团行程单、导游、领队信息。

3. 区域文化宣传系统。

4. 优秀品牌宣传系统。

5. 招商引资系统。

（三）目的地的信息输入与输出

目的地景区可以通过智慧旅游平台进行景区介绍，展示视频材料，进行智能导论，发布景区资讯，进行广告促销；同时，可以从平台获取综合安防、旅游消费者流量、统计分析、停车管理以及投诉反馈等各方面的信息。

目的地与平台之间的其他互动包括：

1. 车辆指挥调度管理：景区旅游消费者增加、车辆拥挤、景区项目正常运行的压力增大，景区运营管理的难度提高、成本上升，旅游消费者满意度下降。

2. 景区电子巡查：用户登录、基本地图操作、图层设置；GPS 定位、数据采集、问题上报，业务模块及数据更新、基础数据更新、图层设置、系统设置、应急导航等。

3. 景区安防监控与应急服务：GIS 地图管理、支持监控中心电视墙；实时图像远程观看，及时了解景区任意地区的安全情况；可控制画面放大和缩小，镜头转动；历史录像随时调用、定格画面抓拍；远程监听，与监控现场实时对讲；巡逻人员可随时随地用手机移动监控。

4. 景区流量实时监控：景区的出入口部署客流分析系统，实现对客流的在线统计分析及实时流量告警等服务，如前端系统、WEB 远程访问用户、客流分析管理平台。

5. 景区 LED 流量引导。

（四）目的地商家的信息输入与输出

目的地的宾馆酒店、运输、餐饮、购物、娱乐等商家可以依托平台输出自己的广告、促销、优惠券以及相关库存信息等。同时，平台也可以为目的地的其他商家提供订购信息、评论信息、旅游消费者反馈以及使用情况统计分析。

通过智慧旅游信息平台间不同信息的流动以及输入输出，将几个大的子系统联系到一起，形成旅游行业信息流通的闭环。

商家与目的地之间的其他互动包括：

1. 企业名片服务：通过"小区短信"为商家量身打造"企业名片"——发布服务促销信息。"小区短信"是一种在特定区域、特定时间对特定用户群发送特定短信的特色短信增值服务。利用广告营销功能可以与商家组成联盟，共同开拓和分享。

2. 企业营销管理。

3. 团队预订管理。

4. 旅行社佣金管理。

5. 酒店综合管理。

第五节 智慧旅游的未来发展趋势

智慧旅游有着广泛的应用前景，它不仅引领世界旅游的发展潮流，成为现代服务业与科技结合的典范，还可以改善管理平台、增强竞争优势，满足旅游消费者的个性需求。

一、引领世界旅游的发展潮流

智慧旅游以人本、绿色、科技创新为特征，利用云计算、物联网、高速通信技术等信息高科技提升旅游服务质量与服务方式，改变人们的旅游消费习惯与旅游体验，成为旅游发展与科技进步结合的世界时尚潮流。尽管欧美等发达国家在旅游智能化方面取得令人羡慕的成就，但云计算、物联网、高速互联网等新型信息技术在旅游领域尝试性运用却刚刚开始，各国在智慧旅游发展上处在同一起跑线上，谁在智慧旅游发展方面占据先机，谁就能引领世界旅游发展的潮流。国家旅游局提出争取用10年左右时间，在我国初步实现"智慧旅游"的战略目标，这必将使我国在世界旅游竞争格局中占据优势地位，成为引领世界旅游产业发展的重要力量。

二、打造现代服务业科技典范

目前,我国旅游业因其科技含量不足、知识密集程度不够、经营管理方式传统尚不属于现代服务业的范畴。智慧旅游建设是我国旅游业由传统服务业向现代服务业转变的突破口,借助智慧旅游示范城市、产业园区、示范企业的建设,强化我国智慧旅游装备制造、智慧旅游应用软件、智慧旅游经营发展模式等方面的探索和建设,以提升我国旅游业的科技含量,增强我国旅游创新能力,提升我国旅游服务质量和国际竞争力。以云计算、物联网、高速通信技术等信息技术的有机整合,使旅游业的信息化水平与工业信息化水平同步提升,使旅游业的信息化水平超前于服务业整体的信息化水平,使旅游业发展成为高信息含量、知识密集的现代服务业的典范。

三、提升科技集成的竞争优势

目前,智慧旅游作为一个发展概念,尚无技术标准和建设发展模式,现在进行的智慧旅游建设均属于探索性的建设。在未来智慧旅游主导的旅游产业竞争格局中,谁参与了智慧旅游标准制定,谁参与了智慧旅游技术整合,谁参与了智慧旅游经营模式探索,谁就可能获得世界旅游产业中利润最丰厚的部分,占据旅游产业的市场优势和竞争主动权。因此,在智慧旅游"云端"的模式总体框架下,将云计算中心、高速互联网、高速移动通信网、物联网等进行集成性融合尝试:采用"私有云计算"的服务方式降低基础设施建设成本、维护成本和升级成本,提升信息处理能力;采取虚拟定位技术,将旅游消费者锁定到三维地图之中,进行可监控救援服务;采取旅游消费者信息采集处理技术,对消费者进行类别区分,提供贴身营销服务等。实现智慧旅游信息科技集成条件下的精细管理的价值诉求。

四、探索旅游管理的创新平台

智慧旅游需要有智慧旅游系统应用平台的支撑。智慧旅游系统应用平台作为一个信息集成系统,收集景区物联网的监控信息,如智慧园区客流动态监控状况,旅游消费者消费实时信息,餐饮、饭店、商铺经营动态系统,景区生态、遗产文物等实时监控状况,安保信息系统等。物联网采集信息通过虚拟数据中心的云计算驳接系统,传输到云计算中心,在云计算中心完成信息计算与处理,再返回虚拟数据中心。虚拟数据中心的系统平台提供分析结果,供决策管理者进行旅游信息决策,使智慧旅游景区管理更加高效合理。

五、满足旅游体验的个性需求

智慧旅游发展的直接受益者是旅游消费者。旅游消费者可以通过智慧旅游系统的终端驳接工具，完成网上旅游咨询服务，如查询观光信息、网上预约和网上淘宝服务，还可以订制私人旅游线路，合理安排个人日程，最大化地利用旅游时间。智慧景区也将提供更加多元化、个性化的服务，旅游消费者能够根据自己的需要，选择性消费，如根据自己的需要选择导游讲解语种、讲解风格、讲解深度等。旅游消费者借助虚拟辅助系统能够全面、直观、深入地进行旅游体验。旅游消费者与智慧景区系统不断地进行信息互动，进而使景区服务形式和消费内容不断创新，旅游消费者每次到来都有不同的体验和感受，从而乐于重复消费。

六、促进技术手段智慧化

在当前移动互联网时代和大数据时代背景下，通过信息化实现传统旅游产业的腾飞，普遍推进技术手段的智慧化。诸如各个城市推行的智慧旅游基础设施建设、智慧旅游景区建设和智慧旅游公共服务平台建设等。各个景区也在传统业务的各个节点布局信息化的技术手段，实现门票、游览过程和体验交流的信息化。这一层次的技术手段智慧化侧重于与不断更新的技术设备和消费理念相适应，为传统旅游业适应时代的发展提供了有效的路径。未来可以不断加强与新技术的融合，不断革新技术手段，在大数据的支持下实现技术手段的智慧化。

七、推动情感互动智慧化

更进一步的智慧旅游，可以考虑更加关心人本身，在情感方面增加互动，实现情感互动的智慧化。旅游消费者由于风俗习惯或是文化修养的不同，往往呈现个体的差异性，故而，在大数据时代背景下，可以通过数据挖掘，对旅游消费者进行细分，从而提供因人而异的情感交流。例如，大人和小孩的细分，男性和女性的细分等。这一层次的智慧化，有效感知、大数据分析和智能专家系统是关键，尽可能地实现因地制宜、因人而异的旅游消费者互动和游览体验。

八、助力行为模式智慧化

在旅游消费者细分的基础上，能够以人为本地从旅游消费者角度发现问题，实现行为模式的智慧化。这一层次，需要通过大数据了解旅游消费者的基本行为模式，在合适的地点提供恰当的信息。例如，在景区的各个景点提供多种方式的实时引导，满足各类人群的需要。在一些印象深刻的游览区域为旅游消费者提供一个经典的情景模拟，创造一个共同在场，方便旅游消费者间的交流与共鸣，激发旅游消费者游览或重游的激情。在短暂停留区提供实时的天气预报、环境状况等信息，辅助旅游消费者规划游览方案等。

九、完善应急处理智慧化

智慧旅游在发展过程中，在不断挖掘丰富旅游体验的技术和策略的同时，还应关注整个旅游过程的系统性。通过信息技术、移动互联网和大数据的应用，使得整个旅游产业运行更加周密，实现应急处理的智慧化。对环境容量、可能发生的意外、灾害等进行预警，排除隐患；对已经发生的突发事件做出迅速反应。通过旅游过程的整体智慧化，促进旅游产业更加健康的发展，不断完善和成熟。

第三章 数字技术与智慧旅游

第一节 与移动终端相关的技术

一、蓝牙

（一）技术简介

蓝牙（Bluetooth）是一种开放的短距离无线通信的技术规范，可在世界上的任何地方实现短距离的无线语音和数据通信，而且功耗低、成本低。蓝牙技术最初由电信巨头爱立信公司于1994年创制，它最初的目标是取代现有的掌上电脑、移动电话等各种数字设备上的有线电缆连接，蓝牙可连接多个设备，克服了数据同步的难题。由于蓝牙体积小、功率低，其应用已不局限于计算机外设，几乎可以被集成到任何数字设备之中，特别是那些对数据传输速率要求不高的移动设备和便携设备。

（二）在旅游业中的应用

1. 蓝牙室内定位

蓝牙的工作原理是通过蓝牙技术测量信号强度来进行定位，主要应用于小范围定位。在室内安装适当的蓝牙局域网接入点，把网络配置成基于多用户的基础网络连接模式，并保证蓝牙局域网接入点始终是这个微微网（Piconet）的主设备，就可以获得用户的位置信息。理论上，对于持有集成了蓝牙功能移动终端设备的用户，只要设备的蓝牙功能开启，蓝牙室内定位系统就能够对其进行位置判断。采用该技术作为室内短距离定位时容易发现设备且信号传输不受视距的影响。其不足在于蓝牙器件和设备的价格比较昂贵，而且对于复杂的空间环境，蓝牙系统的稳定性较差，受噪声信号干扰大。

2. 追踪行李牌

利用蓝牙定位技术，6人游和防丢领域深耕打磨多年的智能硬件公司步丢联合打造完成了一款无线蓝牙技术的防丢产品——智能行李牌。此产品可捆绑于任何需要定位的物品上，可在一定空间内帮助人们搜寻，然后即刻确认物品所在位置，而且使用方便。打开6人游 App 的主页面，会自动链接旅行牌，开始定位物品，让手机和物品之间建立一个蓝牙链接，一旦物品距离超过顾客设定范围，智能行李牌就会发出温馨提示，从而提升旅途品质，用创新科技让旅行更安全。

二、NFC

（一）技术简介

NFC（Near Field Communication）即近场通信技术，是一套由飞利浦半导体（现恩智浦半导体公司）、诺基亚和索尼共同研制开发，选用13.56 MHz电波的频率运行于20厘米距离内的短距高频无线电技术。此技术是由非接触式射频识别RFID及互联互通技术整合演变而来的，可以在移动设备、消费类电子产品、PC和智能控件工具间进行近距离无线通信。

（二）在旅游业中的应用

1. 标签读取

最简单的NFC应用就是识别和阅读宣传广告、行李和其他设备上的标签，很多设备目前都提供NFC功能。在单一芯片上结合感应式读卡器、感应式卡片和点对点的功能，能在短距离内与兼容设备进行识别和数据交换。

2. 便捷登机

NFC能为旅游业带来切实的好处，比如，机场的NFC读卡器使得乘客只需将手机放在读卡器上，读卡器就能自动读取登机牌的信息，然后乘客就可以直接登机而无须在手机上预先安装App，甚至还省去了开机的麻烦。

3. NFC移动支付

NFC移动支付是指消费者在购买商品或服务时，即时采用NFC技术，通过手机等手持设备完成支付，是新兴的一种移动支付方式。支付的处理在现场进行，并且在线下进行，不需要使用移动网络，而是使用NFC射频通道实现与POS收款机或自动售货机等设备的本地通信。NFC近距离无线通信是近场支付的主流技术，允许电子设备之间进行非接触式点对点数据传输来交换数据。

4. 无线酒店预订

利用NFC近场通信技术的传输内容、移动支付、电子票证等功能，去哪儿网（Qunar.com）与全球手机创新和设计的领导者HTC及布丁酒店联手推出国内首个基于无线酒店预订的 NFC 技术应用，领先布局移动互联网 NFC 市场。HTC Desire C 手机中加入了 NFC 技术，通过这款手机中的去哪儿旅行客户端预订酒店，可以在抵达酒店前台时直接刷取手机获取会员优惠，自动完成入住信息输入，并直接成为酒店会员。

三、iBeacon

（一）技术简介

iBeacon 是一项低耗能蓝牙技术，工作原理类似之前的蓝牙技术，由 iBeacon 发射信号，IOS 设备定位接收、反馈信号。其工作方式是，配备有低功耗蓝牙（Bluetooth Low Energy, BLE）通信功能的设备，使用 BLE 技术向周围发送自己特有的 ID，接收到该 ID 的应用软件会根据该 ID 采取一些行动。具体而言，利用的是 BLE 中名为"通告帧"（Advertising）的广播帧。通告帧是定期发送的帧，只要是支持 BLE 的设备就可以接收到。iBeacon 通过在这种通告帧的有效负载部分嵌入苹果自主格式的数据来实现。iBeacon 是苹果公司对于迅速发展的低能耗蓝牙接近性传输设备 Beacons 的升级版本。旅游品牌可以利用这些小而便宜的传输设备，当客户在机场或酒店等地时，通过他们的智能手机与其沟通。

（二）在旅游业中的应用

1. 简化旅行服务

iBeacon 技术与网站分析工具相似，通过 iBeacon 技术获得的数据能够分析旅行者在机场和酒店的行为，这项技术能使旅游品牌更深入地分析旅行者的实际行为，简化旅行服务，提升旅行者的体验。

（1）航空服务

iBeacon 技术可以为顾客提供个性化接待服务，能优化乘客包括点餐在内的舱内体验，实时获取乘客动态化需求。阿联酋航空已经开始试验 iBeacon 技术，帮助乘客搜索登机口，提醒他们登机，预估安检的等待时间，帮助他们追踪行李。维珍航空也开始试验这项技术，为乘客提供定制化的产品，如在机场出发区提供免佣金的货币兑换服务以及在登机前告知机上的娱乐设施。

（2）酒店服务

利用 iBeacon 技术，酒店可以为顾客提供个性化接待服务，追加销售商品，形成无缝支付闭环。Smartstay 就是一款基于 iBeacon 定位技术打造智能酒店的应用。它能实时定点向客户推送相关消息创造更多消费，并实现云同步让酒店能够记录和分析客户的动态，为酒店带来收益的同时保障客户对酒店的忠诚度。

喜达屋酒店集团正在旗下 30 家酒店和度假村中试点 iBeacon 技术，帮助礼宾人员按照姓名接待客人，为赶时间的客人加快入住过程，可以允许顾客直接到达客房，甚至可以用手机替代传统的房门钥匙打开房门。此技术还可告知客房服务人员客人是否在房间内。

2. 基于场景的精准营销

基于 iBeacon 低功耗蓝牙技术，微信推出了 O2O 入口级应用——"摇一摇周边"。在 iBeacon 信号覆盖的区域，用户手机蓝牙保持打开状态时，进入微信"摇一摇"界面，就会自动出现"周边"入口。用户只要摇动手机，即可获得相应的推送信息。由于不用关注即可实现与用户的互动，可以为商家提供基于场景的精准营销。商家可以根据用户的手机蓝牙 ID 信息，开展多种定制化、个性化的应用服务。

3. 景区自主游览

基于 iBeacon 技术，重庆智石科技公司研发出了智石（Bright Beacon）系统。此系统是一套完整的近场通信系统，包括智石信号发射基站、App 程序、服务器后台处理系统及开发者工具包。这套系统能通过信号基站准确获得用户位置及位置变化，从而触发 App 上各种实用功能。旅游消费者只需要打开智石科技的手机程序及蓝牙，就能独立地游览景区。"智石"会在旅游消费者靠近某一景点的时候，给旅游消费者弹出一段视频，或者图文介绍，为旅游消费者详细地讲解景区景点。"智石"还可以为旅游消费者提供一个精准的景区导航，精准导航的另外一个重要功能在于，能够为旅游消费者指引公共设施的位置，比如，洗手间、小卖部的位置。这在给旅游消费者带来便利的同时，也大大地减轻了导游的工作负担。另外，这种个性化的选择，对自驾游的旅游消费者来说也是一种便利。

四、GPS

（一）技术简介

GPS（Global Positioning System）即全球定位系统，是由美国国防部研制建立的一种具有全方位、全天候、全时段、高精度的卫星导航系统，能为全球用户提供低成本、高精度的三维位置、速度和精确定时等导航信息，是卫星通信技术在导航领域的应用典范，极大地提高了地球社会的信息化水平，有力地推动了数字经济的发展。GPS 可以提供车辆定位、防盗、反劫、行驶路线监控及呼叫指挥等功能。

（二）在旅游业中的应用

1. 获得旅游位置信息

GPS 定位是结合了 GPS 技术、无线通信技术、图像处理技术及 GIS 技术的技术。现实生活中，GPS 定位主要用于对移动的人、物、车及设备进行远程实时定位监控。GPS 定位的优势是，即使在接收不到电信运营商网络信号的情况下也可以利用 GPS 卫星进行无线定位。

手持 GPS 定位系统有野营郊游、户外探险、自助旅游等野外定点导航记录的功能，且全天候不受阴天黑夜、雨雪风霜等恶劣天气的影响，为徒步旅行者、户外探险者提供精准定位服务。

2. 旅游路线规划与导航

（1）车载户外旅游导航

用户可以使用车载导航搜索前往的目的地，导航系统便会根据设定的起始点和目的地自动规划一条路线，当用户没有按规划的路线行驶，或者走错路口的时候，车载导航系统会根据现在的位置，重新规划一条新的到达目的地的路线。用户无须常看导航界面，听音即可辨路，行车更安全更高效，充分满足了自驾游和户外爱好者的全面需求。

（2）GPS 旅游智能导航

Locatify 公司依托 GPS 定位技术，研发了 GPS 旅游导航平台——Smart Guide（智能导航）。Smart Guide 是一个自动的语音导航，它自带 GPS 用的自定义地图、Google 地图和每个目的地的精彩图像。某种程度上，Smart Guide 像是一本带有特定区域语音导航功能的有声交互书籍。根据位置，导航会讲周围环境的一些细节。GPS 会触发讲述、照片以及地图的显示。

3. 旅游景区车辆调度

GPS 车辆调度系统是利用 GPS 技术、电子地图技术，提供对景区内车辆的监控、调度、导航等功能。车辆监控由运行于服务器上的监控中心软件实现，功能主要有实时监控、动态单点查询、动态范围查询、发送指令等。景区管理人员可通过监控中心，对景区内车辆进行全程监控，此系统可实时显示车辆所在的位置，并可以对车辆进行轨迹回放。此系统可以有效地控制景区车辆，降低管理成本。

五、无线 Wi-Fi

（一）技术简介

Wi-Fi 的英文全称为 Wireless Fidelity（无线相容性认证），与蓝牙一样，同属于短距离无线技术。其实质上是一种商业认证，同时也是一种无线联网的技术。之前是通过网线连接电脑，而现在则是通过无线电波来联网；常见的就是一个无线路由器，在这个无线路由器的电波覆盖的有效范围都可以采用 Wi-Fi 连接方式进行联网，如果无线路由器连接了一条 ADSL 线路或者别的上网线路，则又被称为"热点"。Wi-Fi 的覆盖范围可达 300 英尺左右（约合 90 米）。

（二）在旅游业中的应用

1.Wi-Fi 定位

每个无线 AP（Access Point）都有一个全球唯一的 MAC（Media Access Control）地址，并且一般来说无线 AP 在一段时间内是不会移动的。设备在开启 Wi-Fi 的情况下即可扫描并收集周围的 AP 信号，无论是否加密、是否已连接，甚至信号强度不足以显示在无线信号列表中，都可以获取 AP 广播出来的 MAC 地址。设备将这些能够标示 AP 的数据发送到位置服务器，服务器检索出每个 AP 的地理位置，并结合每个信号的强弱程度计算出设备的地理位置并返回到用户设备。Wi-Fi 定位可以在一定程度上提高定位精度（尤其在室内环境时），并为 iTouch、平板电脑、笔记本电脑等不具备 3G、4G 通信功能的移动终端设备提供尚可接受的粗定位能力。

2. 基于 Wi-Fi 的景区智能导览系统

基于 Wi-Fi 的定位技术，旨在为旅游消费者提供定位、导航、路径规划、景点信息介绍、消息推送等一系列优质的服务。

根据检测已知的部署在景区内的 Wi-Fi 热点的信号强度来确定当前手持设备的具体位置，根据旅游消费者的当前位置和目的地规划出最短的路线并为旅游消费者提供导航。利用 Wi-Fi 给旅游消费者提供景点介绍信息，包括文字、音频、视频等形式。收集每位旅游消费者参观过的景区景点信息，根据旅游消费者游览的景点分析旅游消费者的性格爱好，并针对旅游消费者的性格爱好来推送消息，如向喜欢看花、喜欢参观艺术品的旅游消费者推送文艺主题的酒店或者推送类似的景点。

六、红外

（一）技术简介

红外是红外线（Infrared Ray，IR）的简称，是一种电磁波，可以实现数据的无线传输。红外传输是一种点对点的无线传输方式，不能离得太远，要对准方向，并且中间不能有障碍物，而且几乎无法控制信息传输的进度。红外通信技术适合于低成本、跨平台、点对点高速数据连接，尤其是嵌入式系统，已被广泛应用到移动计算和移动通信的设备中。

（二）在旅游业中的应用

1. 红外线室内定位

红外线 IR 标识发射调制的红外射线，通过安装在室内的光学传感器接收进行定位。虽然红外线具有相对较高的室内定位精度，但是由于光线不能穿过障碍物，使得红外射线仅能以视距传播。因此红外线只适合短距离传播，而且容易被荧光灯或者房间内的灯光干扰，在精确定位上有局限性。

2. 旅游景区监控

智能红外视频监控系统可用于对整个旅游景区进行监控，此系统主要采用了红外热成像技术和模式识别技术。系统的基本工作流程是：当有异常情况出现时，监控中心将向高清摄像头发出启动命令，同时报警提示工作人员处理异常情况。该系统改变了传统视频监控的被动接收的感受模式，能够对视频图像中的目标进行自动监测、识别、跟踪和分析，从而通过电脑程序的自动筛选，过滤掉大量的用户不关心的视频监控录像，通过分析、理解视频画面中的内容，为用户提供对监控和预警有用的关键信息。利用这种技术，人们可以在完全无光的夜晚或者在雨雪暴风的恶劣气候下，清晰地观察四周情况。因此，红外热成像技术为安防监控领域提供了先进的夜视装备，并为安防监控工程提供了全天候的监视系统。

3. 保护景区文物

周界红外报警系统主要用于保护景区内的珍贵文物，以及监控危险区域旅游消费者的安全。它的工作原理是：入侵者跨过布防区或翻越围墙，就会遮断红外射束，触动警报系统，监控中心电子地图立即显示报警位置，同时自动启动周边摄像机进行跟踪拍摄，自动启动广播系统进行警告，提醒旅游消费者不要跨越区域。

七、语音识别

（一）技术简介

语音识别技术也称为自动语音识别（Automatic Speech Recognition，ASR），是指将人说话的语音信号转换为可被计算机程序识别的信息，从而识别说话人的语音指令及文字内容的技术。与说话人识别及说话人确认不同，后者尝试识别或确认发出语音的说话人而非其中所包含的词汇内容。

（二）在旅游业中的应用

1. 智能车载

Nuance 公司是最大的专门从事语音识别软件、图像处理软件及输入法软件研发、销售的公司，早已研发出定制的汽车级语音平台 Dragon Drive。通过将车载平台与手机连接，Nuance 可以帮用户实现语音控制 GPS 导航、信息收发、电话接打、社交网络更新等。

2. 手机"导游"

苏州思必驰信息科技有限公司的设计师，利用语音识别技术和近距离信息传输技术打造了一款手机"导游"产品。其中，语音技术包括语音合成技术和语音识别技术。手机"导游"会先去售票处报到，目的是获取该景区内所有景点的文本数据信息。有了这些数据，手机就能够轻松合成音频，在旅游消费者游览景区的同时，获得详尽的景点介绍。另外，旅游消费者每到一个景点，只需告诉手机"导游"自己所在的景点名称，它就能"听"懂指示，并向旅游消费者娓娓道来该景点的文化典故。

八、人脸识别

（一）技术简介

人脸识别属于生物特征识别技术，是根据生物体（一般特指人）本身的生物特征来区分生物体个体。广义的人脸识别实际包括构建人脸识别系统的一系列相关技术，包括人脸图像采集、人脸定位、人脸识别预处理、身份确认以及身份查找等；而狭义的人脸识别特指通过人脸进行身份确认或者身份查找的技术或系统。

（二）在旅游业中的应用

1. 景区客流实时统计

现已有景区正在采用人脸识别技术做景区客流统计，该统计通过前端摄像机并依托人脸识别技术，对入园、在园和出园人数实时进行统计。同时系统还能实时将旅游消费者量传输到指挥中心，真正实现了中心与旅游景点之间的"零距离"管理联动，同时系统还将结合相关旅游 App 软件，让旅游消费者随时掌握景区客流是"空闲""正常"还是"拥挤"，便于他们及时调整游览线路，实现错峰入园。

2. "刷脸"验票出入景区

结合人脸识别技术的智能门禁系统能更好地实现景区的数字化、智能化电子门禁管理，提升管理水平，使之更规范、更方便、更人性化地为旅游消费者和景区管理者服务。五大连池风景区已经开始实行新的售检票系统，除了传统的纸质门票外，旅游消费者可凭借二维码、身份证、指纹、手机验证码等多种形式进入景区。当系统读取电子门票时，对游人的脸部进行拍照，通过人脸识别系统识别，同时读取游人的指纹，对预先购票时的指纹进行比对，并进行身份的验证。基于先进的售检票系统，统计旅游消费者数量更加准确，为有效疏导旅游消费者提供科学依据。

3."刷脸"考勤

景区工作人员遍布各个岗位和区域，对管理层来说，实时了解工作人员到岗情况、确定人员脱离岗位时间有很大的困难。深圳科葩推出了人脸识别考勤系统，系统将人脸识别模块与景区触摸屏或广告机进行整合，工作人员可在就近岗位区域的触摸显示屏进行"刷脸"考勤。方便管理中心实时了解工作人员到岗情况以及是否有替代、脱岗现象。整套系统不仅实现一机多用，还能够根据客户实际需要来选配功能，帮助客户提升管理效率并有效降低管理成本。

九、在线支付

（一）技术简介

在线支付是一种通过第三方提供的与银行之间的支付接口进行支付的方式，指卖方与买方通过互联网上的电子商务网站进行交易时，银行为其提供网上资金结算服务的一种业务。这种支付方式的好处在于可以直接把资金从用户的银行卡中转到网站账户中，汇款马上到账，不需要人工确认。它为企业和个人提供了一个安全、快捷、方便的电子商务应用环境和网上资金结算工具。在线支付不仅帮助企业实现了销售款项的快速归集，缩短收款周期，同时也为个人网上银行客户提供了网上消费支付结算方式，使客户真正做到"足不出户，网上购物"。

（二）在旅游业中的应用

通过网上预订、银联"闪付"、手机支付等新兴支付手段，可以满足旅游出行方式改变带来的多元化支付需求。张家界景区根据旅游消费者个人的兴趣和需求，对旅游目的地的相关产品，比如，门票、景区交通等，进行定制服务、旅游预订、租用电子导游和获取《旅游目的地观光指南》等，并通过在线支付的方式进行消费。这种信息技术与旅游业发展的创新模式，弥补了目前团队旅游和自由行存在的缺陷，是 B2C 和 C2B 模式的完美结合。

第二节　物联网技术

一、技术简介

物联网指的是连接互联网的众多设备的总称，包括仪表、传感器、在生活中常常使用到的微型工具等，通过这些物件，能够实现数据传递与数据接收的目的。当前，畜牧业、制造业、电表以及物流领域等都已经大范围使用到了物联网技术。物联网技术也被大量用于对天气的预测以及对土壤监测等多个领域。随着数字经济发展程度的不断深化和信息技术更新换代的加速化，物联网将与人们生活的各个方面建立起更加紧密的联系。

物联网通过智能感知、识别技术与普适计算等通信感知技术，广泛应用于网络的融合中，也因此被称为继计算机、互联网之后世界信息产业发展的第三次浪潮。

二、物联网的技术特色

IoT 基于传感器技术，可以使我们在任何条件下，随时感知物体本身或是物体所处环境的变化。

主要技术：首先经由传感器技术收集现场信息，再通过网络将信息传输到后台的服务器，进行记录、解读、判别并做出反应。例如，传感器测量得知室内温度提高，可以发送指令让联网的智能空调按预设开启。传感器技术、智能识别以及智能分析三大技术的进步给 IoT 带来了巨大的应用空间。传统的传感器更多地应用在对温度、湿度的感知有要求的领域，近年来传感技术更是能做到对光、电、磁、热、声、机械动作的感知。

以光线传感器为例，它可以区分不同波段的光线，通过使用不同波段的光线照射物体，同时使用专门的观测设备，可以让人们对物体有更深入的观察。例如，我们肉眼观测到的可见光，只能让我们看到物体表面，而短波红外可以穿透很多材质，让观测者了解物体的内部结构。例如，机场的安检设备就是通过短波红外穿透行李表面，让机场人员可以不用开箱也能知道箱内有什么东西。"嫦娥四号"在月球表面分析月球土壤光谱，对月球土壤成分进行分析。光波传感也可以用来遥测大气层的气流动态，提高气象预报的准确度。在农业应用上，因为不同水果品种、农作物的光谱特性不同，通过光谱分析，光传感技术也可以应用于对农作物品种优劣的判断。

三、物联网的关键领域

（一）射频识别技术

射频识别（RFID）技术又称无线射频识别，是一种通信技术，可通过无线电信号识别特定目标并读写相关数据，而无须识别系统与特定目标之间建立机械或光学接触。因此，RFID技术也是一种传感器技术。RFID技术是融无线射频技术和嵌入式技术为一体的综合技术。从概念上来讲，RFID类似于条码扫描，对条码技术而言，它是将已编码的条形码附着于目标物并使用专用的扫描读写器利用光信号将信息由条形磁传送到扫描读写器；而RFID则使用专用的RFID读写器及专门的可附着于目标物的RFID标签，利用频率信号将信息由RFID标签传送至RFID读写器。射频识别系统最重要的优点是非接触识别，它能穿透雪、雾、冰、涂料、尘垢和条形码无法使用的恶劣环境阅读标签，并且阅读速度极快，大多数情况下不到100毫秒。

（二）无线传感器网络

无线传感器网络（Wireless Sensor Networks，WSN）是一种分布式传感网络，它的末梢是可以感知和检查外部世界的传感器。WSN中的传感器通过无线方式通信，因此网络设置灵活，设备位置可以随时更改，还可以跟互联网进行有线或无线方式的连接。WSN是通过无线通信方式形成的一个多跳自组织网络。

（三）M2M

M2M是Machine to Machine的简称，是一种以机器终端智能交互为核心的、网络化的应用与服务。它通过在机器内部嵌入无线通信模块，以无线通信等为接入手段，为客户提供综合的信息化解决方案，以满足客户对监控、指挥调度、数据采集和测量等方面的信息化需求。

（四）两化融合

两化融合是指以信息化带动工业化、以工业化促进信息化。其核心理念是以信息化为支撑，追求可持续发展模式，其最基础的传统技术是基于短距离有线通信的现场总线的各种控制系统。

四、在旅游业中的应用

（一）停车场管理

景区停车场需要大量工作人员进行监控，且由于场地有限，很容易导致拥挤堵塞。而通过利用 RFID 技术实现人员和车辆的出入控制，可以提高停车场的使用效率，减少停车场的人力成本，实现停车收费自动化。同时配合智能视频监控，实时监控车辆出入，实时监控人员进出，保障安全。

（二）旅游交通一卡通

旅游交通一卡通采用 RFID 技术的非接触式 IC 卡，用以实现支付交通费用方面的功能。该系统是以统一发行的 RFID 卡作为各种交易费用的支付介质，利用先进的计算机网络、自动控制、信息处理、通信等技术建立的以卡发行、消费、结算为基本业务的应用系统。2012 年，厦门、漳州、泉州三地旅游局合作发行了"闽南旅游卡"，这是一张整合厦门、漳州、泉州主要旅游景区付费方式的非接触式多功能区域性预付费卡，该卡可在多家景区及其附属行业（酒店、餐饮等地）进行刷卡消费。

（三）景区电子票务

景区电子票务俗称无纸化电子票，具体是指集售票、管理、财务、验票为一体的综合性票务管理系统。使用该系统可以有效节省景区工作人员的时间从而提高效率，满足在线网上订票客户的需求，随时随地购买门票。2005 年，爱知世博会的门票系统就采用了 RFID 技术，实现了大批参观者的快速入场。2006 年，世界杯主办方也采用了嵌入 RFID 芯片的门票，起到了防伪的作用。

第三节 虚拟现实技术

一、技术简介

（一）虚拟现实

虚拟现实（Virtual Reality，VR）技术，是一种可以创建和体验虚拟世界的计算机仿真系统。它利用计算机生成一种模拟环境，是一种多源信息融合的交互式的三维动态视景和实体行为的系统仿真。该技术可以让用户使用人的自然技能对虚拟世界中的物体进行考察或操作，同时提供视、听、触等多种直观而又自然的实时感知。

虚拟现实技术主要包括模拟环境、感知、自然技能和传感设备等方面。模拟环境是由计算机生成的、实时动态的三维立体逼真图像。感知是指理想的 VR 应该具有一切人所具有的感知。除计算机图形技术所生成的视觉感知外，还有听觉、触觉、力觉、运动等感知，甚至还包括嗅觉和味觉等，也称为多感知。自然技能是指人的头部转动、眼睛、手势或其他人体行为动作，由计算机来处理与参与者的动作相适应的数据，并对用户的输入做出实时响应，并分别反馈到用户的五官。传感设备是指三维交互设备。

在虚拟现实系统中，环境主要是计算机生成的三维虚拟世界，这种人机交互的环境通常包括三种情况：①完全对真实世界中的环境进行再现；②完全虚拟，是人类主观构造的环境；③对真实世界中人类不可见的现象或环境进行仿真，这种环境是真实环境，是客观存在的，但是受人类视觉、听觉的限制不能被感应到。

（二）增强现实

增强现实（Augmented Reality，AR）技术，是一种实时地计算摄影机影像的位置及角度并加上相应图像的技术。这种技术的目标就是把虚拟信息直接投射到真实环境中，让二者看起来"无缝"融合。这种技术不仅展现了真实世界的信息，而且将虚拟的信息同时显示出来，两种信息相互补充、叠加。增强现实技术包含了多媒体、三维建模、实时视频显示及控制、多传感器融合、实时跟踪及注册、场景融合等新技术与新手段。AR 区别于 VR 和其他交互方式的最根本特点是尊重和保留现实场景。它有三个特性：一是互动性和参与感，让现实场景与信息、经验、思维、想象力融合；二是实时性，因为现实场景是实时的、当下的，AR 技术打破了时间和空间对信息的阻隔；三是成本低、体验好。

二、在旅游业中的应用

（一）虚拟游览

虚拟游览指的是建立在现实旅游景观基础上，利用虚拟现实技术，通过模拟或再现实景，构建一个虚拟的三维立体旅游环境。网友足不出户，就能在三维立体的虚拟环境中遍览遥在万里之外的风光美景，形象逼真，细致生动。通过虚拟旅游，不仅可以扩大旅游景点的影响力，达到吸引旅游消费者的目的，而且能够为没有条件到达旅游景点的旅游消费者提供一个空间。虚拟游览不受时间、空间、经济条件、环境条件的限制，可以满足旅游消费者游览和审美的需求。

（二）旅游场景再现

利用虚拟现实技术，可以真实再现已经不存在的景观。如通过重现古代社会的建筑文明，人们可以徜徉于古建筑之间，欣赏到千年前古建筑的原貌，感受古代文明的辉煌，具有景观珍藏的意义，而对喜欢探幽寻古的游人来说，这也是难得的视觉享受。丹东鸭绿江数字旅游体验区通过 AR 技术的运用，真实场景和虚拟场景相互融合，使旅游消费者仿佛置身于抗美援朝战争的真实场景中。另外在成都浩海立方海洋馆，小朋友画的小鱼通过 AR 技术在场馆巨大的水族箱里和真鱼一起游来游去，神奇的体验增强了景区的吸引力。

（三）景区保护

将虚拟现实技术引入景区保护领域，可以用于对一些经典热门的景区的保护。虚拟现实可以缓解这些景区经济效益与遗产保护的矛盾。由于有人数限制，景区可以制作数字化的参观方式，合理避开旅游消费者对景区的伤害。比如，故宫博物院利用虚拟现实技术来进行景区保护。紫禁城后半部分是皇帝居住和生活的地方，很多庭院、通道、房间内部都很狭小，有些房间内部陈设很多，为了保护文物和观众的安全，无法对外开放。因此，许多很有参观和研究价值的地方，以及发生过重大历史事件的场景，都被封闭着，无法与旅游消费者见面。而利用虚拟现实技术，不仅可以对文物进行很好的保护，而且可以跨越时间和空间的限制，再现历史场景，进入那些由于条件限制而不能进入的地方，使每一件文物回到它们的历史位置。

（四）展示文物古迹

利用虚拟现实技术，结合网络技术，可以将文物的展示、保护提高到一个崭新的阶段。首先要将文物实体通过影像数据采集手段，建立起实物三维或模型数据库，保存文物原有的各项形式数据和空间关系等重要资源，实现濒危文物资源的科学、高精度和永久的保存。其次利用这些技术来提高文物修复的精度和预先判断、选取将要采用的保护手段，同时可以缩短修复工期。通过计算机网络来整合统一大范围内的文物资源，并且通过网络在大范围内利用虚拟技术更加全面、生动、逼真地展示文物，使文物脱离地域限制，实现资源共享，真正成为全人类可以"拥有"的文化遗产。

（五）旅游宣传

旅游网站、旅行社网站通过虚拟旅游视景系统的建立，可以对现有旅游景观进行虚拟旅游，对旅游消费者而言，可以全景式地了解风景区概貌，以及更直观地了解各景点地形地貌和旅游线路。这既宣传了旅游资源又方便了消费者，从而起到预先宣传、扩大影响力和吸引旅游消费者的作用。通过虚拟三维景区建立及网络发布对旅游区进行科学的模拟和演示，将景区从二维"抽象"到三维影像，加速旅游消费者对风景区的认识过程，刺激旅游动机，引导旅游消费者流量，实现旅游增效。

第四节　人工智能技术

一、技术简介

人工智能（Artificial Intelligence，AI），是研究、开发用于模拟、延伸和扩展人的智能的理论、方法、技术及应用系统的一门新的技术科学。人工智能是计算机科学的一个分支，是对人的意识、思维的信息过程的模拟。它企图了解智能的实质，并生产出一种新的能以与人类智能相似的方式做出反应的智能机器。该领域的研究包括机器人、语言识别、图像识别、自然语言处理和专家系统等。

二、在旅游业中的应用

（一）旅游信息推送

通过搜索算法抓取和分析互联网上的所有旅游目的地信息，并对这些信息进行排名。对旅游消费者进行个性化分析，根据旅游消费者情况将最相关的景点信息介绍给旅游消费者。旅游消费者除了能查阅海量景点资源之外，还能获得最新的旅游信息和个性化的推荐。

（二）自助导览功能

当旅游消费者参观完一个目的地之后，可以根据旅游消费者的位置、季节、具体时间、天气和预算等来提供下一步景点的建议。通过计算机视觉和增强现实技术可以准确无误地进行导航、互动。

（三）标识翻译软件

以自然语言处理、语音处理为基础的翻译软件可以为出国旅游的旅游消费者提供更多的便利。翻译软件不再局限于字典形式，当旅游消费者需要翻译外语的路标、菜单、广告语等标识的时候，只需打开智能手机应用，拍摄照片后，应用光学字符识别技术（OCR）来识别文字，再通过多语言智能翻译器获得旅游消费者能够理解的文字。

（四）智能语音助手

苹果的 Siri、微软的 Cortana、三星的 Svoice 和谷歌的 Google Now 是目前使用范围较广的智能语音助手。尤其是苹果公司的 Siri 语音机器人能回答各种琐碎的问题，比如，推荐参观、谈论天气、设定题型等。工作流程如下：Siri 在接收到语音信息以后会快速处理，将语音信息处理为数据库可以理解的信息，然后进行云端的对接。Siri自身的数据库包括很多其他来源的信息，比如，各种百科，各种介绍，等等。但仅仅依靠Siri的数据库并不足以回答用户各种各样的问题，所以必要的搜索功能也是要有的。Siri包括的地图、周边景点的介绍、相关功能性的一些资料通过搜索后，最终得出一些结构化程度较高的答案。

（五）旅游信息挖掘

搜索、机器学习和知识理解等技术的应用成就了一批垂直搜索旅游信息服务企业，如"去哪儿""酷讯"等。垂直搜索网站通过便捷、先进的智能搜索技术对互联网上的旅游信息进行整合，为旅游消费者提供国内外机票、酒店、度假及旅游信息的深度搜索，提供实时、全面的旅游产品查询和信息比较服务，帮助旅游消费者找到高性价比的产品和优质的信息。

第五节　云计算技术

一、技术简介

在以往的20余年里，不管是公共服务还是私有领域，云计算的发展都十分迅速。云企业的数量创历史新高，增长势头强劲。21世纪初，全球范围内没有云公司价值超过10亿美元的企业，到2008年，全球第一家价值超过10亿美元的云公司Linked In正式登上历史的舞台。而这一数据到2020年取得了突破性进展，同类企业的数量已经接近100家。

云计算（Cloud Computing）是基于互联网的相关服务的增加、使用和交付模式，通常涉及通过互联网来提供动态的易扩展且经常是虚拟化的资源。目前人们普遍接受的定义是美国国家标准与技术研究院（NIST）给出的定义：云计算是一种按使用量付费的模式，这种模式提供可用的、便捷的、按需的网络访问，进入可配置的计算资源共享池（资源包括网络、服务器、存储、应用软件、服务），这些资源能够被快速提供，只需投入很少的管理工作，或与服务供应商进行很少的交互。云是网络、互联网的一种比喻说法。过去在图中往往用云来表示电信网，后来也用来表示互联网和底层基础设施的抽象。云计算本质是弹性的在线IT服务，它并不是一种新技术，而是将计算、存储能力作为服务出售的模式。

云计算包括应用软件、硬件和系统软件等多个层次。云平台是智慧旅游信息化建设需要具备的基本条件之一。通过网络平台的公有云（阿里云、华为云）与私有云（服务器托管、机房）等实现旅游消费者、市场等信息资源共享。云平台首先提供了服务开发工具和基础数据库等软件，而云服务是指在互联网上使用一种标准接口如 Web 服务的标准来实施云服务，访问一个或多个软件的功能。数据在云端，用户数据存储在云数据中心，大数据一般被形象地描述为高速跑车，而云计算则是高速公路，两者互相依赖、相辅相成。云计算技术的运用使得旅游涉及的数以亿计的各类资源、产品、交通与环境的实时动态管理变成可能。

现代互联网消费方式，如移动端的在线电影、移动视频、手机导航、云盘都是一种云计算与云服务。云计算如同水、电、气、网络一样，通过分布式存储与碎片化处理，以及多份存储的特点，保证了文件的安全与实用。资源在各电脑之间进行工作，节约了成本，降低了资源浪费，实现了资源共享，这是云计算最大的特点。

二、在旅游业中的应用

众所周知，云计算的基础架构分为基础设施即服务（IaaS）、平台即服务（PaaS）和软件即服务（SaaS）三个基本层次。智慧旅游使用中必然通过 IaaS、PaaS、SaaS、企业外包及云计算中心获得海量的信息和智能运算服务，为旅游交通、人流、环境等行业和部门提供大数据和云计算服务。大数据服务企业可以从用户体验角度以极低的成本提供旅游行业各相关利益方所需的资源、旅游服务和旅游产品的市场信息并提升自身产品的价值。

（一）提升运营效率

利用云计算，能根据旅客消费记录及相关大数据在旅客购票时推荐增值服务或打包产品，在提升增值服务收入的同时增强旅客黏性。利用手机、平板等移动终端获取旅客的地理位置，并为其提供基于情景化的个性体验，如旅客在候机室时推荐其可能感兴趣的百货商品促销信息。维珍航空礼宾员借助谷歌眼镜来识别乘客身份，帮助乘客办理登机手续，还能根据乘客偏好提供个性化服务。此外，旅客自助值机、获取电子登机牌、打印行李标签等，都可以用智能终端连接云端来完成。

（二）精准营销

云技术能把分布的旅客乘机历史、网络和移动行为信息（包括购票渠道、支付和值机方式等）、电子邮件数据和客服信息整合后，建立统一视角以更好地了解旅客需求。挪威威德罗航空利用云技术整合旅客各方面的信息，呼叫中心销售代表在为旅客服务时，不仅能了解旅客的消费记录，还能掌握旅客习惯的购票渠道、是否习惯靠窗座位等行为偏好，甚至是否曾经打开过公司的营销邮件等，以便向旅客推销最适合的产品和附加服务。这样不仅能提升旅客忠诚度，还能增加附加服务收入。汉莎航空将数据中心设备放到了公有云上，而不再需要花巨资建私有的数据中心。易捷航空把营销平台全部搬到了公有云上，不仅有效地降低了成本，也提高了面向用户和市场的快速反应的能力。

（三）提供旅游公共信息

上海市旅游公共服务大会启动"旅游云"试运行。市民只要下载"市民云"App，在"旅游云"空间里，不仅能够得到关于上海吃、住、行、游、购、娱的精准化旅游公共信息，如果有不满意，还可以直接用实名给个差评。上海还将建设开通旅游大数据中心，汇集和发布全市旅游行业信息和涉旅城市信息。届时实时发布的A级景区、重要旅游节庆活动、旅游休闲度假区信息、景区天气实况、高空观景能见度及出游指数，都将为旅游消费者提供靠谱的出行指南。

（四）存储旅游资源信息

利用云计算技术，打造旅游信息云平台。此平台主要用于存储海量旅游资源信息，并根据这些信息建立多维度、面向不同应用需求的数据中心和数据仓库。此平台可以为涉旅企业和地方管理部门提供信息存储、处理、展示和应用的业务。

第六节　信息安全技术

一、技术简介

（一）个人信息隐私保护技术

1. 基于数据失真的技术

基于数据失真的技术通过添加噪声等方法，使敏感数据失真但同时保持某些数据或数据属性不变，仍然可以保持某些统计方面的性质。第一种是随机化，即对原始数据加入随机噪声，然后发布扰动后数据的方法；第二种是阻塞与凝聚，阻塞是指不发布某些特定数据的方法，凝聚是指原始数据记录分组存储统计信息的方法。

2. 基于数据加密的技术

数据加密技术是指将一个信息（或称明文）经过加密钥匙及加密函数转换，变成无意义的密文，而接收方则将此密文经过解密函数、解密钥匙还原成明文。数据加密技术是网络安全技术的基石，是实现信息保密性的一种重要手段，目的是防止合法接收者之外的人获得信息系统中的机密信息。

3. 基于限制发布的技术

基于限制发布的技术有选择地发布原始数据、不发布或者发布精度较低的敏感数据，实现隐私保护。当前这类技术的研究集中于"数据匿名化"，保证对敏感数据及隐私的披露风险在可容忍范围内。

（二）电子支付安全的相关技术——数字认证技术

1. 数字证书

数字证书就是互联网通信中标志通信各方身份信息的一串数字，提供了一种在互联网上验证通信实体身份的方式。数字证书是一个经证书授权中心数字签名的包含公开密钥拥有者信息及公开密钥的文件。最简单的证书包含一个公开密钥、名称及证书授权中心的数字签名。数字证书还有一个重要的特征就是只在特定的时间段内有效。使用数字证书，即使用户发送的信息在网上被他人截获，甚至丢失了个人的账户、密码等信息，仍可以保证用户的账户、资金安全。

2. 数字签名

数字签名又称电子加密，可以区分真实数据与伪造、被篡改过的数据。这对于网络数据传输，特别是电子商务是极其重要的。数字签名一般要采用一种称为摘要的技术，数字摘要是将任意长度的消息变成固定长度的短消息，它类似于一个自变量是消息的函数，也就是 Hash 函数。数字摘要就是采用单项 Hash 函数将需要加密的明文"摘要"成一串固定长度（128 位）的密文，这一串密文又称为数字指纹，它有固定的长度，而且不同的明文摘要成密文，其结果总是不同的，而同样的明文的摘要必定一致。

数字签名有两种功效：一是能确定消息确实是由发送方签名并发出来的，因为别人假冒不了发送方的签名。二是数字签名能确定消息的完整性。因为数字签名的特点是它代表了文件的特征，文件如果发生改变，数字签名的值也将发生变化。不同的文件将得到不同的数字签名。

3. 认证中心

认证中心（Certificate Authority，CA），也称电子认证中心，是电子商务的一个核心环节，是在电子交易中承担网上安全电子交易认证服务、签发数字证书、确认用户身份、与具体交易行为无关的第三方权威机构。其主要进行电子证书管理、电子贸易伙伴关系建立和确认、密钥管理、为支付系统中的各参与方提供身份认证等。

二、在旅游业中的应用

（一）指纹电子门票

指纹电子门票实际是一种用于身份验证的生物识别技术，往往与条码门票、IC卡门票配合使用。当景区门票联网销售时，指纹电子门票显得更加便利，能有效避免逃票、倒票现象。云台山景区升级了电子门禁系统，采用指纹验票，旅游消费者购得门票IC卡后，在进入景区前进行首次验票时电子门禁系统会采集其右手食指指纹信息，并存储在IC卡中。旅游消费者在各景点验票时系统会验证其指纹信息。

（二）离线支付

所谓离线支付，就是在支付时一般只需提供卡号、有效期、CVV码、签名等，有时签名甚至都不是必需的。这种支付虽然在网络上发生，但并不是实时完成的，对方在网络上获取支付人的相关资料后才申请收款，属于离线交易。支付宝推出的7.6版支付宝钱包，包含公众服务、全新转账、全新当面付、校园服务、开放平台等功能与服务。在7.6版新钱包中，支付宝的"当面付"功能得到了重大优化与升级，不但支持声波支付和二维码支付两种方式进行移动支付，更实现了先进的"声波离线支付技术"，让用户在手机网络信号不佳甚至没有网络的情况下也能快速支付。

第七节　社交网络技术

近几年，社交网络应用已非常普遍，旅游企业主要利用社交网络开展市场营销和关怀服务，下面主要介绍微博和微信。

一、微博

微博（Weibo）是微型博客（Micro-Blog）的简称，即一句话博客，是一种通过关注机制分享简短实时信息的广播式的社交网络平台。它是一个基于用户关系的信息分享、传播以及获取平台，用户可以通过Web、WAP以及各种客户端组件等在虚拟个人社区更新信息，并实现即时分享。

微博具有以下特点：

1. 便捷性

微博提供了这样一个平台，你既可以作为观众，在微博上浏览你感兴趣的信息；也可以作为发布者，在微博上发布内容供别人浏览。发布的内容一般较短，微博也由此得名，除文字外还可以发布图片、分享视频等。微博最大的特点就是发布信息快速，信息传播的速度快。例如，你有 200 万关注者（粉丝），你发布的信息会在瞬间传播给 200 万人。相对于强调版面布置的博客来说，微博的内容只是由简单的只言片语组成，从这个角度来说，对用户的技术要求门槛很低，而且在语言编排组织的要求上，没有博客那么高。微博开通的多种 API 使得大量的用户可以通过手机、网络等方式来即时更新自己的个人信息。微博的即时通信功能非常强大，在有网络的地方，只要有手机就可即时更新自己的内容。例如，当发生一些大的突发事件或引起全球关注的大事时，如果有在场的人利用各种手段在微博上发表出来，其实时性、现场感以及快捷性，甚至超过所有媒体。

2. 背对脸

与博客上面对面的表演不同，微博上是背对脸的交流，就好比你在电脑前打游戏，路过的人从你背后看着你怎么玩，而你并不需要主动和背后的人交流。可以一点对多点，也可以点对点。你关注一个自己感兴趣的人时，两三天就会上瘾。移动终端提供的便利性和多媒体化，使得微博用户体验的黏性越来越强。

3. 原创性

李松博士认为，微博的出现具有划时代的意义，真正标志着个人互联网时代的到来。博客的出现，已经将互联网上的社会化媒体进程推进了一大步，公众人物纷纷开始建立自己的网上形象。然而，博客上的形象仍然是化妆后的表演，博文的创作需要考虑完整的逻辑，这样大的工作量对博客作者来说是很重的负担。"沉默的大多数"在微博上找到了展示自己的舞台。

4. 草根性

微博草根性更强，且广泛分布在桌面、浏览器和移动终端等多个平台上，有多种商业模式并存，或形成多个垂直细分领域的可能。但无论哪种商业模式，都离不开用户体验的特性和基本功能。信息获取具有很强的自主性、选择性，用户可以根据自己的兴趣偏好，依据对方发布内容的类别与质量来选择是否"关注"某用户，并可以对所有"关注"的用户群进行分类；微博宣传的影响力具有很大弹性，与内容质量高度相关。其影响力基于用户现有的被"关注"的数量。用户发布信息的吸引力、新闻性越强，对该用户感兴趣、关注该用户的人数也越多，影响力越大。此外，微博平台本身的认证及推荐亦有助于增加被"关注"的数量；微博的内容简短，一般不需要长篇大论，门槛较低；信息共享便捷迅速。

可以通过各种连接网络的平台，在任何时间、任何地点即时发布信息，其信息发布速度超过传统纸媒及网络媒体。

作为中小企业的低成本营销工具，与传统营销手段相比，微博营销主要涉及人工成本，而且没有场地、版面、差旅、运输等费用，因此可以大大节省销售成本。

二、微信

随着移动互联网的迅速发展，微信作为功能强大的手机交友平台迅速普及，拥有广泛的用户群体，已成为一种重要的自媒体营销和服务手段。

（一）微信公众平台

微信公众平台简称WeChat，曾命名为"官号平台"和"媒体平台"，最终定位为"公众平台"。和新浪微博早期从明星战略着手不同，微信发展初期就挖掘自己用户的价值，为平台增加更优质的内容，创造更好的黏性，形成一个不一样的生态循环。利用公众账号平台进行自媒体活动，简单来说就是进行一对多的媒体性行为活动，商家通过申请微信公众服务号二次开发，如对接微信会员云营销系统展示商家微官网、微会员、微推送、微支付、微活动、微报名、微分享、微名片等，已经形成一种主流的线上线下微信互动的营销方式。

（二）微信公众平台类型

微信公众平台主要分为服务号和订阅号两种类型。

服务号旨在为用户提供服务。服务号一个月内仅可以发送四条群发消息。服务号发给用户的消息，会显示在用户的聊天列表中。并且，在发送消息给用户时，用户将收到即时的消息提醒。

订阅号为用户提供信息和资讯。订阅号每天可以且只能发送一条群发消息。订阅号发给用户的消息，将会显示在用户的订阅号文件夹中。在发送消息给用户时，用户不会收到即时消息提醒。在用户的通信录中，订阅号将被放入订阅号文件夹中。

运营组织可在新注册的时候选择成为服务号或者订阅号。之前注册的公众号，默认为订阅号，可升级为服务号。目前，应用号已出现，微信将迎来创新的应用局面。

（三）微信在旅游行业的应用

官方微信平台可以提供酒店、机票、门票、旅游度假等产品的在线预订服务，订酒店、买门票、畅游景区等通过手机终端就能全部搞定。通过微信平台的应用，旅游消费者可从多渠道获得旅游咨询、投诉、商务、救援、提示等旅游公共信息服务，并满足智能化导游、导购、导览、导向需求；还可以通过旅游消费者反馈随时了解每一个旅游消费者的个性化需求，如投诉、旅游景点规划、购物等。抵达目的地后，旅游消费者可以通过官方微信平台享受旅游线路规划导航、景点文字语音讲解、旅游企业和导游诚信查验、旅游咨询投诉等服务。结束旅程后，旅游消费者可以在平台上分享旅游感受，购买特色旅游产品。此外，微信平台还可以开发刮刮卡、大转盘等趣味活动，以增强旅游消费者的用户黏度。

微博、微信是目前在旅游业应用最普遍的社交网络，事实证明，大多数旅游企业都开始应用社交网络提供服务，如信息服务、互动服务、关怀服务、预订服务等。社交网络技术与旅游业深度融合的机制也在不断完善，这些融合机制都是通过第三方社交平台或企业的自媒体服务平台来实现的，企业利用社交网络开展广泛的情感交流、互动关怀、促销服务等。在现阶段，社交网络技术与旅游业的深度融合都是通过企业公众号以及微信服务平台进行的，利用这些技术平台开展市场营销、客户沟通以及电子商务，形成企业的自媒体营销体系。通过案例研究我们发现，企业选择社交网络技术的主要原因，是营销覆盖面广、效果好、成本低、见效快，符合旅游业务的发展要求，所以出现了在管理、服务、营销多方面应用的社交网络技术与旅游业深度融合的发展路径。

第八节 大数据技术

一、大数据的概念

大数据最初仅指数字时代产生的大量数据，这些数据包括电子邮件、普通网站和社交网站生成的所有网络数据。现在，大数据不仅用于指代以电子方式生成和存储的数据总体，还用于指代数据量大和复杂度高的特定数据集。大数据是需要新处理模式才能具有更强的决策力、洞察发现力和流程优化能力来适应海量、高增长率和多样化的信息资产。

麦肯锡全球研究所认为，大数据是一种规模大到在获取、存储、管理、分析方面大大超出了传统数据库软件工具能力范围的数据集合。通过对用户的上网行为的数据采集，通过大数据分析绘制用户画像，从而开展一系列的商业行为，也成为当下零售企业普遍采取的方式。

数据在软件工程中被称为是事实、概念或指令的结构化表示。大数据正在改变着人类的思维模式与产品价值判断，彻底改变了人类传统的统计调查、分析评价，通过模型预测可以快速应对和对突发事件产生响应。大数据具有较大的量级（volume）、较高的速度（velocity）及多样性（variety）等突出的特点。企业掌握的大数据越多，客户就越多；而客户的需求越多，服务就越多，企业的增长就更快。大数据是指可以使用工具对任何非常规的数量、类型与结构的海量化、多样性和快速增长特征的信息源与内容进行抓取、管理和处理的数据集合。目前，计算和开源技术的发展使大数据统计成为现实，而分布式存储、非关系型数据库和并行处理技术则逐渐发展成为大数据应用实施过程中的关键技术。数据有图像文件等大容量数据，也有临时数据和系统日志等低信息密度数据。不同的数据存储库有不同的类型，如数据文件、关系数据，而关系数据是以表的形式存储的，面向对象数据。2012年3月，美国政府投资两亿美元启动"大数据研究和发展计划"。2012年4月，英国、美国、德国、芬兰和澳大利亚的研究者联合推出"世界大数据周"活动。

二、大数据的特征分析

大数据具有4V特征，即规模性（volume）、高速性（velocity）、多样性（variety）、价值性（value）。

（一）海量的数据规模

大数据相较于传统数据最大的特点就是海量的数据规模，这种规模大到在获取、存储、管理、分析方面大大超出了传统数据库软件工具能力范围的数据集合。就企业所拥有的数据而言，即便整合一个商场或商业中心所采集到的数据也很难达到这种"超出范围"的数据量，更不要说少有企业可以做到布点整个商业中心，现在多数的企业还是处于小规模发展阶段，所得到的数据多是某一个门店或单独营业个体的数据，并不能称为大数据。所以要想收集海量的数据，就目前的行业发展态势而言，最佳的选择是企业合作，通过合作，集合多家企业的数据，填补数据空白区域，增加数据量，真正意义上实现大数据。

（二）快速的数据流转

数据具有时效性，采集到的大数据如果不经过流转，最终只会过期作废。大多数企业采集到的数据都是一些用户的商业行为，这些行为往往具备时效性。例如，采集到某位用户某天在某服装商场的消费行为轨迹，如果不能做到这些数据的快速流转、及时分析，那么本次所采集到的数据可能就失去了价值，因为这位用户不会每一天都在买衣服。只有不断流转，才能保证大数据的新鲜和价值。

（三）多样的数据类型

大数据的第三个特征就是数据类型的多样性。首先用户是一个复杂的个体，单一的行为数据是不足以描述用户的。目前企业对大数据的使用多是通过分析用户轨迹，了解用户的行为习惯，由此进行用户画像，从而实现精确推送。但是单一类型的数据并不足以实现用户画像。例如，一些企业根据用户某一段时间在某一区域内的饮食数据，在用户进入这一区域的时候推送相关信息，但是这一信息只是单纯分析用户这一段时间的饮食数据，并没有考虑到用户现阶段的身体状况、个人需求和经济承受能力等，所以这种推送的转化率通常不会很高。

（四）较低的价值密度

大数据本身拥有海量的信息，这种信息从采集到变现需要一个重要的过程——分析，只有通过分析，才能实现大数据从数据到价值的转变。但是众所周知，大数据虽然拥有海量的信息，但是真正可用的数据可能只有很小一部分，从海量的数据中挑出一小部分数据本身就是巨大的工作量，所以大数据的分析也常和云计算联系到一起。只有集数十、数百甚至数千的计算机分析能力于一身的云计算才能完成对海量数据的分析，但是目前绝大部分企业并不具备云计算的能力。

以上四个特征，既是大数据的特征，也是影响大数据变现的原因，这些因素对大多数企业来说很难单独解决，所以需要全行业甚至多个行业的合作共同完成。

三、大数据在旅游行业的应用

智慧旅游的发展离不开大数据，智慧旅游只有依靠大数据提供足够多且实用的资源，才能"智慧"地发展。智慧旅游采用创新技术和数据分析模型，将大数据转化为智能数据，服务客户，获得最大的经济社会效益。旅游大数据是指在旅游的食、住、行、游、购、娱六大要素领域所产生的数量巨大、传播快速、类型多样、富有价值的数据的集合，这些数据通过云计算、分布式存储、流运算、大数据算法等大数据技术的关联分析和数据可视化制作，为用户服务，从而使旅游消费者的决策与旅游活动更加有效便捷，提高了旅游消费者的满意度。

旅游大数据首先需要通过源数据连接器的采集操作获得源数据，然后通过目标数据连接器的目标操作，把数据保存到平台或者中间位置，最后通过技术和数据分析模型，将大数据转化为智能数据。在智慧旅游基础设施中，有形资源包括计算机、通信产品与其共享技术平台以及数据库，无形资源包括信息技术中所涉及的无形的顾客导向、知识资产、合作与协同等方面。

旅游资源与旅游市场开发所涉及的内容及对象繁杂、多样，急需旅游大数据的支持与应用，而基于大数据建立起来的应用模型对旅游市场进行即时的预测、分析与响应管理发挥着越来越重要的作用。大数据技术在智慧旅游方面的应用主要体现在对各种旅游预订搜索、社交网站和相关数据等进行挖掘及构建模型,并将整理分析出来的信息数据发送到各种环境与状况的终端设备上,为各类旅游消费者服务。智慧旅游使旅游大数据营销成为可能,并将消费者的网络使用行为建成大数据库,通过统计分析掌握消费者的消费行为、兴趣偏好和产品的市场口碑现状,提出针对性的营销方案和营销战略,凸显大数据的重要作用。因此,大数据在发掘旅游消费者行为及对其决策进行判断、应对和创造新增产值的过程中具有较大的现实意义。

旅游行业每天都会产生数以亿计的旅游数据,这些数据不仅源于旅游消费者、旅游企业以及旅游行业管理部门的外部数据,还源于酒店、景区、在线旅行社(Online Travel Agent,OTA)等内部管理所产生的大量的数据,大量的数据、繁杂的类型以及较低的价值密度符合大数据的特质,是将大数据技术应用于旅游行业的重要原因。在智慧旅游中,随着旅游产业的迅猛发展,旅游消费者数量呈现爆发式增长,尤其是自助旅游消费者,为应对海量旅游消费者巨大的信息需求,各类旅游信息服务平台提供的信息也相应地越来越丰富,不管是旅行社还是目的地景区,其采集的数据也越来越繁杂,且大多是非结构数据,对于这海量的数据处理,就需要采用大数据技术,以实现各式各样的个性化推荐服务。通过建立数据中心,打造使用端和服务端平台,运用先进的分析技术和手段对旅游行业的相关数据进行分析与整合,为旅游消费者提供科学有效的旅游咨询,辅助旅游决策的制定,另外可以不断完善旅游公共信息服务,提升旅游消费者的满意度。

随着数据技术(Data Technology,DT)的普及应用,大数据已成为智慧旅游建设的核心基础,没有大数据智慧旅游就无从谈起。在现阶段,大数据技术与旅游业的深度融合机制都是通过综合平台来形成的,综合平台整合了所有的信息系统,这些信息系统可共享平台下的所有数据,从而形成旅游业自己的数据中心或旅游大数据,如杭州绿云科技开发的iHotel酒店平台,它整合了酒店的PMS系统、财务系统、CRS系统、CRM系统、电子商务系统以及OTA渠道,形成了酒店业自己的大数据,这些大数据就是智慧酒店建设的核心基础。因此,大数据技术与旅游业的深度融合路径是旅游发展中的应用需求、应用系统、应用平台,最后形成旅游大数据。为什么智慧旅游发展会产生"政府热、企业冷、两眼向上",就是因为企业缺乏有效的需求,也缺乏完善的信息系统应用基础,更缺乏综合性的平台,从而无法形成大数据。造成智慧旅游推进面临这样的局面,说明没有大数据的存在,旅游还是智慧不起来。可以说,大数据是信息系统战略中的重要组成部分,通过大数据战略的实施,形成了现代智慧旅游全新的业态。

第四章 数字经济背景下智慧旅游的新业态

第一节 智慧酒店新业态

一、智慧酒店概述

智慧酒店建设起源于酒店信息化的发展。互联网时代背景下酒店客户更加追求差异奇特、舒适享受、愉悦自由的生活方式，要求酒店提供更多的智能化产品与更加快捷的服务，因此，酒店餐饮、客房、康体、娱乐、销售、技术等多个部门的智慧化管理与运营模式也应运而生。智慧酒店是指酒店的产品、服务、管理、技术的信息化与智能化。智能化所带来的定制化、差异化、个性化、人性化的酒店产品和服务为酒店业带来创新与发展的机遇；智慧化使酒店的管理更加科学、更加有效率，也更加具有个性。

我国的酒店发展基本经历了以下几个时期：18世纪之前，算是古代客栈时期，酒店数目少；19世纪初到20世纪初，进入大饭店时期，出现了很多规模较大、服务规范的饭店；20世纪初到20世纪40年代，是商业饭店时期，开始出现了商业型的方便舒适、价格合理的商业酒店；20世纪40年代后是新型酒店时期，酒店业态丰富，发展迅速；2010年开始，随着信息技术的发展，进入智慧酒店时期，大量多类的信息技术开始运用在酒店中。

21世纪以来，从桌面互联网到手机等移动互联网的出现，使得酒店信息化管理也进入了一个全新的发展阶段，互联网由web1.0发展到2004年以社交与交易平台为标志的web2.0，标志着互联网经济的转折，目前使用的人与人广泛连接以及线上线下O2O闭环的web3.0，也使社会发生了巨大的改变。而随着下一代互联网web4.0，甚至泛在网的出现，人类与万物相连将更加全面与深化。从20世纪90年代末到21世纪初，国际主要酒店多数使用Fidelio / Opera和infor-His，以及国内西软、中软、泰能、千里马、华仪等软件管理系统。2011年以后，随着智能手机迅速普及，传统旅游电商开始尝试移动化，线下酒店通过信息化和大数据分析的方式，使用"智慧酒店"等解决方案，实现智能化发展，直至2012年智慧旅游理念普及与范例的出现，使得智慧酒店成为酒店行业的新宠。

智慧酒店信息化平台构成依然是典型的云计算服务方式，即基础架构IaaS（Infrastructure as a Service，基础设施即服务）、软件使用SaaS（Software as a Service，软件即服务）以及PaaS（Platform as a Service，平台即服务），并通过这些服务软件与平台将酒店各系统的管理、营销和服务集成在一起，实现对客户服务的尽善尽美。

二、智慧酒店的定义

2012年5月10日发布的《北京智慧酒店建设范例（试行）》将"智慧酒店"定义为，利用物联网、云计算、移动互联、信息智能终端等新一代信息技术，通过酒店内各类旅游信息的自动感知、及时传送和数据挖掘分析，实现酒店"食、住、行、游、购、娱"旅游六大要素的电子化、信息化和智能化，最终为旅客提供舒适便捷的体验和服务。智慧酒店涵盖了酒店从设计建造，营销宣传，接待方式，人、财、物等各类管理模式，为住店客户提供了更加便捷、智能化、个性化的产品与服务。

智慧酒店通过现代计算机技术，融合统一的通信技术、现代控制技术以及现代建筑艺术并有机地优化组合，向客户提供一个投资合理、安全节能、高效舒适、便利灵活并且人性化的新一代智慧酒店。智慧酒店基于满足住客的个性化需求，提高酒店管理和服务的品质、效能和满意度，将互联网、物联网、无线通信技术等信息化技术与酒店经营、管理相融合的高端设计，是实现酒店资源和社会资源有效利用的管理变革。其突出了提供服务的人的行为，以及服务向智能服务的转变，使服务过程更加智慧化。

目前，智慧酒店的建设已经呈现出良好的应用场景：客人提前通过OTA平台或者酒店微信公众号、酒店官网等进行网上预订，可以实时自选房间，并使用银联、微信、支付宝等第三方平台支付房费。在入住时，客人有三种方式可以办理入住：一是传统的人工办理，这种方法主要针对不会使用智能机的老年客户以及未进行网上预订的客户；二是客户可以在自助入住机上完成身份识别并接收房卡（微信、指纹和人脸识别）；三是大堂服务员可以使用平板电脑或台式自助入住机帮助客人完成登记手续。办理入住之后，酒店管理系统（PMS）可以授权手机（微信）开门或使用指纹自动开门。客人入住客房后，可以根据自己的需求使用机器人、手机、平板电脑、专用遥控器等控制房间内的所有设备（照明、空调、窗帘、IPTV电视系统和声音）。此外，酒店内的智能设备还具备实时与朋友互动、视频游戏、电影点播、订餐、订票、洗衣等功能。当你有咨询需求时，门外的机器人会即时响应并提供服务。

智慧酒店相比传统酒店有很多有价值的创造，如主题品牌的提升，在经营上既可以开源，亦可以节流，智慧主题以平台制胜，等等。随着经济的快速发展，酒店行业的发展越来越繁荣，竞争也越来越激烈。因此，智能酒店为酒店业的创新和发展提供了机遇。

三、建设智慧酒店的意义

智慧酒店实现了酒店信息管理的数据集中化、应用一体化、管理平台化，更为前后台一体化、大数据挖掘、电子商务的开展提供了有力支撑。智慧酒店产品推介的基础是酒店信息化建设，主要分为前台信息化、后台信息化和综合集成信息化三个方面。智慧酒店实现了远程登记、自动身份辨别、自动付款，一卡通与指示牌自动引导入住，按需设置客房环境与客户要求。酒店的互联硬件，如微信开门有云柚科技的产品，空调管家有脉恩多能产品，酒店客控有幻腾智能的产品，酒店自助入住有复创科技的产品。酒店云平台有绿云科技的产品，酒店大数据有众芸科技的产品，酒店云数据有西软科技的产品。酒店云平台的建设可以更加方便地与管理系统各部分相连，智能化部署及维护，精控各项成本，及时掌握酒店服务器与机房设施的能源消耗。快捷、便利的管理控制功能更是大大地节省了人力、物力和时间成本；同时，也实现了更好地向住店客人提供周到、便捷、舒适、智能化的服务。

智慧酒店将不同酒店的硬件设施，如装潢、客房数量与客房设施等质量和价格优势转变为及时、个性化、多元化、准确、质量和管理效率等功能优势的竞争，使不同酒店的综合服务成为竞争焦点。智慧酒店除了智能迎宾、接待、智能化的设施与人性化的设计之外，还能显著降低酒店运营成本、增加网络预订、提高营业收入增长点，对各类酒店信息加大了搜集、分析、存储、调用、更新和集成的力度，整合与优化了酒店资源，在酒店内外实现互联互通，提高管理效率与核心竞争力。

智慧酒店通过自身的网络销售渠道以及与在线旅游商的合作，大大增加了客户群，提高了酒店的规模优势和营销的范围优势。智慧酒店颠覆了传统意义上的酒店场所的许多功能，如由于移动网络的发展，酒店大堂完全不需要设立前台，同时大堂还可以成为各种非正式会议与活动的社交场所；智能网络设施设备及相应的应用软件，可以充分满足客户在酒店进行多样的娱乐生活及与外界的交往沟通；而客户的自助入住、预订产品及其消费账单与结账手续更是完全实现智能化。此外，酒店的智能化照明、温控、洗涤、节能减排系统、手机 App 软件使用均可以更高效地工作。

智慧酒店今后的发展，将向精品酒店、单体商务连锁酒店、家庭旅馆、民俗主题酒店等创新扩展，同时，使用智能机器人服务，自动识别客人需求，智慧酒店将真正成为未来时尚生活的典范。

四、智慧酒店服务

智慧酒店主要包括智能销售、智能采购、智能餐饮、智能培训、智能财务、智能质检、智能工程、智能人力八大智慧信息系统。智慧酒店的服务也具有公开、透明、节约、快捷、方便、省工、省力、省时、浪漫、舒适、定制等特点。智慧酒店可以从前台、餐饮、娱乐、会员、场地、销售、渠道、营销、电子商务管理等方面实现全面系统的智能化服务,如实行通过 B2C 客户的实时无缝连接,通过虚拟产品的发布与个性化体验,机器人语言迎宾、微信开房、客房智能化、客房声光电等智能综合控制系统,触摸屏智能点菜,以及门禁、灯光、娱乐、浴室、卧床、灯控与安防、消防联动、自动停车等服务智能化,如在走廊、卧房、卫生间、客厅、餐厅等地方,选择不同的灯光场景、音源音量。集成信息化将酒店不同部门、不同功能模块的服务封装整合,实现了数据集成与共享服务。新一代物联网技术将人与万物互联,使得酒店物品的智能化识别、定位、跟踪、监控和管理成为可能。

第二节　智慧景区新业态

一、智慧景区概述

智慧景区将成为现代景区的服务标准之一。智慧景区主要在智慧旅游预订、智慧旅游体验、智慧旅游营销、智慧景区管理、智慧景区经营等方面实现智慧旅游。智慧景区信息管理系统是智慧景区服务的核心资源,通过对智能传感器、无线传感器、物联网,对地观测传感网和导航定位,以及采用云计算、大数据、空间地理信息的综合集成,对海量的景区旅游资源、旅游消费者身份、设施设备、安防监控、射频识别、红外感应、设施设备、工作人员以及大气、水文、植被、景观、人流、三废排放等不同尺度的时空数据进行传输、处理、记录、控制、存储和合成显示,并将数据直观、形象地展现给管理者,为景区各项事务的决策提供依据和支持。

智慧景区基于物联网和云计算的智慧环境系统,在感知、传输、应用三个层面为旅游消费者提供智慧旅游服务。底层感知层为数据采集端,由自动监控设备实时采集的传感器组成,收集环境基础信息和监测数据及视频信息;中层是以数据传输为主的网络传输层;上层为云计算平台,是整个系统的云数据中心和云服务中心。云平台上的数据包含基础数据、监测数据、视频监控数据、统计分析数据、空间数据、政务数据等,实现数据整合和数据共享。

智慧景区通过完善景区信息网络基础设施与数据中心，实现景区景点实时导航、景点查询、定位监控、报警处理、应急预案、调度管理、天气预报、交通信息、旅游宣传等功能，目的是提高景区管理效率和实施动态管理。同时，智慧景区有利于科学合理地规划景区项目与内容，控制景区旅游消费者流量与保护景区资源，丰富旅游产品，使旅游消费者可以自己选择线路，智能地感知云平台所提供的动态信息，显著提升旅游景区服务质量与服务水平，满足旅游消费者个性化与现代化的旅游需求。

二、建设智慧景区的意义

由于手机等移动终端的使用，智慧景区所展示的信息化旅游产品具有形象化、数字化、功能智能化以及在线支付与信息反馈等网络化的特点。智慧景区的各类结构与非结构数据异常丰富，既有实时观测的旅游人流、设施设备、环境变化、交通流量、财务营收等实时数据，也有景区宣传介绍等资料存档数据信息。从数据类型上分类，智慧景区既有文本数据、影像数据、视频影音、矢量数据、位置数据，也有平面与立体地形等三维数据。这些信息与格式多元、异构的数据通过对信息资源的标准化处理与建模，使得智慧景区的软件数据处理更显重要。除了数据层，智慧景区软件系统中还有组件层、服务层、功能层和应用层等软件层次结构。应用层主要完成智慧景区的智能化营销宣传、智能化服务与管理、智慧化监管及突发事件的预警、应急响应和事件评估决策的信息服务需求。

智慧景区可以利用搜索网站的大数据，提前预测景区的拥挤度，提前收集旅游消费者的兴趣、决策、行动、体验、口碑等消费者行为，并对旅游产品进行网络营销、采购、咨询、生产、销售与结算并开展网络考评、大数据开发，满足旅游消费者的食、住、行、游、娱、购，以及导游、导航、导购、导娱、导服、GPS车辆调度、网络售票、景点视频在线播放等需求，实现智能定位、智能语音、智能查询、智能支付、智能分享、用户自助旅游等功能与服务诉求。通过智慧景区二维码可观看景点视频，App自动导播、导航，景区的导游、交通、客服等可为客户提供"随时随地、随叫随到"的服务，故智慧景区对深化旅游产品开发、满足旅游消费者的兴趣爱好与激发旅游消费者的消费潜能方面具有重要意义。

三、智慧景区服务

智慧景区可以发挥物联网的人流识别、红外线识别、定位、跟踪、监控与管理功能，对智慧景区的交通、环境保护、管理监测、景区安全、旅游消费者活动、智能消防、资源管护进行管理。

智慧景区的旅游消费者可以通过佩戴射频识别装置，在景区范围内证明身份，打开自己的房间门，购买食物和纪念品，进行游玩与娱乐活动。智慧景区的电子巡更系统还可对景区工作人员定点岗位工作状态进行跟踪管理，将视频系统与身份跟踪系统融合，确定景区旅游消费者与工作人员的轨迹定位，实现及时的语音信息沟通。智慧景区的触控系统还可在售票大厅、重要旅游景点供旅游消费者进行实时操作，使旅游消费者按自己的意愿对信息进行选择、收集、整合并形成双向式传播。各类智能设备实现了景区场景再现、现实感增强，使景区游览娱乐化，大大增强了景区的旅游功能。

智慧景区可以通过分析大数据，预判景区的旅游热度，为广大旅游消费者提供交通避堵疏通的信息服务。智慧景区根据实时客流、票房数量、实时收入情况，以及景区周边道路、恶劣天气、景区和人员密集场所的人流量，进行实时发布和预测，同时，发布实时统计的景区游览舒适度指数。

智慧景区系统的电子门票与二维码技术以及微信功能可以实现智能购票。智慧景区提供全程免费 Wi-Fi 网络，使旅游消费者在智能导航、导游、导购的服务下，完成景区旅游。而景区 App 的应用，可以让旅游消费者身临其境般获得虚拟导游的讲解及图文并茂的景区自然、历史与文化的重现图像。智慧景区的管理者通过景区电商平台，收集旅游消费者数量及行为特征数据，并进行后台分析，开展有针对性的、精准的宣传营销服务；并通过微信、微博、网站进行宣传，在线投放当地土特产、文化娱乐旅游、旅游出行的各种信息服务。景区电商平台还可以通过在线服务实时与旅游消费者保持沟通与联系，并为旅游消费者提供咨询、求助、诉求、安全等服务。

第三节　智慧旅行社新业态

一、智慧旅行社概述

智慧旅行社是指利用互联网，融线上线下旅游资源与精准化服务为一体，基于云平台，以大数据为驱动，以手机端为核心载体，与财务、营销、服务系统等各方实现无缝对接的一种旅行社新模式，目的是实现全业务、全方位在线功能，提高行业的服务效率和服务水平。智慧旅行社主要具有融合性、便捷性、低成本性、智能化、平台化、社交化、移动化、可视化、大数据化等特征。

传统旅行社（TA）、在线旅行社（OTA）与智慧旅行社（ITA）在客源地的范围、接待与经营方式、从业人员素质、依托的设备与技能手段、经营业态等方面都有着本质的区别。传统旅行社（TA）与在线旅行社（OTA）客源地多以国内和本地区为主，接待与经营方式以旅游组团、接待、旅游预订营销为主；从业人员具有旅游业务经验；以线下服务或以基于互联网的线上服务为主；利用传统的手工作业或辅助电脑系统；经营方式以门店和客户营销及网络营销为主。而智慧旅行社更多地面向全球客源地，以旅游资源整合发布、旅游预订营销和有创新精神和掌握新技术的高技术从业人才为主；基于电子商务平台和便携的终端上网设备开展业务，以移动互联网营销为主。智慧旅行社综合采取O2O、B2C、B2B等形式，通过线上线下，不同手段、不同方式进行旅行社产品的预订、签约与交易。O2O模式实现线上完成交易，线下消费体验，同时具有在线数据、在线通信、在线互动、在线保险、在线体验、在线呼叫平台、在线支付、在线销售、在线操作的特点。OTS则是以旅游线路及旅途服务类产品经营为主，如线上携程、驴妈妈、去哪儿、八爪鱼等。

二、建设智慧旅行社的意义

智慧旅行社客观上修正了传统旅游产业模式出现的供需不平衡、旅游淡旺季、"零负团费"现象等瓶颈问题，加速了传统旅游行业和旅行社的整合，降低了交易成本，削弱了旅行社信息垄断，提高了旅行运营的效率，更好地满足了旅游消费者个性化、多样化与网络化的要求。当然，传统旅行社的产品制造及后端服务是线上旅行企业无法取代的，而线上旅行企业的分销功能及产品多样化也是线下旅行社的痛点。因此，智慧旅行社需要结合线上线下，以客户需求为核心，以提高旅游服务水平和服务质量为根本。

智慧旅行社可以实时掌控境内外团队及导游领队、导游轨迹等跟踪信息，并随时对带团质量进行监控，进行旅游消费者咨询管理，及时对旅游消费者的意见进行反馈处理，为旅游服务品质和导游领队评级定薪提供依据。

金棕榈是全国较早开展智慧旅行社业务的企业，在推动旅游全行业、全产业链、全业态产品系列数据连接方面起了带头与表率作用。智慧旅行社系统构建了门票预订分销平台、业务流程平台、在线预订电子商务网站、呼叫中心与会员管理。

三、智慧旅行社服务

智慧旅行社拥有旅行设计平台，专门为旅游出行用户进行路线设计和定制服务；旅行设计师和旅行服务商可以通过网络发布服务和产品，打造旅行定制环境，减少中间环节，构建一个旅行路线设计与预订的自媒体生态系统。旅游消费者也可以通过智慧旅行社提供的定制化服务获得自助选配的旅行方案。区别于传统旅行社，智慧旅行社由旅行设计师精心一对一策划，每条路线都可以做到量身定制。智慧旅行社更易于通过互联网与大数据将经营触角伸向上游交通和下游消费者客户终端，集中优势资源，实现规模化、范围化经营。

旅游消费者的智慧旅行需要随时上网、通信、交通、购物、数据存储、充电续航、签署电子旅游合同等功能的保障。在线旅行社服务主要包括在线智能审批与电子合同签名、实时监管团队动态、旅游突发事件预警预案、在线支付、出险救援、多语种服务等。例如，目前市场上的专车服务，就是利用移动互联网和大数据技术，创新交通出行服务模式，搭建起旅游或商务用车的信息服务平台，满足市民或旅游消费者多元化出行的需求。

第五章 数字经济背景下的智慧旅游管理

第一节 智慧旅游城市管理

　　智慧旅游试点城市逐步深入,部分省市将关注点集中在数据服务智慧应用方面。例如,成都建设的智慧旅游数据中心,同时兼顾统计分析、智能搜索以及多屏同源等功能,让旅游消费者在旅游过程中即可享受到旅游导航、线路规划以及景区介绍等多方面的信息服务。山东省一方面将所有部门中与旅游有关的数据整合在一起,包括商务部、国土资源部、交通运输部、公安部、邮政部、气象部、航空部与环保部等,另一方面积极与旅游电子运营商以及主流网络搜索引擎方合作,打造融合旅游、社会以及各部门数据的新旅大数据资源库,以数字化形式进行数据管理、营销与考核。

　　智慧旅游城市管理的决策模式改变主要表现如下:

一、统计调查方法及评测模式的转变

　　转变传统的调查模式,由抽样调查和问卷调查变为全样本数据收集与分析,基于庞大的数据挖掘事物规律与内在本质。倘若以问卷调查的形式测量旅游消费者满意度,最终评价结果必然会夹杂一些主观因素,影响最终评价结果的准确度和客观性。若以舆情分析法测量,可获得与客户满意度有关的评价指标,采用语义和语音分析旅游消费者微博中关于景区与酒店的言论和投诉,找出其中的关键词,建立模型,完善规则。对旅游消费者的提议和需求进行识别,挖掘其潜在问题,事先做好舆论应对方案和舆论导向,给予旅游消费者以良好的旅游体验,增强其满意度和认可度。

二、通过构建模型进行事先预测,提高预测需求和供应变化的能力

　　各国学者对于旅游需求预测方面的分析较多,提出了一系列对应的模型和研究方法。旅游业与国家经济密切相关,能够推动经济发展和进步,所以不管是行业工作人员、规划

师，还是科研人员都十分重视旅游需求预测问题。计划是否精准对未来决策起到关键性影响，可以降低决策风险概率。精准预测对目标地区经济文化发展具有明显的辅助性作用，甚至可以影响当地环境，因此建议政府部门加强对预算的重视，提高预算的科学性和准确性，为旅游设施规划、建设和维护提供外部保障。由此可见，精准计划能够最大限度减少经济损失，避免因为供需不对等影响目标区域经济发展。

三、对突发事件进行快速跟踪和响应

大数据凭借自身高效快速的处理与应对优势，能够在短时间内影响到突发事件。比如，借助空间地理数据能够快速找到事件发生地点，掌握目标地区周边的经济与人口情况，在获取目标地区伤员数量、医疗卫生机构分布点以及道路等级情况后，明确救援方案，包括伤员医疗机构地点选择和救援路线等。结合当地土地利用情况和土地坡度等数据，选择有助于难民和伤员休息避难的场所。以上决策都需要海量数据支持，通过数据收集、整理与分析完成决策。

四、利用深度挖掘提高对行为变化的理解与判断，防患于未然

大数据内容丰富多元，数据来源各不相同，对这些结构化与半结构化的海量数据进行整理分析，找出其中的关联，发布危机预警信号，做好充分准备应对危机事件。

大量新兴技术兴起以及新型应用模式不断发展和进步为旅游业创造了新的发展机遇。但是如何将物联网、社交媒体、移动计算以及虚拟服务等合理融入旅游产业，促进旅游产业改革与转型，如何从思想上转变，实现旅游行业公共管理创新，真正发挥大数据对旅游公共管理的服务作用，改善旅游公共管理成效与服务质量，保障国内旅游公共服务业的长久稳定发展，这项综合性工程是将政府公共管理与新兴信息技术应用融合后的结果。不仅涉及基于大数据开展的技术应用探索，更重要的是建立一个有助于旅游公共管理事务处理，提高决策科学性的大数据平台，明确应用流程和具体内容，增强管理创新能力。为进一步满足旅游行业公共管理所需，建立以大数据为支撑的旅游公共管理与服务运行框架，并从中提取包含可持续运营机制、技术支撑平台、标准体系、数据源、大数据应用等在内的关键要素。

（一）标准体系

为确保信息的规范统一，提高信息共享、交换、传输和检索效率，需设定完善的标准，保证系统技术结构、数据描述以及对外服务接口的一致性，方便系统平台不断延伸，实现不同结构平台的顺利对接。在旅游公共管理与服务标准体系中，针对数据收集、著录与存储设定了四个标准：技术标准、元数据标准、服务标准及行业标准等。

（二）技术支撑平台

为满足框架运行的技术体系与支撑平台称为技术支撑平台。大数据技术具备数据存储与自动分析功能，这是完成大数据分析与处理的基本前提。满足这一点必然需要众多存储与计算资源，云计算技术是满足大数据工作的重要手段和工具。云计算依托于网络完成数据存储、管理和应用，减少数据处理成本投入，提高大数据信息处理量，改善服务效率和质量。大数据技术将数据存储、处理与应用融为一体，具备实时流数据处理与智能分析技术、海量分布式文件系统、非关系型数据库系统（如 Bigtable、NoSQL 等），可以自动掌握自然语言内容并完成模式识别等工作。

（三）数据源

常见的服务于旅游公共管理与服务的数据源有三种类型：第一类数据由政府管理，具体指的是法律法规数据、公共管理数据、统计数据、政策数据等；第二类属于旅游消费者数据，如人口特征数据（个人基本信息等）、网络搜索行为数据、以位置服务为目标的数据、UGC 数据、网站浏览历史数据等；第三类属于行业数据，涉及企业诚信数据、出入境团队数据、地理空间数据、行业管理数据、导游资历数据与行业资源数据等。以上数据来源有三类：第一类是社交数据（如旅游评论类网站、微博等）；第二类是已有信息系统（常见有导游管理系统、景区管理系统、电子政务系统、饭店统计管理系统、统计与财务系统、旅行社管理系统等）；第三类是机器生成/传感器数据（包括网络日志、呼叫记录、设备日志等）。

（四）大数据的应用

大数据的应用与其需求密切相关，在框架中居于关键地位。需求是影响最终表现形式与分析方法的直接因素，当应用不同时，其数据要求存在一定差异性。对应用进行创新即是指服务与管理创新。分析旅游公共管理与服务的大数据应用发现，它涉及旅游流预测报警、旅游环境监控、旅游安全应急、旅游资源承载力监控、旅游公共信息服务等多个方面。

（五）可持续运营机制

可持续运营机制主要包括五个点：第一，保证数据长期稳定收集的长效机制；第二，实时处理、应用与反馈数据的循环效应保障；第三，运维体系保障；第四，不间断的资金供应；第五，对应的管理运行机制等。

第二节 智慧景区管理

一、智慧景区概述

（一）智慧景区的概念

智能网络为景区提供充分全面的信息数据，包括景区工作人员行迹、景区地理事物、景区基础设施与服务设施情况、旅游消费者行为及自然资源等；针对景区业务流程实行智能化升级与运营管理；采取可视化方式完成景区旅游消费者及工作人员管理；上下游旅游企业之间建立战略联盟，共同保护遗产资源，确保这些资源完整且真实，改善旅游产业服务质量；带动景区经济、环境与社会的有序稳定发展。

（二）智慧景区的内涵

关于"智慧景区"概念有广义与狭义之分。从广义概念上看，"智慧景区"是现代信息技术与科学管理理论的有机结合，是为促使自然和人类能够和谐相处与发展，从而建立的低碳智能运营景区。该景区的优势在于可以改善旅游服务质量，为生态环境提供保障，为社会发展带来更高的价值。从狭义概念上看，智慧景区改变了传统运营管理的弊端，以可视化和智能化的方式提高对景区经济、社会和环境的感知和分析能力，增强彼此之间的互动沟通，提高景区运营的智能化水平。对比广义与狭义的"智慧景区"概念发现，广义概念注重的是技术和管理因素，而狭义概念仅关注技术因素。

"智慧景区"的广义概念涵盖内容众多，具体包括如下几点：①景区的可视化管理；②依托于物联网实时全面地掌握景区信息；③将现代信息技术与科学管理理论融入于景区运营当中，优化景区组织结构和业务流程；④倡导低碳旅游，强调景区经济、社会与环境的长久稳定发展。

二、智慧景区的管理原则

智慧景区管理十分复杂，因此要求景区以自身特点和大局观为参考，结合景区实际情况设定统一标准，提高景区建设的规范性。为更高效地完成旅游资源整合，提高全行业管理效率，打造管理合力，形成理想的规模效应，实际管理时需遵照下面几点建设原则。

1. 总体部署，分步实施

以总体规划为主导完成景区部署，认真落实智慧景区建设总方案编制工作，结合现实情况制定不同时期建设目标，针对近期与远期目标内容划分不同阶段，并按照各个阶段目标逐步落实，提高智慧景区建设成效。

2. 统一标准，保障共享

依据统一标准和规定建设智慧景区重点项目，保证景区建设的规范性，为行业管理过程中实现信息共享提供有力保障。

3. 整合资源，集约发展

智慧景区需将全行业资源进行统一协调、整合，塑造行业特有品牌，打造管理合力，形成理想的规模效应。

4. 突出重点，先急后缓

景区设计智慧景区建设总方案时，应以现实情况为基准优先关注重点景区建设，秉承先急后缓的理念将景区经营管理需求急切、投入少但见效快的项目作为首要关注点，集中精力落实好这些项目。

5. 实用可靠，适度先进

系统建设需强调实际效果，以最前沿、成熟且可靠的技术作为项目建设选择目标，拒绝发展不成熟的新技术，避免出现资金浪费的情况。

6. 创新机制，市场运作

智慧景区建设应以国际前沿理念为目标，强调产业化经营管理机制的革新发展，以市场运作机制为基础，助力旅游服务产业与资源保护之间的有效互动和良性发展。

第三节 智慧酒店管理

近些年来我国经济国际化程度不断提高,使得酒店产业急速扩张,相比发达国家的酒店业,我国仍处于管理粗放的传统模式。尽管酒店业规模扩张仍然是许多国家和地区,尤其是新兴市场的主要特征,但从全球来看,酒店业的产业结构调整和升级已势在必行。目前,丽晶大酒店、颐中皇冠假日酒店、岸琴御会所、金沙大酒店、普雷斯精品酒店等知名酒店的智慧化建设主要集中在智慧营销方面。这说明目前酒店的智慧应用大多是处于智能化的初级阶段,应用的部门也比较少,多数只是应用在销售系统,而在酒店客房服务系统、前台服务系统、餐饮服务系统和内部管理系统应用较少。

智慧旅游建设是国家旅游局在党的十八大精神指导下,促进旅游业经济发展和服务质量提升的一项重要举措。作为智慧旅游的一部分,智慧酒店的建设是中国酒店业产业结构调整、升级的重大契机和必然选择。

一、智慧酒店管理概述

基于数字化、网络化技术,实现酒店管理与服务信息化是智慧酒店管理模式的核心内容。智慧酒店管理模式是互联网时代背景下,为进一步满足市场与社会发展需求而产生的一种新型酒店管理模式,其在对传统酒店行业形成剧烈冲击的同时也对酒店管理专业提出了全新的挑战。

智慧酒店管理宗旨为满足客户个性化需求,同时智慧酒店管理还具有突出的针对性、舒适性、灵活性等服务原则。智慧酒店实际经营中根据大数据信息为客户制订专属服务方案,客户也可以依据喜好自主选择临街、靠近出口或中心等客房位置,满足自身个性化需求。但由于客户的个性化需求大相径庭,因此,在保证酒店个性化需求的同时,还应在智慧酒店构建时符合整体性原则,保证酒店整体功能与性质。

综合而言,智慧酒店管理模式则是将整体性原则与客房舒适性、灵活性原则相结合,对酒店潜在的信息、功能、性质、内涵"去其糟粕,取其精华",从而使酒店既具有人文关怀又具有较高的实用性,既具有高端化风格又具有个性化特点。

二、智慧酒店的管理系统介绍

智慧酒店系统主要功能有自助入住/退房系统、智慧客房系统。

（一）自助入住/退房系统

客人到达酒店后，前台将提供一张带无线定位功能的房卡，每张卡含有唯一的ID。

将客户信息与服务承接在一起，能够在餐厅、健身房等公共区域为用户提供个性化服务。

入住登记（check-in）完成后，控制系统将自动提前打开客房中的空调、灯光，客房的触摸控制屏切换到欢迎界面。提前将客房的室内环境调节至舒适模式。

当客人在前台结算离开（check-out）后，客房设备的控制权限自动回归前台中央控制。前台会在客人离开后，自动发出复位命令，将该客人所住的房间设备恢复至原始状态（根据管理要求的状态），服务员不需要在房间内清扫完成后人工复位灯光空调状态，这样可以提高清扫效率和进行统一管理。

（二）智慧客房系统

智慧客房系统的构成如下：

1. 照明电器控制。

2. 能源管理。

3. 互动娱乐。

（1）影音播放：平板电脑影音与投影仪、电视同步镜像；

（2）教学功能：平板电脑的各种文件可以与投影仪同步镜像。

4. 酒店电子商务。

5. 可视对讲。

三、智慧酒店管理的优化策略

（一）做好智能化服务，提升智慧酒店的管理效率

疫情防控期间，为了深化防控意识，避免不必要的密切接触，智慧酒店管理模式的实际效用越发突出。酒店依据智慧管理模式可以实现线上+线下服务。第一，实行网上预约和接单服务、设置网络客服处理客户订单；第二，酒店通过开发线上智能软件平台提升智慧酒店的管理效率，客人可以基于线上智能软件平台浏览酒店评价、咨询房间类型、房间

价格等信息，对各地区不同酒店进行筛选；第三，客人还能够自助登记入住、选择房间、自助退房、打印账单；第四，智慧酒店应设有智能控制系统，能够智能调控客房内所有联网终端；第五，智慧酒店还应设置智能监控系统，为保障客人人身安全，智能监控系统能够对酒店存在的一些安全隐患进行实时监督，并具备智能化消防控制系统；第六，酒店还应在后续发展建设中设置全自动化公共服务设备，如智能电梯系统、智能导航系统、智能可视对讲系统、智能停车场管理系统等。

（二）加强酒店与网络平台之间的合作，提升整体服务质量

通过酒店与网络平台之间的有效合作，一是酒店能够基于网络平台收集大量客户信息，了解客户实际需求；二是客户能够直接在网络平台上完成自主办理入住、退房等行为，节约客户时间，提高入住效率；三是客户退房后，能够在网络平台上留下入住体验与评价，便于酒店掌握客户反馈，进而优化智慧酒店服务功能和服务体系，从而能够为客户提供优质服务，以此提升酒店形象。

此外，相较传统酒店服务模式完全依靠自有设施来开展服务而言，基于大数据技术下的智慧酒店，能够在了解客户实际需求及喜好的同时，借助外部资源为客户提供个性化服务。例如，通过与其他服务方合作，为客户提供接送、导游、送餐等服务，能够有效提升客户体验。

（三）强化智能化的应用，为酒店优化管理提供思路

在未来智慧酒店发展中应基于大数据优势从设计、管理、交互三个层面进行优化完善。首先设计变革，基于大数据技术挖掘客户喜好，从而满足顾客个性化需求，为其提供个性化套餐服务。其次是管理变革，当下智慧酒店管理应以现代化技术为支撑实现酒店人力资源、固定资产资源、客房资源管理等，能够对资源进行有效调度与管控，从而提高酒店管理质量和智慧管理成效，切实保障酒店经济效益，还应提供智能电梯、智能停车场、智能餐厅等硬件设施服务，进一步推动酒店智能化发展。最后是交互变革，当下的交互方式为酒店与客户之间的交互，过于单一，在未来智慧酒店发展中，应推动交互方式向多元化方向转变，实现酒店、客户、酒店供应商、第三方服务商之间的多点交互，从而延伸服务功能，满足客户"一条龙"服务需求。除此之外，地方旅游行政管理部门还应提高对智慧酒店发展的重视和支持，有效形成智慧城市、智慧旅游、智慧酒店协同发展格局。

第四节　智慧旅行社管理

智慧旅行社（Intelligence Travel Agency，ITA），就是利用云端计算、物联网等新技术，通过互联网/移动互联网，借助便携的终端上网设备，将旅游资源的组织、旅游消费者的招揽和安排、旅游产品开发销售和旅游服务等旅行社各项业务及流程高度信息化和在线化、智能化，达到高效、快捷、便捷和低成本、规模化运行，创造出旅游消费者满意和旅行社企业盈利的共赢格局。相对而言，在线旅行社（Online Travel Agent，OTA）是智慧旅行社的基础。在线旅行社主要突出的是用在线的方式。智慧旅行社是在在线的基础上，强调技术升级，更加人性化与个性化，强调与环境的互动，它的服务是个性化和有记忆的。

一、数字经济给旅行社管理带来的机遇

（一）实现资源整合配置

旅行社作为长期深耕于旅游行业的机构，本身就具有一定的资源积累，在传统旅游产业链中占据优势地位。而在数字经济时代，智慧旅行社能够通过互联网平台实现跨界合作，对资源进行有机整合，优化资源配置，更好地适应新型旅游产业链发展，增强自身的市场竞争力。

（二）探索线上营销机会

数字经济时代，智慧旅行社获得了更多、更好的营销机会，通过互联网拓宽营销渠道和范围，突破时空限制，为广大旅游消费者提供更加优质的线上服务，能够在一定程度上增强智慧旅行社的市场影响力，助力智慧旅行社良好发展。

二、基于数字经济的智慧旅行社管理策略

（一）积极探索数字经营模式

构建数字经营模式是智慧旅行社创新和优化管理的基础和关键所在。智慧旅行社管理人员一定要积极更新管理理念，认识到数字经济时代发展的大势所趋，进而树立数字经营思维，以全新的思维推动经营管理模式的有效创新。针对这一点，智慧旅行社需要从最基本的经营理念和管理思维出发，对旅行社管理、旅游产品设计与生产、旅游产品营销与服务的各个方面进行创新，致力于构建完全契合数字环境的经营模式。将数字经营思维渗透

到智慧旅行社管理的方方面面，既要借助信息技术从整体上优化智慧旅行社管理，又要以全新的方法、形式推动旅游产品的开发和营销。

数字经营思维的核心主要体现在三个方面，分别是信息技术、创新应用、以人为本。智慧旅行社需要加强信息技术基础建设，同时利用先进的技术、设备等支持自身业务工作、管理工作的有效创新与改善，并坚持在充分了解旅游消费者所需所求的前提下优化产品和服务，从而实现经营管理的全面调整和优化。积极拥抱旅游行业与市场的发展趋势，基于广大旅游消费者喜爱的"自由行"等开发更加契合消费者需求的产品，提供更为人性化的优质服务，给智慧旅行社的经营和发展提供有力支持。

（二）加强电子商务和线上服务发展

发展电子商务与线上服务，是数字经济时代智慧旅行社适应时代发展的必然选择和首要基础。智慧旅行社需要充分意识到自身在信息化平台、电子商务模式、线上服务体系以及高素养人才培养等方面的不足，并在实践中着重围绕这四点推动电子商务与线上服务的良好发展。

首先，积极完善信息技术软硬件设施。智慧旅行社需要根据自身实际情况，合理制订软硬件建设和发展规划，投入足够的资金支持，选择合适的硬件和软件，积极搭建一体化的信息化管理平台，推动传统管理模式向信息化管理模式的有效发展。在构建系统和软件时，应优选市面上具有一定保障的优质产品，确保其功能丰富、性能良好、稳定性与安全性强，为自身的信息化发展奠定良好基础。

其次，合理构建电子商务模式。智慧旅行社需要准确意识到旅游电子商务模式和传统经营模式的差异，着重围绕旅游电子商务本身的聚合性、有形性、服务型、便捷性、优惠性、个性化等特征重构组织结构与管理模式，并通过优先调整产品与价格、关注散客需求开拓新的商务模式，降低自身经营成本，同时推动规模经济性与范围经济性的扩大。在构建旅游电子商务模式的过程中，智慧旅行社需要根据自身情况合理选择线上交易模式，保障电子商务发展质量。

再次，完善线上服务体系。线上服务与线下服务在底层逻辑上有着巨大的差异。智慧旅行社在积极探索数字经济发展模式的进程中，需要合理构建并完善线上服务体系，坚持贯彻以人为本的理念，尽可能地为旅游消费者提供人性化的优质服务。以拓宽服务范围与类型为基础，形成以旅游消费者自主获取服务为基础、在线提供人工服务为辅助的模式，同时将旅游市场、旅游行业的变化发展情况与线上服务相结合，提供具有时效性的优质旅游服务。

最后，加强人才培养。数字经营管理模式的发展，离不开大量高素质人才的支撑。智慧旅行社需要针对员工信息技术素养普遍较低、缺乏信息技术专业人才的问题，通过加强人员队伍培训、与互联网企业展开合作、引入信息技术专业人才等方式，有效解决自身在人才培养方面的缺陷与不足，为自身在数字经济时代的转型、变革奠定良好根基。

（三）积极创新智慧旅行社旅游产品

数字经济时代具有变化迅速、发展蓬勃的特点，积极适应新的时代热点与浪潮并创新旅游产品，能够为智慧旅行社的长远发展带来无限可能。2021年，"元宇宙"这一概念在全球范围内掀起了巨大浪潮，"元宇宙+旅游"也成为当前旅游行业创新发展的重要方向，能够为旅游业转型和创新赋能。智慧旅行社应积极拥抱"元宇宙"概念，以全球范围内的典型案例为借鉴，积极探索创新"元宇宙+旅游"产品开发的可行路径。例如，"韩国旅游宇宙平台"、迪士尼的元宇宙战略、以建筑沙盘和数字藏品为核心的"大唐·开元"项目等，均是具有借鉴价值的"元宇宙+旅游"产品。智慧旅行社可借鉴这些典型案例中的成功经验，围绕基于增强现实技术的数字景点、"平行世界"旅游体验等进行大胆创新和探索。

（四）提高智慧旅行社服务质量

服务是新时期旅游消费者十分关心的要素，也是新型旅游产业竞争中的关键。旅游消费者通过互联网平台，能够足不出户获得旅游信息咨询、旅游线路规划、旅游交通和住宿安排、景区门票预订和购买、票务退订与路线变更等服务，而传统旅行社依赖于线下模式的服务在这方面则明显不具备优势。因此在积极探索数字经济发展模式的进程中，智慧旅行社需要积极改善和提高服务质量，尽量改善旅游消费者的使用体验和旅游体验，真正在新的市场形势下站稳脚跟。

一方面，智慧旅行社需要坚守自身在线下体验方面的优势，尽量拓展线下服务类型与内容，为广大旅游消费者提供在线旅游服务平台难以提供的独特体验。另一方面，智慧旅行社需要积极转型，主动拥抱信息化、网络化，尽量为旅游消费者提供便携、人性化的优质服务。只有立足于服务本身，智慧旅行社才能有效吸引广大旅游消费者，持续增强自身的核心竞争力。[①]智慧旅行社既要从管理层面出发，为优质服务的构建奠定良好根基，又要从服务本身出发，充分考虑旅游消费者的实际体验，从各个环节改善服务。尤其要从旅游产品创新、线下与线上咨询服务、旅游过程服务等方面出发，为广大旅游消费者提供优质服务。

---

① 张小从. "互联网+"背景下旅行社在新型旅游产业链中的发展策略 [D]. 成都：成都体育学院，2017：16—20.

（五）加强智慧旅行社品牌建设

积极建设并增强品牌影响力，是传统旅行社在数字经济背景下增强自身市场竞争力的有效手段。智慧旅行社应找准自身的市场定位，明确品牌形象，并以此作为经营管理的基础和指导。

首先，推陈出新，打造特色品牌。致力于打造以服务为核心的特色品牌，强化品牌在旅游市场的影响力。配合品牌建设做好相应的营销宣传工作，大力拓展新媒体等在内的各种新的传播渠道，让智慧旅行社品牌在互联网领域发挥影响力，吸引大量旅游消费者。

其次，寻找市场机会。在线旅游服务市场日趋饱和的情况下，智慧旅行社的品牌构建不能一味地照搬市场龙头企业，而要积极寻找市场机会，着重探索细分市场的更多可能性。充分利用大数据技术等，对整个旅游市场进行综合分析，同时考虑自身在资源、地区等方面的特性和优势，积极构建具有准确市场定位的优质品牌。

最后，加强诚信品牌建设。数字经济固然给在线旅游服务市场的蓬勃发展带来了无限可能，但旅游企业、机构等在旅游消费者心目中的诚信度却依旧有所不足。旅游消费者难以通过互联网充分了解旅游景区的真实情况，甚至可能会被欺骗，导致他们对在线旅游服务的信任程度有所降低。智慧旅行社应意识到互联网可能对自身品牌形象造成的负面影响，并积极落实诚信品牌建设工作，在为旅游消费者提供便捷、优质服务的同时改善品牌形象，将线上服务与线下体验相结合，让旅游消费者真正体验到"线上所见即线下所见，线上所得及线下所得"，逐步提高旅游消费者对品牌的信任程度，这样才能实现可持续发展。[1]

传统旅行社管理模式在数字经济背景下已经不再适用，需要积极探索更加契合全新时代背景下的管理模式。智慧旅行社务必要明晰自身在新时期面临的新挑战与新机遇，进而有针对性地采取各种措施迎接挑战、把握机遇，全面推动管理活动的创新与优化，以更为科学、合理、高效的模式推动管理水平提升。

---

[1] 张坤亮. 旅游电子商务对旅行社的影响及应对策略研究 [J]. 环渤海经济瞭望，2021（4）：45—46.

第六章 数字经济背景下的智慧旅游服务

智慧服务贯穿于旅游消费者的整个行程中，从动身前的行程规划、攻略查询、产品预订，到行程中的位置服务、签到分享，再到旅游后的社交媒体分享、在线点评、图片分享和攻略写作，智慧服务使旅游更加简单。

随着数字技术和网络技术的发展，移动终端的普及率不断上升，智慧旅游服务的移动化趋势越来越明显。旅游本身为流动性行为，而这一属性与智能手机等移动设备的移动属性十分契合。人们可以通过随身携带的智能手机等移动设备进行行程的规划、产品的预订等一系列服务，而不再受时间、地点等因素的约束。现在自助旅游已经成为大众出游的新方式，智慧旅游的发展进一步促进了自助游的快速发展，扩大了自助旅游消费者获取旅游信息服务的渠道，方便了自助旅游消费者的旅程，从而使他们获得更好的旅游体验。

智慧旅游服务只有与旅游消费者的需求相契合，才能最大化地发挥作用。只有充分考虑旅游消费者在行前、行中、行后可能面临的问题，并不断进行完善优化，才能更好地为旅游消费者提供服务。

第一节 旅游行前智慧化服务

旅游消费者出行前，首先会对自己的行程进行规划安排，如往返交通工具、游览景点及停留时间等。过去，我们可能会拿出一张纸，在上面写出我们的行程安排；现在，我们只需要拥有一部手机，一个 App，就可搞定行程，查看方便并可随时进行修改。

在行程的规划中，旅游消费者可能需要看看过来人的经验，这时候旅游消费者就会在网上查询攻略以帮助其更好地安排行程。攻略大多都包含吃、住、行、游、购、娱六要素，凝结着过来人的真实感受，能够使旅游消费者更好地了解目的地的具体情况。

动身去往目的地前，住和行无疑是两大重点问题，交通工具、住宿酒店、游览景点等都是出发前需要考虑和选择的对象。这就牵扯到往返车票的购买、酒店房间的预订、景点门票的预订和购买等问题。旅游消费者可以根据自身的需求在网上或移动端提前预订或购买，实现随身随时随地的预订。

一、攻略类

旅游攻略能够为用户提供真实有效的目的地相关信息，不但能够帮助用户制定正确的旅行决策，而且可以帮助用户预先解决旅行中可能遇到的问题。旅游消费者在出游前，特别是对自助旅游消费者而言，提前做好一份行程攻略是十分有必要的，而在自行制作行程攻略时参考其他旅游消费者写出的详细完整的旅游攻略无疑是非常好的选择，不仅可以节省时间，还会对自己的路线安排有一定的帮助。

大多攻略只提供了推荐的酒店、景点等基础信息，而没有关于POI（Point of Interest）的更深层次的详细信息（例如，更多其他人关于酒店的点评、酒店的详细地址、酒店在地图的位置和多方比价功能等）。因此 Trip Advisor 推出了一个新的产品——结构化攻略，当用户阅读攻略的时候，所有重要信息都被重点画出，只需点击链接就能看到地址、电话号码、价格、预订方式、照片和点评等一系列关于酒店或景点的信息。

二、预订类

旅游消费者在出游前规划好行程后，紧接着就是预订服务。往返车票的购买、所选酒店的预订、景点门票的预订购买以及其他相关旅行服务的预订，对旅游消费者来说都是极其重要的，关系到整个旅程的质量。旅游消费者到达目的地后，希望像当地人一样生活，本地生活服务类网站让旅游消费者在出游前就可以选择在当地吃饭、娱乐的地点，从而使旅程更加丰富。现有的提供预订类服务的可分为以下三类：OTA 类，如携程、去哪儿、途牛旅游网等；团购类，如美团等；票务类，如铁路 12306 等。

第二节　旅游行中智慧化服务

在旅游过程中，旅游消费者会使用地图类应用进行公交线路查询或自驾导航等，使用基于位置的服务来寻找周边美食和娱乐活动等，并即时与外界分享自己的旅游感受。在景区游览过程中，旅游消费者可通过手机、电脑和触摸屏等终端实时了解景区景点的情况，可以点击某一景点了解相关信息并实现随身导览。因而旅行中智慧化服务可以分为位置服务类、随时分享类和景区服务类。

一、位置服务类

行中位置服务类应用可分为地图类，如百度地图、高德地图；基于移动位置服务（LBS），如大众点评；签到应用，如微博签到等。现在地图类工具借助自身优势不断向LBS渗透已成为趋势。

（一）高德地图

高德是中国领先的数字地图内容、导航和位置服务解决方案提供商。2014年12月18日下午，高德发布高德地图公交导航版，成为国内首个针对公交出行用户推出专业导航的互联网地图厂商。2015年1月18日，高德发布了高德地图室内地图版，为用户提供建筑物内地图、室内定位、室内路线规划等服务。此次发布的室内地图除了展现室内建筑全貌外，还能显现商铺、洗手间、自动取款机等室内细节。

高德地图拥有最新的地图浏览器，提供专业地图服务，通过实地采集、网络采集达到行业领先；拥有领先的地图渲染技术，性能提升10倍，所占空间降低80%，比传统地图软件节省流量超过90%；拥有专业在线导航功能，覆盖全国364个城市、全国道路里程352万公里，搭载最新高德在线导航引擎，全程语音指引提示，完善偏航判定和偏航重导功能；拥有AR虚拟实景功能，AR功能结合手机摄像头和用户位置、方向等信息，将信息点以更直观的方式展现给用户，发现和指引目标地点；拥有丰富的出行查询功能，满足地名信息查询、分类信息查询、公交换乘、驾车路线规划、公交线路查询、位置收藏夹等丰富的基础地理信息查询；拥有锁屏语音提示，即使手机在锁屏状态也能听到高德导航的语音提示，不用担心一直开着手机屏幕耗电大；拥有夜间导航HUD抬头提示功能，打开高德导航并开启HUD，把手机放到汽车挡风玻璃下，高德导航会把路线提示倒映到汽车挡风玻璃上，看起来特别方便。

高德地图的地理位置信息以频道主题的形式展现，所以用户能在"主题"界面看到酒店、优惠、演出、商场四个频道，新版高德地图还新增了美食和汽车两个新频道。其中，酒店频道是和携程网合作，整合了全国两万家酒店的信息，用户不仅能在高德地图上了解酒店的介绍、星级评分、详细的房价与酒店照片，还能直接拨打电话预订或通过页面预订。美食频道提供了附近餐厅、咖啡厅等场所的信息，如推荐菜谱、人均消费、营业时间以及氛围、图片等。汽车频道则包含了来自易车网的汽车销售和4S店，对有车的朋友来讲，会是一个很好的随行工具。

（二）微博签到

微博是一个基于用户关系信息分享、传播及获取的平台。

通过微博的位置签到功能，用户可以随时随地分享自己的地理位置，告诉微博好友你在哪里，也可以查看用户个人足迹，完成微博位置旅程，用户也可以通过别人的位置签到功能，查看别人的"足迹"。

根据新浪微博数据中心发布的《2015年微博旅游发展报告》，2015年度旅游景点热议度为5.47亿，景点签到数为1390万次，景点搜索数为1.33亿次。按以上维度，参与微博旅游的总用户数共计4574万人，其中提及旅游景点的用户数共计4494万人，签到用户数共计440万人，搜索用户数共计258万人。通过研究4574万旅游相关用户的用户重合情况，发现其中有178万用户在本年既有搜索景点的行为也有发博提及景点的行为，其中23万用户还有景点签到行为。

二、景区服务类

来到景区，旅游消费者无须排队，可以通过刷电子门票或者二维码直接进入景区游览。在景区里，旅游消费者可以使用免费Wi-Fi，通过导航地图、语音导览进行自助旅游，通过触摸屏查看景区旅游信息，通过360度全景查看景区及周边情况，通过微信"摇一摇"摇出各类信息，享受智慧景区带来的便利。

（一）免费Wi-Fi

移动互联网时代离不开免费无线局域网的支持，这是建设智慧景区的必要条件，依托免费Wi-Fi完成信息推动和智能导游。《关于进一步促进旅游投资和消费的若干意见》指出，全国4A以上景区在2020年实现Wi-Fi免费供应，相关智慧乡村旅游试点单位也应达到这一标准。景区无线Wi-Fi建设进程逐步加快，以智能手机为代表的移动终端可免费对接景区网络。

（二）二维码应用

为更好地响应当前旅游消费者多元化需求，旅游景区提供专门的二维码用于旅游消费者导览、入园游览和精准营销。景区二维码电子门票：旅游消费者自行网上订票，然后由电商直接将二维码发送至旅游消费者手机当中，凭借此二维码即可进入景区游览，避免旅游消费者耗时买票排队的烦恼，缩减入园时间，提高游览效率。景区做二维码导览：景区在部分景点前印有彩色二维码，旅游消费者选择相应景点自行扫描，系统自动显示网络页面，向旅游消费者呈现与景点有关的音频、文字与图片等，同时可播放为旅游消费者解析的规范化导游词，让旅游消费者了解到更多人文故事。不仅如此，为了更好地服务于不同国家的旅游消费者，景区提供了多种语言文字的资料，包括英文、中文、日语、韩语等，充分考虑到不同国家旅游消费者的游览需求。

（三）微信公众号

微信成为当前用户普遍拥有的通信工具。腾讯公司为第三方开发者提供专门的接口——微信公众号，不仅可以直接完成多媒体信息交流互动，同时能够自行完成网页跳转和自定义功能按钮。微信应用方面快捷且全面，用户无须再另行安装各种软件，对企业而言也能够减少成本投入。用户直接关注微信公众号便可获取所需信息，旅游消费者借助景区微信公众号可享受的具体功能包括：①获取语音信息、微信地图，完成景区导航；②购买景区纪念品，预订酒店、门票等；③介绍景区基本信息，展示景区历史文化，提供公共设施指引；④评论景点，展示各旅游消费者关于周边景点的评价；⑤"摇一摇"，了解周边旅游消费者评价以及相关活动和商家信息；⑥导游信息智能推荐及预约系统，参照旅游消费者定位内容为其提供景区预约服务，推送景点信息；⑦景区人流量查询，实时查找景区人流量，防止进入人流密集的景点；⑧720度街景展示，第一时间掌握景点信息与附近景区实况。

景区积极打造移动电商体系，用户可以直接在微信上购买门票、特产，预订客栈、餐饮等，通过微信支付提前付费，同时生成电子验证码、电子入场券等。除了在微信公众号内预订外，旅游消费者还可以通过扫码、社交分享等多种方式进行预订和购买。

（四）全景展示

三维立体全景展示景区环境，全方面呈现景区美景，带给观众良好的观景体验。观众根据景区游览图导览掌握景区景点全貌，自由选择和浏览各个景点。景区游览图导览是旅游景区全新的推广和宣传方式。

以故宫为代表的景区依托于360度全景技术完成网络展示，在移动互联网中即可获取"全景故宫"原貌。旅游消费者在手机中可从不同角度观看故宫内外多处景色，包括故宫园林与乾清宫在内的41座宫殿，并且旅游消费者可自动切换角度，控制图像大小，借助手机屏幕尽览故宫上千处美景。

全景类应用技术的核心是360度全景，实际是指借助专业相机从不同角度拍摄真实场景，保证各个场景角度都能够拍摄到位，全面记录下所有场景图像信息，然后依据顺序要求和点位划分不同照片，再借助软件合成目标图片，使其变为真实的三维空间场景，完成后即可供人观赏。

360度全景不同于"虚拟现实",它是指以街景的形式记录下所有场景,将其数字化后借助移动互联网技术完成开发与应用,最终呈现在智能终端上。基于360度全景技术展出的场景更具优势,如具有较强的交互性能、传达信息量丰富、沉浸感强烈、适用于不同形式的网络应用、文件传输便捷快速、文件规格较小等。

(五)微信打印机

微信打印机这款智能打印终端具备丰富的功能作用,如移动应用、娱乐、移动营销创新等。借助手机微信即可完成明信片扫描和打印,获得公众号粉丝关注。一方面可以与客户进行娱乐互动,另一方面有助于吸引公众号粉丝,完成店铺与微信之间的有效互动与营销。

部分景区针对旅游消费者设置专门的客户端,为方便旅游消费者选择提供多种不同功能,如行程规划、导航与语音解说等。还有一些景区以多媒体服务终端对接智慧旅游系统,通过触摸屏等形式直观了解景区信息。部分景区打造先进的智慧景区多媒体展示中心,依托各种先进的环境设备向旅游消费者展示景区景色,在光、电、声音等多媒体科技手法中,旅游消费者可以享受到更多真实、生动的游览体验,重现文物原貌、感受生物多样性、体会自然文化遗产的魅力等,充分畅游景区,感受高科技手段与景区游览结合后的新旅游模式。

第三节　旅游行后智慧化服务

在旅行结束后,旅游消费者或是选择微信朋友圈、微博等社交媒体进行总结分享,或是在 Trip Advisor、携程、去哪儿等在线旅游网站进行点评分享,或是通过 Flickr、Instagram 等图片共享网站进行旅行美图分享,抑或将整个旅程写成攻略发布在马蜂窝、穷游等网站供他人参考。旅游消费者不再局限于某一种途径的分享,他们会选择几种方式组合在不同类型的网站同时进行分享。

一、社交媒体

旅游后旅游消费者的社交媒体分享与旅途中旅游消费者的随时分享相似,都可以通过微信、微博、QQ 等工具进行分享。该部分主要分析微信朋友圈的功能,对于微博和 QQ 的相关情况,前文已进行详尽的分析,在此不再赘述。

微信朋友圈功能是微信的附属功能，用户可以自由选择安装和卸载，作为微信的附加功能具有灵活性。用户可以通过朋友圈发表文字和图片，同时可通过其他软件将文章或者音乐分享到朋友圈。用户可以对好友新发的照片进行"评论"或"点赞"，用户只能看共同好友的评论或点赞。

微信朋友圈的突出特征在于照片评论以及回复只有相互认识的人才能看到，这一点区别于人人网、QQ空间等软件，体现的正是一个"圈子"的概念，只有同一个圈子相互认识的人才能看到彼此交流回复，使得微信朋友圈具有广泛社交和私密社交的双重性质。从在朋友圈发布照片到照片的评论、回复、点赞，实现了由一对多发布信息到一对一交流信息的转换，使得交流更具私密性、具体性、真实性。

在微信所有的功能中，朋友圈功能使用率排名第一，朋友圈已成为用户手机社交的主阵地，用户表现出登录高频、点赞活跃、喜爱围观好友生活状态的行为特点。

二、OTA点评

在消费了无形的旅游产品后，旅游消费者乐于在网站上分享他们的真实感受和评价，特别是通过OTA预订的旅游产品，从而为他人的出行决策提供参考。

(一)Trip Advisor

Trip Advisor是全球第一的旅游评论网站，旅行者的真实评论是Trip Advisor最大的特点。Trip Advisor自成立之初，就专注于为旅行者提供真实可靠的旅游点评内容。用户可以在其网站上获取全球海量旅游消费者对于各个旅游目的地景点、酒店、餐厅的第一手反馈，这一方面可以帮助用户快速了解当地的风土民情，从而深度探索旅游目的地；另一方面也让用户通过点评规避旅游陷阱，在一定程度上保证了旅游的良好体验。目前Trip Advisor已成为一个大型的在线"数据库"，它拥有大量关于旅游目的地的信息，包括酒店、景点、餐厅等。在消费者旅游规划阶段，Trip Advisor通过真实的点评信息为旅游消费者的旅行规划提供决策参考，以帮助他们规划旅行线路。

2015年3月，Trip Advisor在调查了超过10万名旅游消费者和酒店业主后，推出了新的点评指南。调查发现，超过一半的人不会在未看过他人点评的情况下做出预定决策，酒店业主也在倾听这些点评者的声音；70%的受访企业，也借助于旅游消费者的点评，逐渐提升服务质量。美国旅游消费者认为他们写点评最重要的原因在于，"希望和其他人分享有用的信息"（88%），以及"发现点评很有用，所以希望回馈大家"（86%）。美国市场点评基本与全球范围内的趋势保持一致。为了保证点评的新鲜度，67%的美国旅游消费者表示，他们会在旅途或者体验的两天之内写下点评，72%的旅游消费者表示写点评的时间在

10分钟及以内。由此可见，点评成为很有力的工具，全世界各地的旅游消费者都依赖点评，帮助他们计划和预订旅途。

在Trip Advisor上，每次评分可获得5个积分，每完成一条点评就可获得100个积分。经常贡献内容的点评者会受到社区的认可，他们将获得"徽章"。这些徽章图表会在旅行者的头像或照片下方（其点评内容侧方）显示，Trip Advisor会向发布不同数量的点评的用户提供不同种类的徽章。点评者徽章，有时也被称为"Star Badges"（明星徽章）。特定类别徽章，显示出点评者曾针对用户正在查看的特定类别中的很多商家撰写了点评，比方说其发布了10条餐厅类的点评。城市徽章，显示出点评者曾撰写多少个城市的目的地或商家的点评。当旅行者认为他们所阅读的点评很有用时，那他们就会给这些内容投支持票，那么点评者就很有可能获取支持票徽章。如果点评者撰写了多个目的地的点评，那他就能获得环球旅行者徽章。

（二）携程

用户预订和体验了携程的旅游产品后，通过在携程上写点评赚取积分，从而兑换好礼。携程旅行网通过分析用户的真实点评和评分，发布多个点评报告，对酒店和旅行社等相关企业具有很大的参考价值，是利用大数据的典范。

（三）去哪儿网

用户在购买和使用去哪儿网的酒店、门票等产品后，通过发表点评获得经验值和积分，累计一定的积分可以免费住酒店、换实物、抽奖、获得试睡特权等。根据经验值的不同，去哪儿网将点评用户分为七个等级，各个等级对应相应的头衔名称，并且具有不同的等级特权。

除了普通用户的点评外，去哪儿网还开发了酒店点评的升级版——"砖家"点评。通过详细完整的文字和图片信息全面展示酒店的软硬件服务，满足专业"驴友"及特殊人士的酒店信息需求。这也是去哪儿网在业界首创的点评模式。"砖家"并不是真正的专家，而是从"草根"的角度，代表大多数消费者的需求对酒店进行详细深入的点评。

三、游记写作

旅游消费者在出游归来后，可以通过马蜂窝、穷游等网站进行游记写作，与他人分享自己的旅程，并为他人的旅行决策提供参考。

（一）马蜂窝旅行网

马蜂窝旅行网的写游记板块提供"新版游记"和"经典游记"两种方式供用户选择，有音乐有视频，元素丰富、美观，支持点名。新版游记可以增加段落、行程地图，可以给照片归类，还可以设定头图，给用户带来焕然一新的写游记体验。对于之前的经典游记，可选择一键升级为新版游记。第一次在马蜂窝发表游记的"蜂蜂"，将获得"首发大礼包"（包含100蜂蜜、5张明信片券、10000金币）。宝藏，是每个目的地页面下置顶的优秀游记。通常宝藏游记包含大量的实用信息，能从行程、景点、路线、交通、花费、语言等各方面为蜂蜂提供帮助，且作者有独特的视角和体会，思路清晰、语言精练、可读性强，极具参考意义。

（二）穷游网

穷游网主打出境自助游，游记都是境外旅游记录分享，而由游记衍生的旅游服务工具类功能非常全面，如行程助手功能，可以为每一篇已有的游记自动生成行程单，用户可以一键"复制行程单"，再根据自己的实际需求，自定义规划旅游线路和详细行程安排，并支持一键"导出行程单"，方便随时查看及办理签证使用。

穷游网写游记是穷游论坛里的一项功能，写游记需要选择发布的论坛板块，并添加标签。设有"创建行程单"选项，或者可以关联已有行程；设置"帖子电梯"，系统支持二级目录设置，"标题1"代表主标题，"标题2"代表副标题。选定之后，自动搭建电梯。点击发布页右侧功能列第一个图标"帖子电梯"，可以查看电梯，方便用户查阅。

第七章 数字经济背景下的智慧旅游营销

第一节 目的地智慧营销

一、智慧目的地的概念及分类

旅游目的地的概念大可以是一个国家、一个城市，小可以是一个小镇、一个村庄。对一个城市目的地来说，智慧城市与智慧目的地的建设概念几乎相似；对一个村庄目的地来说，智慧乡村和智慧目的地的建设概念相当。因此，目的地不同，智慧建设的内容和范围差异性也很大。但从旅游的角度来看，智慧目的地建设的核心内容还是主要围绕服务、管理、营销等方面。

（一）智慧目的地的概念及定义

目的地是一个旅游区域性的概念，智慧目的地根据不同的区域有不同的智慧目的地建设途径。如果是一个城市型目的地，它的智慧目的地建设与智慧城市建设有许多相关性；如果是一个景区型目的地（远离城市），它的智慧目的地建设与智慧景区建设有许多相关性。但智慧目的地建设有一个共同点——都是围绕旅游消费者的旅游服务展开智慧性建设的。

1. 智慧目的地的概念

为了便于研究和界定概念，根据旅游目的地的概念范围，我们将智慧旅游目的地的研究范围界定在市级目的地（含县级市）。从学术的角度看，智慧旅游目的地是指旅游目的地在智慧城市建设的同时，将旅游业放在突出的位置，智慧旅游目的地提供的核心旅游产品质量不仅依靠旅游企业，还包括旅游相关企业提供的支持活动，不仅有企业的旅游服务、管理和营销等活动，还有旅游目的地自身的服务、管理和营销活动，这些活动都依赖于信息通信技术的支撑，实现精准的管理与服务。因此，智慧目的地是利用"云计算"、物联网等平台为旅游消费者在旅游前、旅游中、旅游后的全程旅游接待活动提供敏捷的创意服务，实现多方位、差异化的旅游服务。具体而言，就是将旅游目的地的吸引要素（食、住、行、游、购、娱）和发展要素（文化、资讯、环境、科教、制度、综合）智能化地无缝衔接，使旅游目的地成为以旅游服务引领其他服务产业的新经济增长模式。此外，西班牙 SEGUTTUR 集团主席安东尼研究认为，智慧目的地是指因地制宜地在景区或旅游地引入先进的技术设施，在促进旅游消费者与环境深度互动的同时，保证旅游目的地可持续发展、和谐发展，同时还可借助这些技术设施改善当地居民的生活环境和质量。

因此，智慧目的地建设既涉及对旅游消费者的智慧服务，又涉及对当地居民的智慧服务；既涉及目的地旅游资源，又涉及与旅游相关的其他资源，其中涉及更多的是政府角度的智慧建设，如何为目的地旅游市场提供更好的管理与服务，如何管控旅游市场的发展以及旅游活动的安全。另外，还涉及政府智慧建设项目与旅游企业智慧建设项目的协同问题，最关键的是目的地大数据建设的使用和管理问题，这些建设都和政府与企业相关，如数据怎样才能相互访问和使用。因此，智慧目的地建设的规划、协调、分工是发展中的关键点。

2. 智慧目的地的定义

智慧目的地建设的目标是方便旅游消费者，使目的地的旅游能健康、和谐的发展。为了达到这样的目标，信息通信技术的应用是关键，借助于新技术使旅游目的地的管理、服务、营销能满足旅游消费者、企业、当地居民各自的需要，如旅游消费者能借助移动互联网轻松获取服务，企业能借助移动互联网轻松知道旅游消费者需要什么，当地居民借助移动互联网轻松了解目的地的市场环境。因此，智慧目的地的建设与政府、企业、旅游消费者、当地居民都相关，而且智慧建设必须由政府来统一规划，明确政府与企业不同的建设职责，共同打造目的地的智慧环境。根据这样的相关要求，我们可以给智慧目的地下一个简单的定义：所谓智慧目的地就是要求目的地的旅游活动能使政府、企业、旅游消费者、当地居民相互之间有感知，使目的地各类信息系统的数据相互之间可以无缝对接和流转，数据成为目的地旅游活动的生产力，政府通过目的地的旅游管控平台对所有旅游活动实现可视化，包括景区、乡村旅游点，形成目的地旅游数据、信息能智慧流转的生态系统。根据这一定义，目的地旅游需要一系列的智能型信息系统，利用云计算技术、物联网技术、定位技术、增强/虚拟现实技术、移动互联网技术等构建在线业务流程，使所有的技术系统在线化、网络化、平台化，形成目的地协同的智慧管理、智慧服务、智慧营销新业态。

智慧目的地建设除了自身的旅游内容以外，也和智慧城市、智慧社区建设的内容存在很大的相关性，有些智慧目的地还和智慧乡村旅游建设的内容相关。因此，目的地自身必须把针对旅游消费者的智慧型系统建好，然后构建目的地的智慧管控平台把管理与服务整合起来。有些地方的智慧旅游实践称其为一体化综合平台。这个智慧管控平台就是整合目的地的主要技术系统，以形成自身的数据中心，它可以实现目的地的智慧管理与服务，包括智慧营销。之后，不同的目的地机构可以通过管控平台的互联，形成更大区域的目的地智慧旅游架构。因为任何智慧建设只有通过管控平台互联才是最有效的，大旅游、大服务不可能直接与信息系统互联，这样智慧建设的成本更大，很难实现全域性旅游的智慧。

（二）智慧目的地的分类

不同类型智慧目的地的建设范围和内容差异很大。通常智慧目的地可分为省级智慧目的地、市级智慧目的地和区县级智慧目的地。简要了解这些智慧目的地的分类概念，对智慧目的地建设的重点内容可以有较好的把握。从政府的角度来说，智慧目的地是智慧旅游建设中的重点，目前还没有一个智慧目的地建设的有效规范。

1. 省级智慧目的地

建设省级旅游目的地的智慧旅游是为了展示和推广本省旅游形象，设置专门的网络口号标识，打造公共网络服务平台，形成特色化的省级智慧旅游，更重要的是以旅游推动省内各服务产业发展。所以，省级政府是省级智慧目的地建设的关键，由其提供主要建设资金，组织并领导省级智慧目的地建设，是重要的使用者和宣传者。政府官员组织智慧旅游小组成员设计与实施，全权负责这一过程的监督工作；通过与相关企业合作，购买企业服务与技术设备，打造公共服务平台，允许并支持其他企业投资参与。省级智慧目的地主要建设内容有两方面：第一，旅游公共服务；第二，基于景区的智慧管控平台。

2. 市级智慧目的地

从智慧目的地建设的力度与规模来看，市级旅游目的地处于区县级与省级之间。市级政府具有主导权，负责智慧规划建设、宣传、联系等工作。市级政府需要与省级政府联系并征求省级政府同意，才能开展智慧规划建设。市级智慧旅游建设的整体规划部署、资金拨划都需要获得上级部门的支持和指导。通常市级智慧目的地建设资金主要来自市级政府财政、省级政府财政以及企业投资等，大部分资金基本都投到企业激励当中。

市级的智慧旅游建设目标是打造公共服务平台，形成特有的网络标识，彰显独一无二的智慧旅游特色。市级智慧旅游目的地建设以省级智慧旅游建设为参照，吸收其最新成果和成功经验，基于自身特点与规划目标，集中于某一领域进行创新，以先进的技术应用作为资深闪光点，打造良好的旅游体验，并向全国推广宣传，建立特有的智慧旅游名片。

3. 区县级智慧目的地

区县级智慧目的地建设范围相对比较小，主要围绕旅游景区的智慧管理、服务与营销开展实体性的建设，涉及的建设项目较为具体。在总体建设框架上，区县级旅游目的地的智慧化建设一般更多地借助省级和市级智慧目的地建设的顶层设计规划，以及网络环境的支撑和成果。区县智慧旅游作为市级智慧旅游体系的组成部分和精细化延伸，或者作为区县整体城市规划中的旅游信息化总体要求来实施。区县级智慧旅游营销体系的构建还需要借助上级智慧城市和智慧旅游宣传平台和营销体系，并突出宣传区域内最为知名的旅游景区（点），可形成鲜明的智慧体验印象。

区县旅游的智慧管控平台是建设的重点，它既连接下面企业的具体智慧服务系统，又可以帮助企业连接和交换外部数据，因此智慧管控平台是大旅游中最基本的技术平台。

二、智慧目的地建设涉及的范围及内容

智慧旅游代表了旅游业未来发展的业态和潮流，目的地的旅游是否智慧关系着整个智慧旅游建设的推进，因此目的地智慧建设已成为我国旅游业向现代服务业迈进的重要途径之一。已有实践表明，智慧目的地规划建设需要以满足旅游消费者需求、服务旅游消费者行程为核心，以加快和扶持旅游信息化基础建设为重点，科学地应用新技术、新功能，不断调整和完善并逐步构建智慧旅游目的地的服务体系。

智慧目的地的建设架构主要围绕三大核心目标的实现而展开：一是为行业管理提供更高效、更智能化的信息管理平台，即目的地智慧管理体系；二是为各类旅游消费者提供更加便捷、智能化的旅游服务，即构建目的地智慧服务体系；三是促进目的地旅游品牌树立，塑造新型智慧旅游目的地形象，有效提高目的地营销效率和效益，即构建目的地智慧营销体系。

（一）目的地智慧管理体系

目的地智慧管理实现了传统旅游目的地管理向现代旅游目的地管理的转变，旅游行政管理部门通过与相关政府部门信息共享、协作联动，建立预测预警机制，进行联合管理服务和应急事件处置。在目的地智慧管理中，当地政府充当着引导者的角色，引导旅游景区及相关旅游企业开发运营智慧旅游产品，同时保证旅游消费者对于智慧旅游产品的及时获取和参与体验，不断摒弃传统目的地管理体系的弊端，充分发挥智慧目的地管理体系的优势。

目的地是否实现管理的智慧化，很重要的一方面是看当地旅游企业的经营管理是否智慧化。因此，智慧目的地管理体系建设的重要组成部分是推动传统的旅游景区、旅游饭店、旅行社等涉旅企业广泛采用智慧化的信息技术实现基础设施和核心业务的电子化管理。目的地智慧管理建设的另一方面，是推动政府部门着眼于目的地智慧管理体系建设，根据旅游市场宏观监管的需要开展智慧管理体系建设，如通过旅游舆情监控和数据分析，

挖掘旅游热点和旅游消费者兴趣点，引导旅游企业策划对应的智慧旅游产品，从而推动智慧目的地的旅游产品创新。同时，鼓励和支持旅游企业利用信息化技术改善经营流程，提升管理水平，增强产品和服务的竞争力，以增强旅游消费者、旅游资源、旅游企业和旅游主管部门之间的互动和信息感知，高效整合旅游资源，推动旅游业服务管理的智慧化发展。

（二）目的地智慧服务体系

目的地智慧服务体系是指通过智能传感网构成智慧网络，将旅游数据中心建设成为旅游公共服务平台的关键资源，使整个旅游目的地的景区、景点、酒店、交通、农家乐、会所等服务资源融入互联网或移动互联网，对目的地吸引物等资源进行全面、透彻、及时的感知，为旅游消费者提供智慧化的食、住、行、游、购、娱一体化服务的平台。典型的目的地智慧服务体系的建设目标是以旅游公共服务系统为主体，为提升目的地的旅游服务能力进行设计及规划。

从应用的实践看，目的地智慧服务体系总体架构一般由一个综合服务平台、若干个支撑体系以及相应的基础设施环境构成。一个平台是指目的地智慧旅游服务平台，包括窗口服务和后台管控；支撑体系是指旅游行业规范及监管、旅游产品及服务超市、语言服务交流响应、智能虚拟导游服务、跨平台感知及响应和综合运营中心等大数据支持，如旅游消费者流量预测系统、旅游消费者出行服务系统。这些支撑体系都可以是独立的处理系统或服务系统，但它们都整合在综合服务平台的框架下，实现数据的自动流转和使用。

在目的地的旅游消费者服务中，关键是旅游高峰时段的旅游消费者服务和疏导，让旅游消费者可以体验到高科技带来的旅游舒适感，这就需要精准的旅游消费者流量预测。

（三）目的地智慧营销体系

目的地机构的另一职能就是围绕旅游开展市场营销，因此旅游目的地智慧营销体系是智慧目的地建设的重要环节，也是建设的重要内容。在智慧旅游时代，政府需要转变角色，创新视角，进行旅游目的地智慧旅游营销。根据政府在智慧目的地架构中发挥的作用，智慧目的地营销体系可分为两类：政府主导型营销和政府引导型营销。

在政府主导型目的地智慧营销过程中，政府担任主导作用来推动目的地智慧旅游的发展。目的地智慧旅游营销体系的构建是一个系统工程，它涉及的利益主体众多、范围广泛，需要一个强有力的主导者。尤其旅游产业没有清晰的边界，政府在营销方面主导且能得到企业的认可，对政府的旅游部门是一个非常有挑战性的创新，正因为如此，目前在目的地真正做好智慧旅游营销的机构并不多。主导型旅游目的地政府智慧旅游营销的核心体现在政府主导上，包括对旅游政策的推动、规划把关、资金扶持和规范管理。但是需要指出的是，这不是要政府包揽所有，而是要互利互惠，是政府与市场两个层面的有机结合，或者说是这两种利益在新的层次达到政府主导型目的地智慧营销发展模式的新合作。政府主导型的智慧目的地营销多数出现在旅游"强、鲜、活"、旅游经济份额比较大的目的地，如浙江的奉化、淳安等处。

政府引导型的目的地智慧营销主要是鼓励相关企业参与到智慧营销体系的建设中来，采用各种方式进行智慧营销的建设。在政府引导型目的地智慧营销过程中，不是将企业营销与政府营销相结合，而是政府承担了地方旅游目的地形象的营销引导角色，具体的智慧营销还是由企业自己去做，或者政府制定相关的鼓励和激励政策。目的地智慧营销的最终目标是实现旅游消费者旅游体验舒适度和满意度的提升，政府在对公共基础设施和信息化投入的同时，应该积极引导中小企业积极参与、投入智慧旅游的建设与发展，通过有偿的商业信息服务补充和完善目的地智慧旅游营销体系，由主导型旅游目的地政府智慧营销向服务型，再逐步向旅游政府引导型目的地智慧营销转变，按照市场化运作整合各方优势资源，以旅游消费者互动体验为目标完善智慧目的地旅游的营销功能，以旅游资源整合开发为重点打造新型线上和线下旅游产品，为推动目的地旅游业智慧转型发展提供信息化的支撑。在这样的政策引导下，企业可以广泛地利用微信、微博、微电影、社区、微网站等建立自媒体平台，开展有效、个性化的智慧营销。

三、目的地智慧营销与新媒体

智慧目的地建设营销是重中之重，通过营销的智慧建设，把目的地吸引物以及企业的服务产品传播出去，从而提升目的地的旅游竞争力。

（一）目的地智慧营销的定义与特点

国内外传统的旅游目的地营销方式都在随着移动互联网的应用而改变，新技术和大数据的出现，又促进了智慧旅游新业态概念的提出，许多目的地积极探索新业态以适应智慧旅游带来的变化，目的地智慧营销概念应运而生。虽然目的地智慧营销还没有确切的定义，但它在实践中已明确了云计算、大数据、新媒体、移动互联网的运用，即目的地智慧营销通过整合实现新技术、新系统的灵活运用，使各系统能实现相互感知和数据流转，释放数据的流动性而提升信息的传播力，让接受者能参与到信息的传播中来，从而提升目的地营销的效率和效益。这区别于单纯的网络电子营销概念，它能集合不同营销理念和方式，以达到融合旅游目的地与旅游消费者的营销新模式。

目的地智慧营销的最显著特点是受众面广，可以覆盖更多的散客，且相互能够感知、互动，识别更多的目标受众。

（二）目的地智慧营销的建设重点

近几年来，旅游在我国国民经济中的比重越来越大，各级政府也越来越重视旅游产业的发展和市场营销。未来几年，旅游目的地的市场竞争将越来越激烈，尤其在旅游产业的转型升级中，仅仅依托资源而进行的粗放式经营将逐步成为历史，利用信息通信技术的科学旅游观将成为主要趋势。因此，目的地机构实施目的地智慧营销战略与策划，提前筹划和布局，是目的地营销赢得未来市场的关键。随着大数据应用的实施，各地旅游局正在依托大数据技术，在移动互联网的基础上，运用新一代信息技术、物联网、云计算等技术手段实施目的地智慧营销的系统性建设。现阶段，目的地机构的智慧营销建设重点主要体现在以下几方面：

1. 新技术运用的政府引导

目的地智慧营销的新技术运用需要政府引导，鼓励涉旅企业借助新兴技术手段转变营销方式。由于旅游企业较为分散且以中小企业居多，旅游企业的营销更多依托于目的地营销来实施。旅游目的地智慧营销首先要有政府系统的规划，进行顶层设计，引入先进的营销理念及手段，为当前、未来的客源做好战略引领和市场布局。随着旅游供需的变化，目的地之间的市场竞争日趋激烈，各地旅游局应当及早进行目的地智慧营销体系构建，从品牌打造、特色产品、细分市场、主题节庆等各方面进行布局，尤其借助新兴技术手段应对未来市场的变化，积极推进基于"互联网+营销"的智慧建设，利用"互联网+"改变和重组旅游供需，创造旅游的增量。

2. 用智慧营销创新推介模式

产品和广告推介模式是智慧营销建设的重点，目的地智慧营销需要创新产品广告推介模式，没有好的推介模式而盲目进行智慧系统建设是不可取的。精准广告已经成为广泛使用的目的地智慧营销方式，能够提供精确的定向和数据报告，有效地掌控旅游市场的网络舆情，通过对地域、时间、人群、行为实现精准定向，在各大网站、新媒体及移动端发布各类广告，能够对广告曝光量、广告点击量甚至广告互动量提供实时的监测和精确数据，为目的地智慧营销提供了很好的技术手段。因此，一个好的推介模式都是建立在精准定位和舆情可控的技术基础之上的。

3. 应把内容营销作为建设重点

目前有许多目的地营销系统，其内容或相关软文无法互动或流动，形成各系统的"信息孤岛"，营销内容无法在网络上相互接驳，对目的地旅游形象造成了很不利的影响。智慧营销可以有效地解决这个问题，只要目的地智慧营销注重采用内容营销的方式和有效的渠道整合，就可以有效提升目的地营销的效果。随着旅游消费者对传统广告越来越抗拒和忽视，内容营销已经跨越了传统公关软文的范围，正在成为最能够获得受众关注的沟通形式。可以说内容营销是信息时代情感流程互动的基础，由于旅游业的特点，在很多情况下，引人关注的旅游目的地软文内容或一个旅游消费者的游记文章在社交网络中自由流转，其产生的效果将远远超过半版报纸广告。

4. 新媒体在自媒体建设中的应用

新媒体特别适合小企业应用，形成自己的自媒体平台，是目的地智慧营销建设的绝佳阵地。目前的新媒体主要包括微博、微信等社交软件，如用微信打造专业性强、口碑好的微营销平台，已成为旅游饭店营销的首选。微营销是现阶段市场营销中极具威力的一种营销手段，微营销通过微博、微信等新媒体，可以有效地与消费者即时互动，吸引消费者参与。与传统营销手段相比，微营销具有更好的传播性和扩散性，以及更低的成本和更好的绿色环保效应。新媒体作为目的地智慧营销服务的一块新领域，近年来在旅游业界展现出强大的生命力。微博、微信、QQ等社会化媒体已经占据了年轻人移动网络社交大量的时间。

（三）目的地智慧营销中的新媒体

在目的地智慧建设中，新媒体的应用是最多且最有效果的，已成为智慧旅游营销的主要媒体。如浙江省的微信营销、旅游企业的微信服务号等，它们主要用于市场营销。既然新媒体在智慧营销建设中如此重要，这里有必要系统地介绍一下新媒体营销的概念、特点等。

1. 新媒体营销的概念

旅游目的地新媒体营销是相对于传统意义上的目的地营销提出的，主要是基于信息技术的社交网络，利用移动互联网作为营销载体而开展的目的地营销活动，如微博营销、微信营销等。新媒体不同于传统的广播、电视等媒体，它可以与信息接收者即时互动，快速知道营销的即时效果。如现在普遍使用的微信营销，旅游企业可以在微信平台上与旅游消费者直接互动，企业在自己的微信公众号上发布营销信息，营销过程中可以立即获知旅游消费者的响应情况，并掌控营销的互动效果。

在新媒体环境下，旅游企业营销的过程已经发生了方方面面的改变。从主体到客体，从营销渠道到信息反馈，都已不再是传统营销的运行模式。随着新媒体营销对传统目的地营销影响的不断深入，适应新媒体营销带来的改变成为旅游企业进行有效营销的前提，企业已开始利用新媒体建立自己的自媒体营销平台，而且自媒体平台的营销成本几乎可以忽略不计。

2. 新媒体营销的特点

目的地新媒体营销较传统营销具有营销范围全球化、营销模式双向化、营销过程简洁化等特点。近几年来，新媒体技术的发展使得营销不再锋芒毕露，不再是简单的产品推销，而变成了一种更加柔性化的信息传播存在。甚至新媒体营销可以不再需要第三方策划、制作、推广，完全由自己的自媒体平台直接操作。旅游目的地通过官方微博、官方微信、论坛社区的构建，都可以自己直接为旅游消费者传达目的地的旅游信息。这些信息涵盖了旅游目的地的各个方面，是对目的地最好的推广。移动的智能设备更为新媒体营销创造和提供了充分条件，身处户外的消费者在行程中只需要手机等移动终端，便可以获得目的地的旅游信息。

（1）目的地新媒体营销的全球化特点，主要基于互联网信息技术的新媒体传播从根本意义上实现了信息传播的跨地域性和跨渠道性，相对于报纸杂志、广播电视的地域性，这种网络传播的影响力优势显而易见。地球村不再是空谈，双向的信息沟通只需鼠标轻轻点击或手指点点便可以实现。旅游目的地营销在网络方式的基础上，已将移动互联网和移动传媒作为载体，以难以置信的速度覆盖着全球的受众旅游消费者。

（2）目的地新媒体营销的双向化特点，它是对旅游最有影响力的营销，因为旅游消费者需要这样的参与体验。传播学认为，新媒体营销的网络传播模式是双向的，营销的主客体界限模糊，使整个过程具有交互性。正是这种双向的交互性，使得新媒体营销不受时空的任何限制，而传统营销因受到时间、空间的限制，并不具备即时更新营销信息、实时满足旅游消费者需要的信息需求，营销效果也因此大打折扣。相对于传统意义上的目的地营销，新媒体营销在发布营销信息过程中，便可短时间内快速了解旅游消费者的反应和需求，并收取反馈信息，实时进行产品的重组与改进，真正实现定制化和个性化的服务。

（3）目的地新媒体营销的简洁化特点，是指它的过程和操作都非常简单，一般的旅游消费者都可以参与进来并进行即时互动。这种简洁化的特点可以为消费者节省大量时间，并可使消费者在短时间内货比三家，甚至让目的地做到按需提供产品，使市场调研与产品销售从某种意义上达到同步。在自媒体平台上，网上虚拟旅游体验、微电影、游戏场景等高科技广告植入，都使旅游产品的营销过程显得更加简洁且更为隐秘，在提高营销效率的同时，也更能赢得旅游消费者的喜爱，获得良好的营销效果和收益。

四、目的地智慧管理与智慧服务

管理与服务一直是旅游业转型升级中的核心问题，旅游业中反复研究的服务质量这个老问题，一直与旅游的管理有关，长期以来的粗放型旅游发展已经严重影响我国旅游业的可持续发展，服务的满意度困扰着旅游的发展。信息技术与旅游业的深度融合是实现智慧化管理和智慧化服务的有效途径。下面将介绍目的地智慧管理与智慧服务建设与应用。

（一）目的地智慧管理建设与应用

目的地智慧管理主要是针对旅游目的地的各项管理业务，如企业管理、服务管理、营销管理、市场管理等，利用信息化技术对旅游消费者、景点、酒店、旅游线路、交通工具以及其他类型的目的地旅游资源实现智慧化管理，全面提高管理水平，创造管理效益。目的地智慧管理将实现目的地传统管理方式向现代管理方式的转变，及时准确地掌握旅游消费者动态信息和景区经营信息，实现景区资源和旅游监管从被动处理、事后管理向过程管理和实时管理的转变。目的地智慧管理典型的应用如旅游消费者统计分析系统、旅游消费者智能疏导系统等。

1. 旅游消费者统计分析系统

旅游消费者统计分析系统主要采用监控设备、感应设备、分析设备、网络设备以及相应的智能统计软件，根据管理的需求实现对目的地旅游消费者的智慧性统计与分析。

旅游消费者统计分析系统通过整合移动运营商等社会资源，能够实现统计数据的标准化和规范性，使相关企事业单位在旅游消费者统计分析系统建设中实现成本最小化、效益最大化。通过移动通信基站、视频监控、GPS 定位、电子门禁等技术手段，建立全域化的旅游消费者统计分析系统。利用该系统对客流量、停留时间、移动轨迹、旅游消费等信息进行监测和分析，保障旅游消费者流的均衡化，避免局部景点极端客流高峰出现，减少叠加客流对旅游景区及城市正常运行的干扰，提高旅游交通管理的针对性、预见性和有效性。

2. 旅游消费者智能疏导系统

旅游消费者智能疏导系统主要采用视频技术、电子屏技术、大屏切换技术、网络接驳技术，结合无线监测网络和移动互联网技术，通过智能的信息接驳技术和应用软件，实现对目的地大范围内的旅游消费者疏导和管理，帮助旅游消费者避开旅游高峰的路堵和拥挤，以防止突发事件的旅游安全问题。

旅游消费者智能疏导系统主要基于旅游指挥调度中心大屏 GIS 平台，集中显示重要地段（如高速路口、车船码头、国道等）的交通和人流情况，可根据情况进行统一指挥调度，分流和疏导旅游消费者。对设置在通往旅游景区道路上的限流和分流卡点进行控制，根据各旅游景区的饱和程度、车流量和路况信息，分期分批进行放行或分流，控制临时停车场增补。系统发布信息的途径主要是网络，以及充分利用杭州市交通道路上的电子屏、车站码头的 LED 大屏等电子设施，综合运用全媒体、互联网以及移动终端等技术设备，及时向外界主动推送最近各主要旅游区域的旅游消费者数量情况、旅游服务接待能力等基本信息，通过信息化建设做好外宣，引导还未前来、准备前来旅游的旅游消费者避开高峰期购票、游览，以避免造成旅游消费者过多而引起等待、拥挤、踩踏。在发生应急事故时，实时接入旅游委员会应急联动响应系统和危机统一指挥决策系统，以便快速发布信息与应急处置。

（二）目的地智慧服务建设与应用

目的地智慧服务系统是智慧目的地的核心组成部分，是驱动智慧目的地建设不断前进的关键动力，也是旅游消费者智慧体验的重要内容。目的地智慧服务系统的服务内容面向旅游消费者游前、游中、游后的完整行程，包括旅游综合信息发布系统（含门户网站或微网站等）、个性专属行程定制系统、混合现实虚拟漫游系统、全程互动分享评价系统等。构建此类系统可更好地满足旅游消费者"食、住、行、游、购、娱"的需要，在改善旅游服务品质的同时，提升旅游服务的附加值。下面介绍旅游综合信息发布系统和混合现实虚拟漫游系统。

1. 旅游综合信息发布系统

旅游综合信息发布系统通过 PC、移动终端、触摸屏、LED 大屏、电视等终端，结合门户网站、微网站、微信平台等，实现多媒体信息的多屏、多系统同步发布。在云数据中心统一的信息使用模式基础上，通过丰富的信息载体传播旅游信息，实现同样的旅游信息在不同信息媒介上都有相对应的体现形式。系统注重旅游信息在不同载体上的表现形式和操作特征，让旅游消费者获得最佳用户体验。同时系统建立合理的信息传递和信息展示机制，并具有旅游信息纠错机制。系统通过整合已有的社会资源，可在全市重点区域铺设互动屏，实现旅游消费者中心、交通集散地、3 星级以上酒店、3A 级以上景区、较大规模社区服务中心的全覆盖。互动屏系统可与当地云数据中心无缝集成，能基于 GIS 地图，对分散的多媒体终端进行分时段、分内容的独立或批量控制。旅游消费者可以通过互动屏，实现目的地各景区景点的三维实景地图导览（展示、介绍和导游）、虚拟体验、电子商务服务（在线预订支付酒店、餐饮、飞机票、门票等）、即时分享服务（通过在触摸屏上集成摄像头功能，为旅游消费者提供拍照、留影等服务，并将其即时分享至个人微博或邮箱）和旅游资源推荐（触摸屏推荐和广告营销）等个性化、综合性服务。

2.混合现实虚拟漫游系统

混合现实虚拟漫游系统采用混合现实技术和虚拟现实技术,结合移动互联网和图像技术,将虚拟物体融合到真实环境中,或将真实物体融合到虚拟环境中。在混合现实中,旅游消费者用自己的手机就可以感受到景区真实世界的存在,利用附加的信息增强旅游消费者对景区真实世界的观察和感知,增强了旅游消费者对环境的真实体验,从而引起旅游消费者对景区游览的向往。

该系统主要采用虚拟现实、3DGIS、视频映射变换技术,结合GPS、跨媒体搜索、语音合成和互联网技术,构建一个实时、准确、信息量丰富和交互真实感强的立体空间展示系统等技术,并融入Blog、Web 2.0、SNS等理念,开发基于三维实景地图的虚拟游地图日记平台,创新双向互动的虚拟旅游服务模式,满足旅游消费者对游前、游中、游后的三维虚拟旅游空间的体验。

混合现实虚拟漫游系统构建在"一云多屏"系统平台上,有旅游消费者行程定制子系统、旅游消费者查询子系统、旅游消费者导览子系统等应用。其中的旅游消费者行程定制子系统充分满足了个性化旅游的发展需求,旅游消费者可以根据自己的时间要求安排游览行程。

第二节 体验智慧营销

一、虚拟旅游的概念与特点

虚拟旅游是指以包括虚拟现实在内的多种可视化方式,形成逼真的虚拟现实景区,使旅游消费者获得有关旅游景点信息、知识和体验的过程。通过互联网和其他载体,虚拟旅游将旅游景观动态地呈现在人们面前,旅游消费者可以根据自己的意愿来选择游览路线、速度及视点,还可以参与发生的事件,或与其他参与者进行交流。

虚拟旅游包括多维信息空间,使得人们在其建立的虚拟旅游环境中可以身临其境随心遨游。虚拟旅游具有沉浸性、交互性、超时空性、经济性、高技术性等特点,不受时间、空间、经济条件、环境条件等的限制,可以满足更多旅游消费者的游览和审美需求。

1.沉浸性

沉浸性指的是旅游消费者能够沉浸到计算机创造出的虚拟环境中,通过图像、声音、文字等多种感知方式,身临其境般体验虚拟旅游活动。

2. 交互性

交互性是指人们同计算机之间的沟通手段不断增加,可通过多种传感设备(如立体显示头盔、数据手套、立体眼镜、嗅觉传感器等)与多维的仿真环境进行互动。

3. 超时空性

虚拟旅游能将过去世界、现实世界和未来世界发生的事件和状态同时呈现,不受时空的限制,随时随地提供给访问者丰富的信息。

4. 经济性

信息技术使得访问者足不出户就能享受到虚拟旅游带来的独特体验,避免了交通、住宿等诸多费用,而且不受时间和天气的约束,大大降低了旅行成本。

5. 高技术性

虚拟旅游依托虚拟现实、三维建模、图像处理、仿真渲染、人机交互等现代化高科技手段,具有广泛的应用前景。

由于时间、空间、经济等客观因素的限制,大多数人的旅游需求难以得到充分的满足,基于信息技术的虚拟旅游就成为灵活、便捷的选择。

二、虚拟现实体验在旅游营销中的应用

(一)360度三维全景漫游体验

全景虚拟现实是通过360度相机环拍一组或者多组真实的场景图片,拼接成一个全景图像,利用计算机技术实现全方位观赏真实场景的技术。通过这种技术可以对场景中的游览路线、角度和游览速度进行自由调控,避免了被动接受的缺点;给用户更加充分的自由选择,具有较强的互动性;使游览过程不受时间和天气的影响,游览者可随意更换观察点,多角度细致地游览,满足其想要体验的多种需求。

1. 悉尼旅游消费者体验中心

悉尼旅游消费者体验中心通过融合最新的体感互动、沉浸体验、虚拟现实、社会化营销等新鲜元素,设计了"熊猫跑长城""飞跃张家界""空中遥控看中国""隔空学写毛笔字""裸眼3D看景点""360度全景中国""熊猫妙拍拍"等七大板块,利用最新的体感遥控,达到了让海外旅游消费者立体感知中国及中国旅游的目的。

2. 虚拟现实360度全景邮轮

精钻邮轮公司(Azamara Club Cruises)成立于2007年。在国外豪华旅游网站Virtuoso的旅游周上,发布了新的App,可提供一系列360度虚拟现实体验,让用户沉浸

在乘坐精钻旅程号（Azamara Journey）的虚拟轮船旅行中，体验到南美洲及中美洲停泊港的短途航行。从体验精钻旅程号的船上设施，到抵达哥斯达黎加玩滑索道，或到卡塔赫、哥伦比亚体验午夜马车之旅，精钻邮轮的这款App能帮助用户直观了解航行所提供的服务。

用户只需从App Store中下载，即可从四个视频选项中选取一个想看的进行播放，通过选择屏幕下方菜单栏中的手形图标，便能通过手指在屏幕上进行拖动，将视频上下移动或360度旋转；通过选择屏幕下方的VR选项，用户可使用带有Google Cardboard耳机的设备，进行虚拟现实体验。

3. 湖南景区虚拟旅游体验项目

2016年3月5日，虚拟现实旅游体验项目在湖南平江石牛寨景区成功开展。旅游消费者只需戴上一副虚拟现实眼镜，就可在悠扬流畅的背景音乐中感受平江石牛寨的神奇。全程的飞跃中，可360度上下左右感受周围的景观，时而轻松飞翔，时而激情穿越。无论是惊险刺激的玻璃桥，还是宏伟大气的百里丹霞，甚至是一些难以捕捉到的不寻常美景，都可以体验到。

（二）仿真4D虚拟现实旅游体验

万豪酒店于2014年推出的"瞬间传送器"4D虚拟现实旅游体验项目，只需参与者利用手中的智能手机，戴上一副虚拟现实眼镜，就可以畅游全球各地。并根据所需，定制旅游体验。比如说，与你同行的人如有行动不便者，可以找无台阶路线游完整个小镇，甚至与你所到的地方环境元素进行互动。

（三）虚拟旅游平台

虚拟旅游平台包含多个不同模块，是一个智能化系统，拥有电子商务、旅游服务信息、虚拟旅游体验及旅游互动交流等多项服务。

1. 虚拟景观游览

虚拟景观游览系统利用网络重现景区实景，在虚拟旅游中虚拟景观游览系统占据重要地位。该系统凭借智能导游系统与导航模块为旅游消费者设定适合的线路漫游，当然旅游消费者也可自行选定线路漫游，自由观赏景区景色。同时可以自主切换角色情景，改变虚拟人物手势了解更多人文历史，继而获得真实生动的旅游体验。

2. 旅游信息服务

虚拟旅游衍生于现实旅游，它是一种实地旅游前的体验角色，虚拟旅游的存在让有旅游意愿的旅游消费者掌握了更多旅游目的地的信息。在智能化工具的支持下，虚拟旅游涵盖旅游消费者旅游过程中各个方面的信息咨询服务，从食宿、出行、娱乐和购物等方面满足旅游消费者需求，为旅游消费者规划旅游行程，是一个规范性的网络应用服务平台。

3. 旅游电子商务

对旅游爱好者和旅游机构而言，虚拟旅游社区与虚拟旅游景观浏览系统本身具有无限魅力。这一新兴电子商务平台能够为旅游消费者提供所需产品和服务，满足其旅游需求。以美国"第二人生"网站为例，在该网站中设置了上千个世界虚拟旅游景点，这些景点可供460万会员游览和观赏。网站与众多和旅游相关的机构合作，如航空公司、酒店等，让旅游消费者在网上即可完成订购与预定。

4. 虚拟旅游社区服务

在互联网的支撑下，人们以旅游生活为主题建立的生活空间即为虚拟旅游社区。社区成员针对旅游展开交流互动，包括介绍旅游胜地，提供旅游交通信息、酒店信息以及交流路线，还包括景区货币兑换点、开放时间、票价打折情况，交流自己的旅游体验、交换旅游攻略以及景点公厕位置等。总的来说，虚拟旅游社区能够满足旅游爱好者的旅游需求，一方面有助于旅游消费者相互分享自己的旅游故事和经验，升华旅游体验；另一方面，通过彼此交流丰富旅游知识，作为后续旅游的参考和借鉴。

第三节 服务智慧营销

一、用户画像

用户画像指的是以标签化的方式将用户的信息更好地呈现出来。一方面，通过标签化的方式进行呈现，充分体现出其结构化的优势，计算机能在最短的时间内进行处理；另一方面，从标签自身而言，它的准确性较高，非二义性也是其重要的特征之一，这也使人工处理数据时更为便捷，数据整理的难度降低。

（一）基于百度大数据的旅游营销

1. 百度"大数据+"

百度"大数据+"，是建立在百度多元化的数据基础之上的，它也和行业垂直数据之间有着密切的联系，二者的结合尤为紧密。将众多用户的标签数据挖掘出来，有助于引导行业客户对空间数据进行更为细致的了解，这种洞察是全方位的；探索极具深度的模型，让百度大脑的优势真正发挥出来，彰显深度学习的内在价值，引导行业客户对行业的未来发展进行预判，详细分析客群的基本类型，对定价进行准确的判断，有效开展风险控制等；同时，可以与旅游、保险、金融、房地产等行业开展针对性合作。

2. 百度大数据用户画像

在海量网络数据的基础上，发挥百度的内在优势，利用其数据分析能力，更加有针对性地开展在线服务，引导企业准确定位消费者不同层次的需求，了解他们的兴趣与爱好，更加有针对性地进行内容的推荐，确保服务品质。百度大数据用户画像涵盖的领域较多，主要包括个体爱好、生活习惯、工作学习以及消费选择领域，兴趣标签的数量超过了300个，它从多维度、多元化视角对特定群体的兴趣选择、日常习惯进行了分析。

（二）基于微博数据的旅游营销

1. 用户属性与用户兴趣

用户属性针对的是较具稳定性的人口属性，主要指的是我们常说的区域、年龄、性别、单位、学历以及年龄跨度等。在对上述数据进行搜集时，要立足于产品自身，通过调研、产品引导等方式开展。用户在使用微博时首先要进行注册，完善自身的信息，然后将信息提交审核，选择最佳的合作对象。在对用户的数据进行搜集时，要对标签进行规范引导，对各种信息进行交叉验证。用户兴趣呈现出动态变化的明显特点，影响兴趣的要素很多，环境、时政信息、群体以及行业特点等都会对其产生影响。在上述要素发生变化之后，用户的信息随之也会产生变化。其次，用户行为不是一成不变的，它呈现出明显的碎片化特点，用户兴趣会通过他们的行为直接反映出来。

2. 旅游大数据的充分利用

无论是站在数据角度还是数据量角度来看，社交互联网包含着多种类型的信息资源。社交网络包含着多种数据，平台的发展要求其在数据处理方面做出更多有益的探索，将其背后的数据资源优势充分释放出来，以数据为媒介进行消费场景的撮合，是各个社交网络需要做出的有益尝试。

（三）基于电信数据的旅游营销

利用客户的通话信息、终端位置、互联网检索等信息，运营商能够将客户的消费选择、互联网检索行为以及消费行为进行分类。同时，可以通过数据挖掘技术对特定的客户进行类别的划分，将客户的画像进行全方位完善，引导运营商更好地把握客户的自我兴趣、行为选择等。

1. 精准营销和实时营销

在完成对客户的画像之后，运营商对客户的特点有了详细的把握，也能够在终端类型、套餐资讯、用户和业务、使用网络之间完美匹配；同时，还能够更好地满足客户对于推送形式、推送路径等方面的需要，更好地进行精准营销。例如，我们能够通过大数据了解用户的消费层次，分析用户可能在哪个阶段换机，特别是要分析合约机在何时到期，根据发生在用户身边的事件，分析他们的终端购买时间，然后通过营业厅、短信发送等方式将营销信息更有针对性地推送给用户。

2. 个性化推荐

通过了解客户习惯、个体爱好以及客户终端信息，运营商能够将更具针对性的服务推送给客户，这有助于产品进行进一步优化，完善定价机制，确保营销更具个性化特点，让客户获得最佳的体验；也可以选择应用商城中的匹配服务，通过电商平台进行准确的推荐，将他们感兴趣的内容推荐给用户。

二、LBS 新的商业模式

（一）LBS 的概念

LBS 指的是"基于位置的服务"（Location Based Services），也就是利用互联网通信设备，发挥 GPS、基站等信息技术的优势，充分利用好 GIS 系统，凭借电脑、平板或者是手机确定用户当前的详细位置，通过资讯、语音、彩信或者是网页等路径为用户提供相关的服务。

（二）LBS 的功能与应用

提供和位置相关的服务需要经过以下两个方面：一为定位过程，也就是要明确用户当前的具体位置，精确到经纬度的详细数据，一般情况下上述信息不能提供给客户；二为定位服务过程，也就是完成一些与定位相关的业务，帮助用户获得定位信息。当前，旅游业对位置服务的应用主要集中在下述几个方面：

1. 旅游消费者自己手动的信息检索服务

旅游消费者的手动检索主要有地图查询、公交路线搜索、最优化路径、乘车时间预计、饭店餐馆信息等。如果你想搜索附近旅游景点，打开大众点评等 App 的网页，它会自动定位你所在的位置，显示周围的旅游景点，比传统的检索服务更省时省力。

2. 旅游企业向旅游消费者手机终端发送的信息服务

随着智能手机的普及，越来越多的商家在手机广告上花起了心思。各种各样的短信不断地发送到每一个手机用户端，但是这样的效果并不见得好，许多信息反而引起了消费者的反感，主要原因就是消费者在没有消费的想法时收到了这样的短信。但是基于位置的服务可以改变消费者的这一感受。比如，当旅游消费者从一个地方到达另一个地方时，旅游部门向其发送欢迎短信，并附带该地区的特色文化、旅游景点、便捷的交通饭店信息等，自然会获得旅游消费者的好感，从而促使其做出消费决策。

3. 旅游过程中的应急处理

旅行社组团业务中，一个导游要照看多位旅游消费者，同时还要向旅游消费者讲解景点景区的内容，稍有疏忽，就会发生人员走失的情况，给导游的工作带来了极大的麻烦，也会耽误全团人员的旅程。一旦发生这样的情况，基于位置的服务中有一个功能可以帮助导游解决问题。Friend Finder 是一个"找朋友"的定位服务，只要朋友同意，它能使用户通过手机迅速而轻松地熟悉朋友所在的位置，无论是在附近还是在全球范围内。它主要是通过无线网络提供定位数据：定位网关通过适当的定位方法确定手机用户位置信息，中间件根据用户隐私设置将位置信息发给应用程序（Friend Finder），应用程序从中间件提取手机用户位置信息，使用户能够找到朋友。导游在带团过程中可以利用该功能轻松找到走失的旅游消费者。

同时旅游消费者在外出旅游中如发生旅游紧急事件，而自己又对周围情况不熟悉，不知道是什么地方，通过拨打 110，接线员就会根据其无线网络定位准确获知旅游消费者的位置，并施以援助。这就是基于位置服务中的 Safety First（安全第一）服务。

（三）基于 LBS 的旅游服务

借助手持终端的互联网地图服务，发展基于 LBS 的景区导游图主要包括以下内容：

1. 基于 LBS 的旅游社交

为了更好地实现对于社交媒体的用户人群的吸引，不少 LBS 网站将自己的信息通过多种途径分享给 SNS。比如，腾讯微博、Foursquare、新浪微博及人人网等，它们都已经建立了数据分享的链接，能够将实时信息通过平台分享出去，促进信息的同步。企业通过自己的平台把信息分享出去，用户就可以进行数据的检索，包括交通、住宿以及目的地信息。系统将上述信息匹配给相关的用户，更多的用户能够浏览到企业的资讯，双方的联系变得更为紧密，更多的商业机会也就被创建出来。

2. 位置签到

位置签到服务以互联网为基础，将位置服务进行了不断延伸。位置服务指的是通过电信网络，发挥 GPS、基站的优势，利用 GIS，更好地掌握用户当前的具体位置，然后以语音、短信以及相关软件的方式为用户提供有关的位置服务。

位置签到服务在上述概念的基础上加入了主动签到机制（Check In），根据信息的提示提供头衔以及勋章，将当地的多元化信息整合起来，提供个体社交、生活资讯以及游戏元素等，将其应用于具体的生活场景之中，在此基础上完成用户聚合。其特征主要包括以下几个方面：①将用户签到机制进行有效的引进，它以位置服务为基础，将用户和准确的地理信息绑定在一起；②在签到完成之后，提供整合服务与位置服务，推动用户之间的交互；③围绕垂直签到企业，开展多元化的特色业务。

3. 好友互动

发挥 LBS 的交互作用，使其好友交互功能得到凸显，最具代表性的为微博、微信。微信能够将当前你的具体位置分享给好友，朋友能够在第一时间准确定位你的位置。利用用户的具体位置，微信能够将附近打开同样功能的人群推送给你，用户很容易就能找到附近使用微信的特定人群；同时，也可以利用"摇一摇"摇到附近的好友。微博的一款新产品为"微博这里"，发微博时自带定位功能，能够准确显示自己的位置。

第八章 数字经济背景下智慧旅游场景应用实践

第一节 景区场景应用

一、智慧景区的概念和内涵

智慧景区即利用互联网技术,感知周边的自然资源、客户行为、游览路线、基础设备及基础服务,这种感知是十分全面和详细的;通过可视化的方式实现对景区从业者、旅游消费者的管理;与相关的企业进行有效的战略联盟,促进景区经济、社会以及环境的协同发展,进而引导经济可持续建设的步伐。[①] 智慧景区要把景区的优势充分体现出来,将最新的理念进行合理化运用,推进科技成果研发,构建智慧网络。景区管理中应用智慧网络,能够对旅游资源进行合理的保护,确保提供的服务品质更高,获得更好的成效。在景区管理中运用智慧网络,能够对旅游资源进行更好的保护,确保提供的服务质量更高,取得更大的经济效益。"智慧景区"将景区的特征充分挖掘出来,对文明的成果进行更好的运用,搭建智慧网络的运作体系,更好地促进景区向着智能化的方向发展;将前沿的技术成果进行更好的运用,与景区管理进行全面化运用,对旅游资源进行合理的保护,确保旅游消费者享受到的服务更加优质,促进经济、社会以及景区环境的和谐发展。总之,"智慧景区"从经济、环境、社会等不同的维度进行了感知,更好地促进互联互通,创设具有创新性的景区管理系统。

"智慧景区"具有十分丰富的内涵,其内容主要涵盖以下方面:第一,通过物联网对景区设备、景区从业人员、自然环境进行监测。第二,以可视化的方式实现对旅游消费者和从业者进行管理。第三,通过最新的管理思维和数字技术对景区组织体系进行调整,确保景区的服务流程更佳。第四,科研院所、高等院校、酒店、互联网公司构筑战略联盟,确保智慧景区的管理有了强大的智力支撑。第五,智慧景区建设是为了确保遗产资源得到更为完整的保护,提升服务品质,推进协同发展。

---

① 秦佳良,涂铁涵. 庐山风景区营销现状、问题及策略分析 [J]. 现代商业,2021(7):88—93.

二、智慧景区建设的必要性分析

（一）信息技术发展的需要

信息技术发展速度创历史新高，旅游景区的思维模式、管理方式都发生了翻天覆地的变化。未来的景区会向着信息化、智能化的方向持续推进，这也使景区发展获得了更大的空间。从景区的角度而言，要把握机遇，提升服务质量。

（二）打破"数字景区"建设瓶颈的需要

我国自从 21 世纪初就开始建设"数字景区"，发展理念比较先进，但是现实硬件基础设施跟不上导致"数字景区"建设效果较差，浪费了大量的人力、物力、财力。景区智能化建设是旅游服务提质升级的必要方式和重要手段，"智慧景区"建设需要从"数字景区"建设中吸取教训，总结经验，打破系统孤立、技术人员缺乏、资金缺乏的三大发展瓶颈。

（三）景区可持续发展的需要

"智慧景区"能够助力景区对不断变化的信息进行捕捉，确保景区建设更为高质量。旅游景区的生态系统、社会以及经济都需要可持续发展，上述几个方面彼此联系。景区的旅游资源如果能够持续发展，经济建设才会更为稳定和可持续，进而确保社会的可持续建设。然而，由于经济建设和生态建设之间存在一定的矛盾，就需要发挥"智慧景区"的优势，对旅游消费者行为、气候、环境、植物和动物资源等信息进行更好的把握，帮助管理者做出有效的决策。所以，要构筑高效、完善的信息化体系，确保业务流程不断优化，构筑具有创新能力的队伍，对于景区的持续化发展具有无可替代的重要意义。

三、智慧景区建设的主要举措

智慧景区的建设比较复杂，是应用最新技术、结合最新管理理论，对景区硬件和软件设施进行系统化、智慧化提质改造的过程。其建设举措主要包括信息化建设、学习型组织创建、业务流程优化、战略联盟和危机管理。

（一）信息化建设

"智慧景区"建设要以信息化为基础，信息化建设是建立在产业经济学、系统工程基础上，依托通信网络、计算机技术以及互联网技术，集成 EB、GPS、RS 以及 RFID 等现代化技术，将各种旅游资讯有效整合起来，完善信息基础设备，构筑信息化平台，确保其为旅游景区建设提供强大的动力支持，为景区高质量发展和高品质管理做出重要贡献。信息化建设使得信息的传递速度变快，信息加工的效率更高，从经济、环境、社会三个维度感知景区，确保各种信息能够进行准确的传递，为决策者提供强有力的科学支持，旅游消费者才能够获得有价值的资讯。其内容主要包括以下方面：

1. 数据库

内容丰富、更新及时、数据共享的数据库是景区信息化建设的基础。旅游数据从产生到利用，需要经过数据采集、数据分类、数据选择、数据加载的过程。传统的旅游管理、管理效率和服务质量已经不能满足旅游消费者日益增长的需求，应发挥现代信息技术的引领作用，提高旅游数字化的发展速度。

2. 物联网

物联网建设是景区管理自组织系统形成的关键。当前，物联网正在全球蓬勃发展，人们对这项新技术充满了探索的欲望。由于移动增强现实技术的移动性和灵活性，可以将物联网应用于景区，智能展示景区深层的文化内涵，使旅游消费者在游览美景的同时，能更方便地获得景点的深层次文化内涵和历史内涵，使旅游消费者能够全面享受旅游过程。旅游景区也可以通过物联网及时掌握景区内自然环境、气候灾害、人员活动等信息，促进景区可视化发展。

3. 旅游地理信息系统

旅游地理信息系统建立在数据库基础上，发挥计算机软件的优势，通过运用信息科学技术，以综合化的方式动态获得、分析、加工和运用旅游地理信息。旅游地理信息系统有助于管理者了解个体和自然、自然和自然之间的内在联系，对未来的发展趋势给出科学的预判。

4. 旅游电子商务平台和门禁系统

旅游景区需要对数据进行有效的加工，对其进行整理，确保能够为旅游消费者提供高质量的服务，提升管理质量。

5. 景区网页和办公自动化系统

建设景区网页需要注意下述几个方面的内容：第一，要确保网页具有多元化功能；第二，结合客源群体的特征，用不同的语言展示网页；第三，定期开展网页维护，确保信息的动态更新；第四，构筑互联网与景区相互交流的渠道；第五，引进自动化系统（OA），通过网络平台进行办公，使办事过程变得更为简单，办事效率不断提高。

6. 网上营销系统

发挥景区网站的优势，提高营销质量。比如，可以选择一些具有权威性的网站开展合作，增设旅游栏目，发挥 Web GIS 的优势，对客源进行详细化分析，确保营销的精准性。上述方式都能够促进互联网营销更好地开展，使景区知名度不断提升。

7. 高峰期旅游消费者分流系统

旅游景区在对旅游消费者进行分流时，可以通过多种方式，包括门禁、预定或者是游览车分流等多种方式。发挥分流系统的优势，旅游消费者的分布才会变得更为均衡，对资源产生的破坏才会不断减少，能够对景区进行较大程度的保护，其意义十分重大。

8. 综合决策平台

旅游景区要构筑属于自己的决策平台，发挥景区信息管理的优势，对景区的各种信息进行科学化处置，确保景区管理取得实效，推进其可视化发展的步伐。

（二）学习型组织创建

学习型组织建设为"智慧景区"增添了持续发展的动力。对旅游景区而言，可以利用思政教育、常规考核以及技术培训的方式培育综合素养高、创新能力强、具有拼搏精神的复合型人才。

（三）业务流程优化

业务流程优化从不同的维度来展开，从观念、流程以及组织等方面实施高品质建设。其中，流程优化主要指的是促进自动化办公、实施智能化监测等诸多方面。

（四）战略联盟

"智慧景区"建设需要依托多个主体机构，主要包括科研机构、航空公司、酒店、互联网公司等，它们共同签订协议实现资源的共享，彼此之间进行优势互补，面临的风险需要共同承担，构筑多元流动的统一体。战略联盟最大的好处就在于它能够最大化地节约资源，降低成本，使得运营可能面临的风险最小化，确保旅游景区具有更强的竞争优势；同时，还能够解决资金问题，破解人才不足、技术欠缺等劣势。在构筑战略联盟之前，旅游景区要对自己的伙伴进行筛选，联盟建立之后还需要实时进行调整，避免联盟成员因为各种原因出现目标不同、恶性竞争等问题。

（五）危机管理

危机管理对于景区的可持续发展至关重要，是否能够有效应对各种危机是"智慧景区"建设成败的试金石。"智慧景区"的建设不仅要加强景区常态化管理，更应努力提高危机管理水平。旅游景区应在物联网基础上建设智能监测系统、风险评估系统、应急响应系统和危机决策系统，这样才能有效应对火灾、洪水、极端天气、地震、泥石流等自然灾害，以及瘟疫、恐怖袭击等突发事件对"智慧景区"建设的冲击，避免或减少对旅游消费者、社区居民、景区工作人员的人身和财产造成的伤害和损失。

信息化建设、学习型组织创建、业务流程优化、战略联盟和危机管理五者之间相互联系、相互影响，一起构成建设"智慧景区"的路径。信息化建设由景区管理团队来进行，团队素质和工作效率高低直接决定着信息化建设的成败。景区管理团队对景区进行管理需要运用现代信息技术，毕竟巧妇难为无米之炊。信息化建设为战略联盟的构建搭建了平台，战略联盟整合了信息化建设所需要的资金、技术、人才和市场。业务流程优化是运用新的管理理念和现代信息技术对传统流程进行改造，同时也是信息化技术在景区的具体应用。危机的成功管理，既需要一支业务素质过硬的团队，也需要先进的技术支撑；既需要业务流程的畅通无阻，也需要盟友们的大力支持。

四、智慧景区的建设阶段

要构建和最终实现智慧旅游，数据（data）是根源，是基础。数据如何采集、如何统计，采取何种科学分析方法，如何对数据进行挖掘，最终实现数据价值应用，这一脉络线条，也是数据价值实现的必然途径。因此，旅游统计建设数据体系必然要改革。

统一各项数据指标是根本基础，建设搭建共享大数据产业平台是最终目标，而支持各地方景区信息化建设和发展则是必由途径。

智慧景区的建设来源于旅游行为过程、旅游消费者体验及景区管理业务需求，景区要实现智慧化建设，要满足四大刚性需求：基础设施、管理决策、旅游消费者服务和宣传营销。而要实现一个景区的智慧化建设，则需要经历以下三个阶段：

（一）建设及优化网络阶段

数字信息化时代，网络是必需品，智能无线Wi-Fi是景区信息化的根基。所以首先要对景区的无线网络进行建设，打造景区的IT设施，智能无线Wi-Fi需要按需实现无缝的全景区覆盖建设，覆盖景区热点位置、室内、餐馆、服务中心、大门出入口、室外人流热点及停留休息区。

（二）业务服务上线阶段

业务服务载体可以是App，也可以是微信公众号或是小程序等。第一，旅游消费者可以通过业务服务载体连接Wi-Fi，可以通过移动微支付直接购票，获取电子凭证，通过门禁系统直接进出景区。第二，景区可在各重要景色、景点铺设二维码，旅游消费者通过服务载体扫描即可获取景点的各项资料。第三，通过技术也可以将整个景区实现景区导览地图电子化，并利用LBS（移动定位服务）或其他地理位置信息定位技术，实现针对每个旅游消费者自身的在其服务载体上显现的地理位置坐标和游览导览线路。第四，通过景区该业务服务载体，旅游消费者可以在景区甚至周边的餐厅、超市、酒店购买产品或服务，甚至可以提前在线支付下单，到店直接提货，杜绝了旅途中大量排队对时间的无用消耗。第五，各类互动营销服务，可在服务载体上开展各种类型的活动形式，如微信摇一摇、定时抽奖、免费景点门票、分享传播信息获取优惠券或者消费折扣等。第六，景区消息推送，可通过服务载体，将景区的各种信息第一时间推送到旅游消费者的手机中。第七，VR／AR技术结合，可将重点景色依托VR/AR技术在服务载体上实现景色的"真实还原"，吸引旅游消费者至景观游览。第八，强化在线支付，通过载体和景区内管理体制，强化引导旅游消费者各项消费的在线支付场景化，实现对各项消费场景的消费数据统计，消费数据有所依，那么旅游业经济增长数据才有所信。

（三）数据分析和数据应用阶段

正是因为有了前两个阶段的基础，才能为该景区科学合理规划旅游消费者数量（个体）、景点旅游消费者分布、消费情况、行为轨迹数据、停留时长、安全监控等提供数据支撑。数据的价值在于应用和洞察，当解决了数据的信息获取来源与真实性问题后，将市场和营销方法与精准的数据画像建设相结合，获得不同数据画像对应背后个体的各项指标预测，就可以将景区的营销推广变得精准化、个性化、针对化。

只有先让景区实现"智慧化"，逐渐对接更多的旅游业周边产业，当越来越多的指标均以信息化的数据（data）形式存在时，产业的数据价值才能够真正反映行业发展趋势，也只有各景区首先实现了信息化，方能层层递进，实现到地区区域的旅游数据指标真实统计，最终完成国家整体旅游业的数据化展现，旅游消费者和从业人士才能从中获得更大的益处。

五、智慧景区的建设内容

目前，国家旅游部门对智慧景区建设提出了指导性的意见，主要包括以下方面：

（一）通信网络

智慧景区应该覆盖无线宽带网络，方便旅游消费者在景区内流畅上网。此外，景区内还应配备数量充足的公用电话，部署报警点，并张贴投诉电话、咨询电话、救援电话等联系方式，方便旅游消费者进行联系。

（二）景区综合管理

景区综合管理主要包括视频监控和人流监控两个方面。视频监控应覆盖全景区，并能重点监控人流密集区、事故多发区等地段，视频监控应能够实现远程观看内容，支持检索和调取历史视频，录像数据存储保留时间应不低于15天。人流监控能实现出入口人流技术管理、实时统计旅游消费者总流量、流量超限能自动报警提醒等功能。

（三）景观资源管理

景观资源管理主要包括对景区内资源和生态环境进行监管，如遗产资源、动物资源、文物资源、气象、水质、空气质量、土壤酸碱度等，运用现代科学管理手段进行数字化和信息化记录、监控、保存、维护等，以便更好地管理景观资源。

（四）财务管理

使用专业的财务管理软件，对景区内资产、筹资、投资、税金、利润、成本等费用进行便捷化、信息化的管理。

（五）办公自动化

办公自动化主要包括电子化考勤、动态展示工作人员状态、电子邮件、审批管理、财务结算管理、发布新闻等功能，办公自动化实现了无纸化办公，极大地提高了工作效率。

（六）资源管理

利用现代化的信息化科学管理手段，形成一套包含商铺经营、合同管理、物业规范等内容的管理体系。

（七）广播系统

广播系统应由景区指挥中心和指挥调度中心统一调度，并覆盖全景区，平时播放音乐和游览注意事项等，当紧急情况发生时，可立即转换为紧急广播。

（八）应急处置响应系统

智慧景区应建设旅游应急处置响应系统，并备有紧急情况预案。当紧急情况发生时，能够对突发事件有条不紊地进行指挥调度并提供救援服务。[①]

（九）指挥调度中心

指挥调度中心在智慧景区运营中起到了至关重要的作用，就像人类的大脑对其余各个部分进行指挥调度、协调、控制，拥有监控终端的控制权。

（十）电子门票、电子门禁

智慧景区门票和门禁均采用电子化的形式，旅游消费者可以通过电子门票远程、实时订购门票，门票的余票信息也将实时同步在用户平台。此外，景区应配备立式电子门禁对电子门票进行自动识别、验票。

---

① 康玉花，卢伟．武威神州荒漠野生动物园建立智慧旅游景区探讨[J]．绿色科技，2017（17）：203—205．

（十一）预约限流系统、信息实时共享

疫情常态化背景下，智慧景区应该深入推进预约限流项目。旅游消费者可以足不出户进行线上预约，并能即时看到剩余门票数量。当预约人数已经达到当日限额时，景区将不再售票。信息实时共享主要是指景区内各个景点人数信息、景区全部人数、停车位信息等对旅游消费者和管理者共享，从而避免局部拥挤。这为旅游消费者和管理者的决策提供了很大的便利。

（十二）门户网站和电子商务

智慧景区应建设自己的门户网站，为旅游消费者的出行提供便利，网站应该包括景区介绍、线路推荐、门票预订、交通信息等内容，并提供多语种服务。

（十三）数字虚拟景区和全息投影

运用三维全景实景混杂现实技术、三维建模仿真技术、360°实景照片或视频等技术建成数字虚拟景区，实现虚拟旅游[1]，增强景区的公共属性。数字虚拟景区应占旅游消费者真实游览全部景区面积的较高比例。数字虚拟景区和虚拟旅游平台能在互联网、景区门户网站、景区触摸屏导览机、智能手机等终端设备上应用。

景区运营全息投影技术能呈现更好的视觉效果。三维全息激光投影技术作为一种新的虚拟现实技术，可以应用于商业演出、晚会等具有精美虚拟视觉效果的活动中。三维全息投影技术作为一种新兴的表现手段已逐渐登上舞台。它将舞台与虚拟幻觉巧妙地结合起来，形成一种互动的感官体验。它将动作艺术与视觉美学相结合，为观众呈现出更真实、更震撼的视觉效果，深受观众和表演艺术活动组织者的青睐。在国内的表演艺术活动中，大型海景《蓝色幻想》是第一个实现将3D技术和全息技术的创意引入晚会舞台设计的活动，并引发了这一趋势。大型海景《蓝色幻想》将目前最流行的3D技术和全息投影技术整合到舞台设计的影像设计中，艺术与科技的完美结合更充分地展现了"帆船之都"青岛的独特魅力，向观众展示了一场新颖而精彩的视觉盛宴。利用先进的虚拟技术实时生成三维虚拟图像前景；通过舞台设计和大屏幕，它制造了一场丰富多彩的3D"蓝色幻想"视觉盛宴。运用结构投影、全息、3D特效、幕投影等手段，让观众体验到更直接的娱乐和沉浸感。

全息投影技术在舞台上的应用，不仅能在空中产生立体感，而且极大地增强了与观众的互动。美丽而神奇的全息投影技术将观众带入一个虚拟与真实并存的世界。目前，由于真实全息仍处于测试阶段，我们看到的全息投影成像主要是通过3D投影屏幕实现的。然

---

[1] 陈曦. 襄阳智慧景区建设现状调查及开发路径研究[J]. 襄阳职业技术学院学报，2018，17（2）：13—18.

而，它们肯定会给表演艺术活动带来巨大的变化和意义。我们相信，随着科技的不断发展，未来的全息术将不断创新和完善，为社会各界的发展做出贡献。

（十四）旅游消费者服务和互动体验

智慧景区能提供更加细致的旅游消费者服务和更好的互动体验，主要通过以下途径实现：第一，自助导游。自助导游不仅包括基础的讲解功能，而且能够根据全球定位、物联网等技术随着旅游消费者的脚步自主地、有针对性地进行讲解。第二，导航功能。智慧景区应提供经典查询、交通查询、线路选择、实景地图等服务，使旅游消费者的出行更便利。第三，即时、有针对性地发布旅游资讯。智慧景区能在自助导游终端发布旅游资讯，应包含景区环境信息、游览注意事项、拥挤度、停车位情况等内容。第四，旅游消费者互动及投诉联动服务平台。景区内应设有多台触摸屏多媒体终端机，旅游消费者可以在该机器上查询景区信息，也可以进行实时投诉及意见反馈。第五，多媒体展示。景区可以借助虚拟现实、地理信息系统等现代科技手段，在景区内展览景区的自然文化遗产、景区景观，再现古文物等。

总体来看，可以从C端和B端两个角度分析智慧景区的建设。从C端客户来看，"后门票时代"中最容易被旅客感知的"智慧"，是一种"专家系统"，它为旅游景区提供决策支持，提供行程规划和解说服务等传统旅游景区服务和管理功能；或者作为一种目的地的推荐系统，这是基于感知的移动式旅游服务系统。从B端景区和目的地客户的角度看，"智慧"二字可能更接近于以下的软硬件配备：景区监管信息系统、数字化指挥调度中心、门票网络预售系统、电子门禁系统、LED大屏幕信息发布系统、综合视频监控系统景区信息化。[①] 基于以上认识，"智慧景区"建设是我国旅游景区未来发展之路，是在新形势下我国旅游发展的重大战略。

第二节 酒店场景应用

一、部分智慧酒店建设中存在的问题

（一）简单复制，盲目跟从

新技术不断涌现，这对酒店的技术人员也提出了更高的要求，但目前精通技术的技术人员大量缺乏，酒店往往采取更低的成本来满足这一需求。酒店会从内部选派一些人员参

---

① 李莉莎.生态风景区旅游规划的思考[J].旅游纵览，2020（13）：72—73，76.

观学习其他智慧酒店,这一举措无可厚非,但没有技术基础的员工会不加改造地全盘复制。酒店也引入了一些智能设备,但这些智能设备不成体系,难以为客户提供更好的入住体验,智能设备的后期维护也是一大问题,最终,智能设备往往会被搁置,酒店智能化也浮于表面。

(二)投入不足,效果不佳

近年来,受"新冠"疫情的影响,经济持续低迷,随着旅游人数的锐减,入住酒店的旅客数量也不容乐观,酒店经营面临着前所未有的困难,这导致酒店资金支持不足,在产品更新、新技术应用和服务手段改进方面投入严重缺乏。大多数酒店的智慧化改造只是换汤不换药,隔靴搔痒,并未触及根本,如有的只是进行了无线全覆盖;有的只是简单地添加一些服务器。由于投资不足、信息系统不系统、质量问题持续存在、信息化建设水平不断提高,并未给酒店带来收入增长或客户体验显著提升。

(三)单一追求智慧营销

酒店使用互联网、移动设备、微信和大数据等新技术进行品牌推广、产品营销、信息推送和互动交流,没有什么错。这是酒店在今天生存和发展的有效途径。然而,在智慧酒店的建设方面,这种单一的强化让客人感觉酒店在为自己开源节流,智能服务并没有真正让客人拥有良好的体验,也未能提高酒店声誉、增加客户黏性,最终入住率也就不可能会上涨,效果也不明显。

(四)客户体验方面有待改进

一是服务和管理过度,没有保护好客户的个人隐私。酒店将红外感应技术、定位系统和无线网络系统逐渐应用到酒店管理和客户服务上,但是由于没有做好市场及客群定位和细分,使用效果不尽如人意,有些客人甚至为此再不入住该酒店。

比如,在过道和客房安装红外感应探头,或通过无线控制器定位、获取客人行动信息,这样做的确可能是为了了解客人现状,以便跟进相应服务或控制电源、降低能耗,但有时为了抓取客人的各种数据,搞大数据分析,也影响了客人的隐私和行动的自由,这对大部分客人来说是不乐意的。服务不能过度,客人隐私应该被尊重。执行和保护个人信息的能力已成为提高客户智能体验的关键因素。由于每个人对隐私都是高度重视的,在技术的应用中,保护客户私人信息是一个必要的前提。以客户体验为基础,运用情感设计,加强安全体系的建立和完善,使智能服务更加可靠,与客户建立良好的信任关系。智能设备在提供服务的同时,仍然需要补充人工服务。目前设备已经能够解决预订、入住和退房等基本任务,但是智能设备仍存在使用困难、个别接触点不灵敏等问题,必要的人工服务也需要具备。

二是系统应用上不够便捷、不够随性。智慧酒店建设面对的主要客人目前是"80后""90后"，不久会是"00后"，他们更追求个性、便捷、随性，这些不仅表现在对特色酒店、主题酒店或者更张扬的房车、帐篷等住宿体验的关注上，也表现在酒店服务方面。可不少酒店仅从管理角度出发或者只考虑星级标准或规范，很大程度上忽略了新消费群体的需求特性，在智慧酒店建设上，出现系统越来越复杂、流程越来越烦琐的现象。

二、智慧酒店的建设方法

（一）利用现有设施、设备和系统等资源进行升级改造

当前，不少智慧酒店都是在传统酒店的基础上改造而来，综合分析前期投入以及地理位置差异等多元化要素，我们需要将现有设施充分利用好，完善相关的信息系统，分析客户的客观需要，然后进行新技术的应用，确保投入控制在合理的范围之内。

一方面，不少酒店的基础设备都充分运用了信息化技术，发挥了数字化技术的优势。比如，对电视进行整体的系统升级，确保其真正成为集在线服务、智能体验及信息发布为一体的综合化平台，这个平台充分体现出人机交互的优势所在。由于改造手机不需要付出更多的成本却能取得较高的回报，这种升级方式备受经营者的青睐。另一方面，扩大微信、官网以及无线网络的功能，增强其交互性。比如，入住的客人只要连接到相应的互联网，酒店就会将自己的产品以及特色化服务推送给他们，还能够自动领取相应的优惠券，客户黏性变得更强，也容易获得更高的满意度。同时，酒店也能够引进 OA 系统，促进无纸办公目标的实现，进而科学调控水、电、暖系统，确保设备的能耗有所降低，科技化程度不断提升。

（二）丰富客人住店场景

当前，人们的生活节奏较之前明显加快，随之而来的就是对服务要求的不断提升。年轻人入住酒店是为了获得更好的服务体验，满足他们的个性化需要。所以，酒店不单单需要提供流程化服务，更应该为客户提供更为多元化的住宿场景。一方面，可以发挥各种 App 的优势，通过移动终端完成点菜、洗衣等多种多样的服务，确保服务效率不断提升。另一方面，可以将一些智能设备引入，通过微信完成一些简单的操作，如愉悦开门等，确保客人能够获得最佳的体验。

（三）引进先进的智慧化技术，做好差异化经营

智慧酒店将各种智能设备在一定的范围内进行了应用。从技术的角度而言，供应商需要对各种新技术进行有效的运用，更好地满足客人对酒店的多元化诉求。从运营管理的维

度而言，酒店的工作人员要对服务群体以及酒店的大体定位进行详细的了解，综合分析在什么时间进行投入，了解哪种技术的运用能够提升酒店的服务和管理品质。当下，住宿行业涉及各种各样的门类，酒店的业态较之前也变得更为丰富，这对酒店而言是一个巨大的挑战。通过物联网、互联网等实现更高品质的差异化管理是最佳的选择。比如，一些主题酒店是很适合年轻人的，可以将智能服务运用于这些酒店当中，从最初的入住到最后一个环节的退房，都需要发挥智能服务的优势。对一些高档酒店而言，可以将基础设施全面、具备的功能多元以及所处的档次较高等特点利用起来，发挥先进技术的优势，增加相应的高端服务。例如，利用人脸识别技术对相关的客人进行了解，确保提供的服务具有针对性，也便于他们快速入住，也可以利用VR技术满足客人对休闲、娱乐等方面的高端需求。

（四）通过大数据精准营销

尽管当下酒店对于外表信息的数量需求与对于运营管理中的数据需要存在一定的差异，然而，利用PMS、CRS、CRM能够对各项数据进行有效的分析以及加工。然后，开展与消费中心、餐饮部门、景区以及购物中心的合作，可以掌握更多具有价值的信息。例如，消费者的群体特征、出发的时间、行业的特点、目的地、口味偏好、消费类型以及性别特点等相关的信息。

酒店在掌握了上述数据之后，能够更好地改造智慧酒店，开展高质量的酒店营销，将酒店和其他行业的信息共享状况分享出去，确保对消费者的智慧服务更加精准到位，提升精准营销的品质。

从用户的角度来看，数字化、智能化体验目前仅在酒店预订领域开展。显然，大数据的应用绝不能局限于数字化管理和营销。大数据应该发挥更大的价值和作用，为客户提供智能化、定制化的服务，提升用户体验。利用基于大数据的酒店客户细分方法，我们可以洞察每个细分市场的兴趣和消费趋势，并管理每一类客户的酒店客户生命周期。酒店可以为特定的顾客提供分类的产品和服务。在新的消费时代，基于年轻群体对服务的个性化和多元化需求，智慧酒店可能会成为更多用户的选择。借助机器学习、深度学习等智能技术，我们可以不断分析和理解用户行为，获得洞察和满足用户真实需求，不断优化用户情感和生活体验。通过提供智能、安全、可靠的个性化服务来迎合消费者的智能品位，同时为年轻群体创造新的生活方式。[1]

智慧酒店的建设将全面、系统地提高管理和服务水平，从根本上颠覆传统酒店业的经营管理模式和盈利模式。不同类型的酒店可以根据自身的定位进行智能升级，了解消费群

---

[1] 赵婧娴.智慧酒店中的用户体验设计：以菲住布渴为例[J].设计，2020，33（17）：63—65.

体的需求进行转型。高端酒店集团可以像阿里巴巴一样成立专业的研发部门，根据自身酒店的特点对系统进行优化和完善。中小型酒店也可以利用互联网公司提供的设备和系统，根据自身需求定制智能服务。在技术上完善、在服务上创新，逐步探索属于自己的转型之路和发展之路。在疫情常态化的大背景下，酒店智慧化已经成为一种趋势，不仅为无接触服务提供了一种新的思路，也提升了客户的入住体验。

第三节 乡村场景应用

在互联网、大数据、云计算等科技不断发展的背景下，大数据时代逐渐到来，"互联网+乡村旅游"成为乡村旅游推广的新常态。[①]乡村依托互联网大数据的优势，运用互联网思维，整合乡村内的资源，对乡村内的旅游资源进行升级改造，形成"互联网+乡村旅游"的发展模式，通过开发特色的乡村旅游产品满足旅游消费者个性化的旅游需求。

同时，互联网时代的乡村旅游发展，能够引发乡村旅游互联网众筹、互联网招商平台等众多新型乡村旅游投融资方式出现，这有效推动了乡村旅游的招商引资工作。此外，得益于互联网的发展，乡村旅游的监管、服务、评价、投诉等将更加透明，促使乡村旅游的服务水平与服务质量显著提升。[②]

互联网与旅游正在逐渐融合，旅游业的巨大变革已经到来。传统农家乐模式的乡村旅游陷入困境，亟须借助互联网的力量提质转型，发展智慧乡村旅游。智慧乡村旅游拥有一体化、全方位、信息智能化的感知系统，能够即时获得有关信息，借助新一代电子信息系统技术结合互联网、物联网、云计算等科技，智慧化收集处理各种综合旅游信息，更好地满足旅游消费者的需求，提升旅游消费者的体验。

一、乡村旅游发展的良好前景

（一）国际国内乡村旅游发展大趋势

早在2011年，杭州、北京、南京、扬州等地就已经成为"智慧旅游"试点城市。这些试点城市推动了智慧乡村旅游的普遍应用发展，乡村旅游电子商务采购平台、旅游商品

---

① 朱伊萌."三农"产业融合中的乡村旅游业发展问题探讨[J].天津农业科学，2018，24（6）：14—17.

② 马鸿琳，于朝东.黑龙江省漠河乡村旅游线上发展研究[J].边疆经济与文化，2021（4）：22—24.

在线运营、乡村旅游咨询平台等服务平台也在逐步完善，智慧乡村旅游成为旅游业发展的主力军。近10年来，国内乡村旅游人数和收入正在逐年递增，如今全国已有10万个以上特色村镇，农家乐的数量也超过200万个。相较于国内，国外乡村旅游发展更早也更成熟，如澳大利亚、葡萄牙、爱尔兰等国家信息搜索、现代化服务、智能服务设施已经成为乡村旅游发展趋势，国内智慧乡村旅游还有很长的路要走。

（二）促进乡村生态环境的监控和保护

大城市快节奏的生活使人们厌倦，为了逃离惯常居住环境，获得短暂的休息，大多数人选择去周边乡村进行短途旅游。但是受地域和条件设施的限制，乡村景区的承载量不高，这是乡村旅游发展的一大难题。互联网赋能乡村旅游可以有效地解决这一问题，乡村景区可以通过互联网技术记录旅游消费者到访数据、避免盲目接待旅游消费者造成人满为患从而产生安全问题；利用互联网监控生态环境污染、乡村水资源污染；利用互联网科学指挥景区工作人员及时分流疏散旅游消费者等。总之，智慧乡村旅游能更大范围地实时监控乡村旅游景区，保护开发乡村旅游资源，保护环境，使其健康可持续发展。

二、"互联网+"视野下智慧乡村旅游发展新模式

（一）依托科技信息型：科技引导现代智慧乡村旅游发展

一些国家的现代农业建设的步伐较早，乡村旅游发展也取得了相应的成效，其成熟化程度较高，这些国家主要指的是荷兰、日本等，这些都为我国的乡村旅游提供了有价值的借鉴。随着科学技术与我们生活联系的日益紧密，我国的科技园建设也取得了丰硕的成果，这极大地推进了我国的现代化建设步伐，农民的收入也随之增加。在科技的引领下，乡村旅游的观光、教育、体验价值越来越凸显，这也为智慧乡村旅游发展指明了前进的方向。同时，要对乡村旅游进行科学的规划，切忌跟风行为的出现，要与当地的发展实际密切结合起来，为农村的未来发展擘画蓝图。比如，海南植物园是典型的科技观光胜地，它将乡村旅游与科技紧密结合起来，打造出科技助力乡村智慧旅游建设的崭新模式。

（二）创意主导型：互联网推广传统民间艺术和乡村旅游品牌形象

"百里不同风，千里不同俗"，各个区域的民间艺术都有其自身的特色，民间艺人更是技艺精湛，这些都为文化创意旅游注入了一抹亮丽的色彩。陶瓷、布艺、刺绣、书画、根雕、剪纸、文房四宝、漆器都是极具特色的文创艺术，它们彰显出一个地区文化的鲜明特

征，呈现出乡村旅游的内在价值。利用网络进行宣传、展示 3D 实景，确保旅游景区与民间艺术相辅相成，展示民俗文化的魅力，这使得乡土文化魅力四射。旅游消费者通过互联网进行信息检索，实地参观，最终完成制作的过程[①]，旅游消费者能够从乡村旅游中获得全新的体验，传统艺术获得了新的生命力，乡村旅游品牌的影响力也随之而扩大。最具代表性的为无锡泥人文化创意博览园。只有将互联网和民间艺术更好地融合起来，乡村旅游才会获得更大的发展空间。

（三）依托产业型：特色庄园乡村旅游发展模式

要促进旅游业和农业协同发展，使得农业与第二、三产业的联系更为紧密，需要利用好优势农业的特色，构筑特色庄园乡村旅游发展的基本模式，让农业与乡村旅游之间建立紧密的联系，提升乡村旅游产品的内在价值。例如休闲、娱乐、观光等，这也有助于促进周边产业的深度发展，带动餐饮业、产品加工业的持续发展。[②]然而，乡村旅游发展成熟、农业产业获得新发展的地区才适用于特色庄园，它利用产品采摘、产品体验以及自身的美丽风光，极大地带动了当地的经济建设。[③]比如，台湾的庄园旅游就在娱乐、休闲、美食以及出行等方面建立了密切的联系，旅游消费者能够从乡村旅游中获得新的体悟。

（四）依托历史文化型："互联网+"古村古镇乡村旅游发展模式

在中国众多的旅游资源当中，古村古镇是十分具有代表性的景观存在，它也是乡村旅游的重要分支。古村古镇民风淳朴、建筑具有当地的地域特色，潺潺的溪流和浓厚的文化相互交织，受到了旅游消费者的追捧。然而，近些年来古村古镇旅游中存在的一些矛盾逐渐凸显，不少限制随之出现。在文化传承与经济建设的博弈当中，在环境承载力与旅游消费者数量的矛盾之中，不少问题不得不引起我们的思考。因此，要想持续推进古村古镇的健康发展，除了要将其原始面貌保存下来之外，也需要将旅游经济的优势真正发挥出来，在转型的道路上进行新的探索。古村古落要与互联网发展相互结合起来，这种方式是较具可行性的。例如，2019 年乌镇举办了互联网大会，乌镇的资源在此次大会上得到了充分的运用，我国淳朴的民风被体现得淋漓尽致，海外宾客在此感受到了中华文化的魅力。我们需要对乌镇的发展模式进行新的探索，在发展古村古落文化时要正确处理好传承与创新之间的联系。

---

① 房小珍. 基于"互联网+"旅游特色小镇发展探讨 [J]. 度假旅游，2018（1）：91—94.
② 姜凌云，朱智霞. 武汉市普惠金融发展研究 [J]. 时代金融，2018（2）：101，105.
③ 施文玲，侯子楠，张艺轩，等. 田野集团乡村公园之开心农场品牌设计与实践[J]. 作家天地，2019（13）：104—105.

三、发展智慧乡村旅游的方向和保障

（一）完善智慧乡村旅游基础条件

乡村旅游景点具有多元化的特征，旅游资源的类型多样，通过发挥网络的作用将各种乡村地理资源整合起来，利用民间资源的特色化优势，挖掘人文资源的内在品格，构筑配套的智慧旅游基础服务体系，涵盖乡村旅游图鉴、乡村旅游路线引导、乡村资源检索软件等①，确保智慧乡村旅游能够在更具专业性的服务引导下进行。此外，健全的设备系统、完善的交通路线以及健身设备等设施，都为智慧旅游的开展奠定了重要基础。

（二）推广"智慧乡村旅游"的O2O模式

O2O模式指的是旅游发展的商业模式。发挥互联网技术的优势，将线上与线下交流的渠道打通，实现服务的完全对接。政府部门要和相关的旅游网站更好地合作，利用好乡村旅游资源，对其进行包装和信息化、产业化管理；同时，要利用互联网开展线上营销，通过网络渠道和旅游消费者之间进行不断互动，确保乡村的旅游资源能够得到更好的利用，不断提升客源人数。为了让旅游消费者真正体验到智慧化旅游的优势，要对市场进行必要的研究，不断推进乡村旅游智慧产品的成熟化发展，建立乡村民俗，开展线上解说，提供更具人性化的服务。同时，也需要通过网络进行评分，晒出图片，确保乡村旅游能够拥有更高的服务品质。

（三）建立健全旅游信息使用保障体系

智慧乡村旅游这一工程需要长期的时间积累，要利用互联网、计算机等技术，也需要专业能力较强的旅游从业者做引导。要确保信息技术产品的真实性，引进相应的检测机构进行监测，坚决杜绝发布的信息虚假，保障其真实性。为了促进智慧乡村旅游流程的规范化建设，要确保使用的标准一致、数据真实、特色明了，构筑处于动态变化的乡村旅游数据库。此外，要建立高效安全、信息真实的安全防护体系，确保企业与政府能够进行长期的合作，使得旅游地、客源等彼此互通，更好地进行资源的共享。

（四）提高农村人口文化知识水平，专门培训相关技术人员

我国的经济建设步伐不断加快，改革开放也为我国发展注入了新的活力，农村人口受教育程度不断加深，人们的整体素质不断提升。农村当中不乏数量众多的大学生和研究生。但是，依然有一部分中年群体，他们没有受到较高的教育，选择了外出打工。智慧乡村旅游可以被看作一项十分复杂的工程，它具有明显的综合性，涉及众多的层面。与其相关的

---

① 王遥. 乡村振兴背景下苏州新型乡村经济体问题研究[J]. 价值工程，2019，38（32）：47—48.

现代科技主要指的是云计算、无线通信、传感技术、GIS、物联网、虚拟技术等，用到的设备主要包括监控器、扫描仪、全球定位、红外感应器等。

这些设备的应用需要相应的人才，我们无法将相关的专家全部聘请到农村，这样需要的成本过高，当地群众的就业也会受到明显的影响。同时，这样的做法难度也是相对较高的。因此，发展智慧乡村旅游，要不断引导农村当地的群众不断学习，引导农村的返乡大学生掌握相应的技术，为家乡的建设贡献自己的一份力量。对政府部门而言，要创立相应的培训基金，这也有助于激发剩余劳动力参与的热情，提升农村人口的个人文化素养。

（五）整治乡村环境卫生，推出村庄特色

智慧乡村旅游，除了通过对网络的应用、科技的发展以及专业人才的培育体现出来之外，还需要对乡村环境进行合理化建设，构筑具有地域特色的乡村旅游文化。目前，不少村民看重的是家装是否豪华、屋子是不是够大，却忽视了家门口的卫生是不是干净，一些动物粪便有没有被清理干净。从一项调研数据来看，在苏南的农村地区，95%以上的村民都能够做到清理宅边垃圾；同时，还种植一些绿色植物来美化环境。但是，苏北地区的村民中，只有75%的村民对周边环境进行清理，其他村民则对此有所忽视，这些都会对村庄环境整体产生一定的影响。农村房屋的建设能否彰显当地特征，将特点区域的民俗文化体现出来是乡村旅游景区建设的重要因素。同时，有序的整体规划、优美的生活环境、宜居的基础条件都能够让旅游消费者真实体会到乡村生活的乐趣。

国家对智慧乡村旅游发展给予了大力的支持。随着互联网普及范围的不断扩大，乡村旅游在新技术与新媒体的支撑下获得了不竭的发展动力。相关部门要与旅游企业联合起来，扩大宣传力度，总体科学布局，构筑完善的智慧乡村旅游网络，将本土文化的影响力不断扩大，吸引更多旅游消费者前来旅游，带动乡村旅游的高质量发展。

第四节　市域场景应用

随着互联网和科学技术的飞速发展，智能技术已经应用到包括旅游业在内的各个领域。2013年1月，中国首次公布了90个国家智慧旅游试点城市，主要分布在环渤海、长三角和珠三角地区，基本形成了东海岸集聚、中西部新兴热点涌出的建设格局。截至2023年4月，全国有14847个A级景区。据中研普华产业研究院预测，到2023年年底，我国智慧旅游业市场规模将达到4480亿元。因此，目前分析和探讨我国智慧旅游城市，对促进我国智慧旅游的发展具有重要意义。

一、我国智慧旅游城市建设的基本状况

（一）智慧旅游服务中心逐步健全，但基础辅助设施落后

目前，我国智慧旅游城市进展迅猛，以上海为代表的智慧旅游城市正在布局未来发展。上海明确提出重点建设生鲜电商零售、无接触配送、在线展览展示等项目。但是在我国智慧旅游城市建设过程中，往往会忽视基础辅助设施的建设，由于服务中心缺乏基础辅助设施，种种问题逐渐凸显出来，如交通拥堵问题严重、空气质量差、水资源与人口问题突出等，这一系列问题对旅游消费者的感知产生了不良的影响。

（二）智慧旅游应用软件使用率高，但同质化现象严重

我国智慧旅游城市试点工作目前已经逐步展开。在大数据和其他高新技术的帮助下，去哪儿和驴妈妈等旅游应用软件已逐步进入各试点城市。在追求该地区经济效益的同时，智慧旅游软件的同质化问题不容忽视。很多OTA平台都是从查询信息、预订产品、购买门票、便捷支付等方面展开服务的，而对试点景区的旅游介绍功能展示较少。长春、太原等这些开展智慧旅游试点的城市大多通过淘宝、美团、去哪儿、途牛等软件发布信息，但OTA平台对旅游目的地的景点介绍较少，介绍水平也很低，仅仅通过传统的文字和图片进行展示，而没有引入更先进的技术，这进一步加剧了智慧旅游软件的同质化。

（三）智慧旅游城市支付方式更加多元化，网络安全保障急需提升

目前，中国智慧旅游城市试点已经实现了多种支付方式的对接。各地的旅游景区都在商业网点推广微信和支付宝刷卡支付，电子支付方式成为主流。然而，我国智慧旅游城市电商平台仍面临着严峻的网络安全问题，主要表现在支付安全和网络欺诈方面。在支付方面，我国智慧旅游城市试点地区电商平台支付渠道对接比较混乱，景区支付渠道引入缺乏第三方支付许可证的软件，导致第三方挪用资金；此外，部分景区采用的电商平台支付系统存在漏洞，资金盗窃现象更为严重。网络安全无小事，我国智慧旅游城市支付方式呈多元化发展的同时，还需要进一步提升网络安全保障。

二、完善中国智慧旅游城市建设的相关途径

（一）构建智慧旅游智能化信息服务平台，提高旅游消费者便利性

随着智慧旅游城市建设步伐的不断加快，我国要持续推进智能技术与网络之间的紧密结合，发展智慧旅游的新平台，确保旅游消费者能够获得更大的便捷。简单来说，有关部

门要在三维网络的基础上，完善相关的智能技术，持续推进智能技术与互联网资讯的紧密结合，旅游消费者才能够获得最佳的旅游体验。此外，一些部门还对现代信息采集方式进行了运用，将旅游消费者的数据进行归纳整理，规范酒店信息、景点信息，然后将其纳入智慧旅游的数据库当中。通过相关的信息平台，打造与气象部门相关的数据链，这样旅游消费者在旅游过程中才能享受到更为便捷的服务。

（二）建立协作统一的安全管理体系，提高智慧旅游安全性

结合目前我国智慧旅游的发展实际，为了确保旅游更加安全，要构筑相应的安全管理体系。相应的职能部门必须要在各自的主管领域之内，将有效的数据搜集起来，进一步加工、筛选与归类，构筑完善的智慧旅游体系。在该体系当中，各个职能部门要肩负起各自的职责，确保问题的解决更为有序，让城市智慧旅游安全管理的整体水平有所提升。此外，其他职能部门也要推进旅游数据的不断深化，确保所有的入境旅游消费者都接受了详细的检查，并严格进行身份的认证，保证智慧旅游的安全。同时，也可以选择提供电子地图的方式，旅游消费者在地图的引导下获得更好的旅游体验，避免由于不熟悉路线引起的各种问题，确保旅游过程的绝对安全。

（三）聚焦城市特色，实施智慧旅游层次化发展战略

当下，我国的智慧旅游城市存在较为严重的失衡现象。所以，要把握好城市特色，分层制定发展战略，确保旅游服务的品质更高。首先，不同的城市都要把握当地旅游发展的总体特色，选择最具代表性的智慧旅游项目。其次，在国家有关要求的指引下，把握好设计的基本要求，打造智慧旅游项目。最后，按照不同区域智慧旅游建设的实际，打造示范城市，发挥示范城市的引领与带动作用，发展国家智慧旅游示范项目，确保旅游消费者能够获得更好的服务感受。比如，"三带融合"是陕西省在旅游发展方面的指导思想，它促进了自然景观之间的不断融合，旅游消费者在游览过程中获得了全新的感官体验。

（四）推行智慧旅游基本关键技术，完善智慧旅游城市基础设施

鉴于区域基础设施会受到各方面的限制，这就直接造成智慧旅游配套设施尚未健全，有些景区甚至都没有安装无线网络。所以，我国要大力推进智慧旅游基础设施的完善。一方面，政府要从政策方面给予一定的扶持，在智慧旅游基础设施方面持续完善，引导相关企业对通信技术进行应用，促进技术体系的不断更新与完善。例如，政府要支持相关的电信运营商在促进智慧旅游建设过程中提供相应的3D信息服务，确保智慧旅游景区拥有较强的服务水平。另一方面，围绕智慧旅游建设的相关项目，选择一些重要区域持续完善喷淋系统，确保整个施工过程更为完善化。同时，要完善实时监控体系，确保其符合详细的

像素要求，对智能旅游技术进行不断升级，确保智慧旅游城市建设有强大的基础设施力量作为支撑。

（五）创新智慧旅游应用软件，提升智慧旅游城市竞争力

为了持续推进软件的革新，与改革的趋势相互顺应，我国需要对国内外优秀的经验进行必要的借鉴，更新智慧旅游英语软件，确保智慧旅游城市建设取得卓越的成就。一是按照各个地区智能旅游产业发展的基本诉求，了解软件应该具备的基本功能，为之后的研发奠定扎实的基础。二是对传统的技术进行突破，发挥大数据、云计算以及计算机引擎技术的内在价值，尝试研发促进智慧旅游发展的有关软件，针对性地提出解决方案。三是综合运用云存储、人机交互、智能视听等技术，开发出促进智能旅游发展的应用软件。此外，在对智能旅游软件进行应用时，要对国外的经验进行一定的借鉴，适时运用主动防御技术，准确进行身份认定，保护个体信息，将智慧旅游软件的核心功能开发出来，确保自身的竞争优势。

智慧旅游的未来前景是美好的，特别是对一些旅游资源丰富、已被挖掘利用、需要通过技术改造升级来发展的旅游区来说，智慧旅游是一张可以握在手里的牌。然而，只有当城市部件布置完善时，才有可能掀起"万物相连"的浪潮。目前，智慧旅游尚处于起步阶段，基础设施尚未建设完善。"智慧"是基于数据的，没有数据，就无法用数据挖掘出一条智慧之路。同时，设备还需要后期维护，否则将成为"一次性工程"。在不远的将来，安防、医疗、食住等方面需要用数据真正联通起来，让各个行业都能享受到智慧旅游发展的硕果。

第五节 省域场景应用

随着我国旅游业经济的迅速增长，相关产业也已经逐步完善，旅游业在国民经济发展中占据了越来越重要的地位。而旅游业是个十分依赖信息资源与信息技术的产业，自2015年国家旅游局提出智慧旅游以来，全国开始逐步构建智慧旅游发展系统，如建立智慧管理体系、智慧旅游宣传体系、智慧运营体系等，为智慧旅游的发展奠定了坚实的基础。

在政策的支持下，全国各旅游目的地开展了智慧旅游规划与建设。现很多地方已建设一批相应的技术平台，在各种技术设备铺设完成后，却因人才短缺、运营能力不足等客观条件的限制，没能让智慧旅游项目真正落地、起到优化产业的作用。如今各地为响应政府

号召与市场导向，亟须引入更为专业化的运营体系，打通落地运营环节，以形成高效运作的智慧旅游闭环体系。

在人类文明的演进史中，人类文明的每一次巨大进步都离不开科技的发展。[①] 历史经验表明，科技促进了文化的产生和传播；反过来，文化再一次促进科技创新，人类文明的进步就是在这样螺旋式的发展中产生的。21世纪，文化与科技得到了前所未有的融合。在微观层面，新的社交媒体和新的产品不断涌现，对传统的生产方式提出挑战，VR、XR、AR、自媒体、全息投影等让人们眼花缭乱；在宏观层面，我国通过让科技和文化深度融合的方式来提高我国的文化软实力。[②] 就我国而言，科技的应用已经进入国家顶层设计层面，成为我国社会主义文化繁荣的一大战略。

一、腾讯旅游智慧平台"一部手机游云南"

（一）项目背景

为深入贯彻落实数字中国战略和国务院提出的"互联网+"决策部署，积极探索"互联网+旅游"实践，持续推动旅游产业与数字经济融合发展。2017年，针对旅游市场存在的乱象和智慧旅游升级的需要，云南省推出"整治乱象、智慧旅游、品质提升"旅游革命三部曲，在全国率先推出"一部手机游云南"智慧平台，通过重新整合旅游资源和旅游产品，重新构建诚信和投诉体系，重新构建旅游市场规则和秩序，重新塑造旅游品牌和正面形象，全面提升"云南旅游"品牌核心竞争力。2021年云南省继续推进旅游革命三部曲，推出"30天无理由退货"的措施、整治西双版纳持证导游非暴力强迫旅游消费者交易的行业乱象，着力提升国际化、高端化、特色化、智慧化水平，建设旅游大数据中心，建立智慧旅游标准体系和统计体系，巩固"一部手机"系列产品单项冠军地位，实施4A级以上旅游景区和特色小镇智慧化改造，擦亮云南旅游的"金字招牌"。

（二）平台建设情况

"一部手机游云南"由"一中心两平台"（旅游大数据中心、旅游综合管理平台、旅游综合服务平台）组成。通过强化信息资源共建共享，不断提升文化和旅游行业数据采集、管理、分析、发布能力，形成跨不同行业、不同区域、不同部门、多级层次、多种类型的文化和旅游信息资源集成、开放与共享应用体系，为"一部手机游云南"持续提供信息资源支撑与保障。按照"旅游消费者旅游体验自由自在"的目标，综合服务平台采用了物联网、

[①] 蔡武进. 我国文化治理的理论意涵及现实经验[J]. 文化软实力研究，2019，4（5）：46—56.
[②] 李凤亮，宗祖盼. 文化与科技融合创新：模式与类型[N]. 山东大学学报（哲学社会科学版），2016（1）：34—42.

云计算、大数据、人工智能、人脸识别等多项核心技术，围绕文旅资源、旅游产品、导览导游、公共服务、诚信评价、投诉处置、在线购物等功能，整合旅游产品，提高精准服务的能力。按照"政府管理服务无处不在"的目标，管理平台通过建立涉旅企业诚信评价、投诉处置、"30天无理由退货"、预约入园等机制，实现公共服务、行业监管、诚信评价、综合执法的闭环运行。

1. 综合服务平台全链条提供在线旅游服务

按照"旅游消费者旅游体验自由自在"的目标，对旅游产业链的服务与产品资源进行有效的串联和整合，全链条提供本地化精准服务，不断提高对旅游消费者体验的智慧化综合服务能力。

（1）资讯服务

通过目的地名片、直播、游玩攻略等功能，展现云南各地、各景区旅游资源和玩法，向旅游消费者提供最全面、最权威的云南旅游资讯，让旅游消费者"足不出户，尽览云南美景"。汇总发布了全省16个州（市）、129个县（市、区）1分钟城市宣传片和城市名片，以及682家景区、博物馆名片，旅游消费者可以全方位地了解每个旅游目的地的门票、交通、周边住宿、特色饮食、营业时间等基本信息，旅游消费者可查看游玩攻略，了解当地特色的民风民俗、特色美食及"网红"打卡点推荐等内容。

（2）预订服务

为旅游消费者提供住宿、门票、租车等传统在线预订服务。提供在线定制行程服务，旅游消费者可根据出行时间、预算、兴趣爱好、出游方式等在线定制个性化行程，并可查询旅行社、导游基本信息和涉旅企业诚信指数，查看景区最大承载量和实时流量。

（3）预约入团服务

云南大部分A级旅游景区已在"游云南"上开通景区线上预约服务，未来还将实现A级旅游景区线上预约人员全覆盖，引导旅游消费者"能约尽约"。

（4）导游导览功能

旅游消费者可以边游览边听讲解，遇到不熟悉的花草也可以顺手拍下，使用AI智能进行识别，让旅游消费者"随心所欲"。同时，基础数据采集和景区手绘地图也已在多数景区被应用，根据旅游消费者所处位置提供实时位置、服务设施和导游导览服务。此外，每个景点还配有不同类型的语音讲解，旅游消费者可以根据需要自由选择。开展景区"一景一码"铺设，提供扫码识景和指引服务，识花识草目前已经覆盖了云南6000种以上植物。

（5）便捷入园

入园时，旅游消费者可以使用多种方式便捷入园，如刷脸入园、扫码入园、小程序入园等，极大地减少了旅游消费者排队入园的等待时间。2019年7月20日，云南玉龙雪山景区开具全国第一张区块链电子冠名发票，实现了区块链电子发票在国内旅游行业的首个落地应用。目前，云南全省共有117家旅游景区实现开具区块链电子冠名发票。2020年5月起，"游云南"App推出景区门票预约服务。目前，全省225家旅游景区开通了分时预约功能，113家4A级以上旅游景区中，有108家旅游景区开通了分时预约功能。数据显示，目前共有1222万人通过团队预约和电子行程单实现免费入园。

（6）智慧厕所和智慧停车场服务

旅游消费者可在线查询厕所、停车场位置的导航图和现场照片。旅游消费者可以通过"游云南"App的找厕所、找停车场功能，准确找到周围的厕所、停车场。目前，平台已经接入超过3万座厕所和941个景区停车场信息，其中包含1081座智慧厕所。系统可显示厕所人流量和拥挤度，部分可显示坑位占用、温度、湿度、气味等情况。高海拔地区部分智慧厕所实现了旅游消费者如厕超过20分钟管理提醒功能，保证旅游消费者如厕过程中发生意外能及时得到救助，为旅游消费者的安全提供了保障。目前共接入49822个洗手池点位信息助力疫情防控。旅游消费者打开"游云南"App，可以在"游玩助手"下的"全部服务"栏目中找到"洗手台"功能入口，缩放、移动地图都能查询区域内附近洗手台信息。"洗手台"页面还可以查询是否配备洗手液、消毒液、抽纸机等。

（7）智慧交通出行服务

按照"租得方便、开得安全、用得实惠"的服务目标，向旅游消费者全程提供在线选车租车、价格低于市场价、免除异地还车费用等便捷实惠的租车服务。目前已上线156种租用车型，线下服务门店覆盖全省13个州（市）、60个取还车网点。同时还上线162个充电站和1026个充电桩点位信息，为新能源车续航提供服务保障。同时提供高速公路ETC（云通卡）充值和高速公路实时路况，实现全省汽车客票联网线上销售，共覆盖全省14个州市130余个客运站点、2500余条客运线路。

2.建设综合管理平台重构旅游监管体系

按照"政府管理服务无处不在"的目标，着力构建系统、高效的监管体系。2020年4月，"一部手机管旅游"App上线试运行，整合了旅游投诉、旅游消费者退货、旅行社导游管理、团队预约管理等功能。

（1）构建全域旅游投诉体系

按照"一键投诉、及时响应、联动处置、实时反馈"的要求，构建了全省"1+16+129+x"，（省、州市、县、涉旅商家）的全域旅游投诉受理和处置机制，极大地简化了投诉的程序，降低了受理投诉的门槛，规范投诉处置流程，落实被投诉者的主体责任，重塑了投诉处置机制。渠道便捷。为旅游消费者提供在线投诉、语音投诉和电话投诉三种投诉渠道。过程公开。旅游消费者可以通过平台实时查看投诉处理进度，处理完成平台会反馈处理结果给旅游消费者。处置高效。按照24小时办结的要求，投诉件直达被投诉企业，省、州（市）、县（区）三级指挥中心及相关行政部门同时知晓，县区级指挥中心靠前指挥协调，确保做到件件有落实，确保24小时投诉办结率达95%以上。截至目前，已经成为全国处理旅游投诉问题最快的平台。

（2）探索建立旅游行业诚信评价体系

按照统一的工作标准和要求，构建由政府部门、行业协会（或专业机构）、旅游消费者共同参与的诚信评价体系，对酒店、餐馆、旅行社、旅游汽车公司、旅游景区、涉旅经营户6个业态的涉旅企业开展定期诚信评价，形成诚信指数（包括规范指数、品质指数、体验指数）。规范指数由政府有关管理部门对旅游企业的经营行为进行综合评价，重点考评是否合规经营；品质指数是行业协会或第三方评估机构通过突击访问和暗访体验对旅游相关企业的服务质量进行的专业评估；旅游消费者通过网络平台使用体验指数来评价旅游相关企业的服务水平。这三项指标的加权平均值构成了一个完整性指数，该指数以10分制计分。诚信评分公开发布，作为政府监管的依据，为旅游消费者选择旅游企业提供参考。诚信评价低于6分的企业将下线并纳入重点监管名单进行监管。截至目前，全省已完成16.7万家旅游相关企业诚信评估，重点监管企业307家。全面实行"30天无理由退货"，旅游消费者可以通过拨打热线、登录"游云南"App、联系有关服务点等方式退换货物，只需如实填写购物地、商家和商品名称、购物时间、退货原因以及退货人等相关信息，即可发起退货申请，做到了旅游消费者一键申请、州市在线接单，想退就退。全省各州（市）、县（市、区）设立旅游消费者购物退货监理中心123个，筹措退货垫付准备金1794万元；在机场、主要火车站、主要旅游景区等旅游消费者集中区域按照"统一名称、统一标识、统一设计、统一规程"的要求，规范设立退货服务点130个。共为旅游消费者办理退货10861件，退款金额7819.77万元，旅游消费者对"30天无理由退货"工作的满意度达99%以上。

（3）搭建团队分时预约平台

全面贯彻落实"预约、错峰、限量"要求，在2020年5月上线景区团队分时预约平台，通过旅行社填报预约信息、旅游景区确认，实现旅游团队错峰、限量入园。关联旅游团队电子行程单，可查询景区入园预约情况、团队信息、入园信息等，为旅游行政管理部门监管提供动态监管信息。

（4）建立综合监管考核平台

云南省出台了《云南省旅游综合监管考核评价暂行办法》，建立了全省旅游市场综合监管考核平台，在平台分一类地区和二类地区公布各州市综合监管考核实时得分和排名情况（包括综合监管机制运行情况、涉旅企业诚信评价进展情况、涉旅安全事故发生情况、受到上级处理情况、发生负面舆情情况、"1+16+129+X"旅游消费者投诉处置体系运行情况等分项指标得分情况）。

（5）建立旅行社，导游管理系统

系统具备旅行社基础信息管理、旅游团队电子行程单填报、关联门票预约系统、进行旅游团队入园门票预约、关联诚信评价系统开展诚信评价及旅行社重点监管名单管理等功能，目前已有867家旅行社开通了账号，684家旅行社在线填报行程单，并接入1640余辆大巴车载视频监控。此外，初步建立了导游管理系统，实现导游基础信息管理功能，可关联电子行程单实现导游调派，并提供旅游消费者对导游的评价服务，当前系统可在线监管全省导游的信息。

3. 推动数据汇集，探索建设旅游大数据中心

按照"数字云南"建设要求，强化信息资源共建共享，不断提升数据采集、管理、分析、发布能力，形成跨行业、跨区域、跨部门、多层次、多类型的文化和旅游信息资源集成、开放与共享应用体系，为"一部手机游云南"持续提供信息资源支撑与保障，建设旅游大数据中心。旅游大数据中心依托腾讯云已基本完成技术构架，初步汇聚交通、旅游、工商、气象、机场、银联、景区和腾讯位置大数据等相关部门及涉旅商家的基础数据，基本实现数据的统一采集、集中存储、快速处理和应用共享。快速处理数据，综合使用基于腾讯的AI、区块链、大数据、物联网等技术，建立基于海量数据的快速处理能力，已初步建成3个主题分类库28个主题库，为旅游产品设计和市场营销提供支持。推动数据服务下沉，完成分级大数据服务能力建设，构建规则引擎、数据治理引擎等，提升大数据中心的持续运营能力。目前可提供省级和州（市）景区数字消费、数字诚信、数字身份、数据可视化等分级大数据服务，通过大数据运用，提升旅游管理的预见性、针对性和有效性。

（三）主要经验和做法

"一部手机游云南"是云南推动旅游产业与互联网、云计算、大数据、人工智能深度融合发展的具体措施，是云南发挥比较优势推动数字经济发展"先行先试"的具体行动，是"互联网+旅游"发展的云南实践，在推动云南旅游转型升级中发挥了积极作用，成为云南旅游转型升级的新引擎。

1. 管理模式创新

"一部手机游云南"上线全国首创的旅游行业监管平台即"一部手机管旅游"平台，实现涉旅行业团队管理、行程管理、投诉退货、预约入园等全流程线上的闭环运行，并与相关部门联动实现跨部门信息资源共享，构建了旅游大数据平台，为政府提供高效优质的监管与决策支持。

2. 场景创新

"一部手机游云南"促进线上线下的融合发展，结合旅游消费者需求，分别针对游前、游中、游后各阶段深度开发融合旅游服务及消费场景，建立了全国最大规模的景区在线直播平台、最全面的导游导览内容、最高效的旅游投诉体系、最方便的30天无理由退货等，通过旅游企业和旅游消费者线上服务智能化和数字化，不断适应和满足旅游消费者需求。

3. 技术创新

系统采用了腾讯先进的研发成果和产品，通过大数据、云计算、移动互联网、人工智能等新技术的应用，推动了文化和旅游行业信息化水平的不断提升与完善，促进了旅游数字化和智能化的快速发展，为全省涉旅企业的转型升级和产业数字化生态圈的构建提供了技术支撑。

4. 营销创新

"一部手机游云南"项目积极探索将本地文化和旅游进行融合的可行方式和正确形式，通过与腾讯IP的有效连接，进行创新型营销，打造新型数字文旅模式，释放文旅发展新动能，树立文旅市场品牌标杆。

5. 服务创新

"一部手机游云南"通过不断提升服务质量，丰富服务领域，通过预约入园、扫码识景、在线直播、语音导览、手绘地图等应用场景，最大限度地满足旅游消费者的旅游需求，提升目的地的旅游满意度，推动旅游生态系统的建立。

二、全域智慧文旅服务平台"一键游广西"

（一）项目概况

"一键游广西"是广西壮族自治区党委、政府"十四五"期间重点打造的全域智慧文旅综合服务平台，由广西文化和旅游厅牵头，广西旅游发展集团、数字广西集团负责具体实施建设。项目以打造旅游经济互联网共享模式为目的，以解决旅游交通出行服务为切入点,建设成为整合全区文化旅游行业"食、住、行、游、购、娱"六要素的智慧文旅综合服务平台。相对于其他平台,该平台可以做到以下几点:

1. 整合资源

整合全区各级文化旅游资源,建设壮美广西·文旅云,打造广西智慧旅游公共服务平台。

2. 对接企业

对接各地各部门和相关企业,打造广西智慧旅游营销平台。

3. 优化功能

应用新科技,优化功能,打造广西智慧旅游监管平台。

4. 转型升级

培育广西文化旅游新业态、新模式,促进广西文化旅游产业转型升级,打响"秀甲天下,壮美广西"的省级旅游目的地品牌,加快实现广西文旅和产业数字化和数字文旅产业化。

平台采用"产业化运作"手段,其中,核心产业由政府引导、市场化运作,广西文化和旅游厅牵头,广西旅游发展集团和数字广西集团共同组建广西旅发科技公司负责建设和运营。整合全区文旅资源、打通数字化资源,采用市场化运作机制,融入政用、商用、民用、旅游四个数字化大体系,为广西文旅产业数字化奠定基础。相关产业"一键游广西"牵头,以"旅游+"各行业融合创新,推出一键游览、一键交通、一键美食、一键住宿、一键购物、一键娱乐、一键文化、一键研学、一键乡村游、一键"文旅+"等多样化的产业融合商业模式,并采用双轨运营模式。整合区内工会疗休养、老龄委老年康养、机关差旅消费、各大高校旅游等,由"一键游广西"平台统筹广西人游广西优惠政策,拉动广西文旅消费内循环。加大区外、境外网络渠道营销、加大电商渠道合作,推动文旅消费外循环。

(二)运营模式

1. 平台建设

根据项目实施规划,整合广西全区资源,推进"一云一池三平台"的建设。

(1)一云——壮美广西文旅云

以广西文旅大数据资源中心为基础,打造形成区域文旅产业数字化平台,对接公安、交通、市场监管、气象、银联、电信运营商等有关数据,实现旅游产业运行实时监测。

(2)一池——建设文旅服务资源池

整合广西旅游线上线下相关资源,结合乡村振兴、"大健康+文旅"、社会化交通服务、金融机构金融服务、科研院校创新创业等推动相关产业融合发展。

（3）三平台

①建设旅游智慧服务平台。通过一键游览、一键交通、一键美食、一键住宿、一键购物、一键娱乐、一键文化、一键研学八大服务功能，创新各种公共服务应用，全面提升全区旅游公共服务水平。

②建设旅游智慧营销平台。全面整合全区文化旅游相关资源，建成全区统一品牌的"广西旅游营销一张网"。

③建设旅游智慧监管平台。完善旅游投诉管理和联合执法平台、旅游产业运营监测平台、旅游产品溯源平台、旅游诚信管理平台，建成自治区、市、县（市、区）三级旅游监管云平台。

2. 功能特点

（1）广西旅游资讯发布

"一键游广西"汇集了广西景区、文化场馆等的旅游攻略、出行信息等，为旅游消费者提供新鲜有用的广西旅游资讯服务信息。

（2）智慧交通出行助手

"一键游广西"与神州租车、一嗨租车、联动云租车等平台开展合作，向旅游消费者提供在线选车、下单、异地还车等便捷实惠的租车服务。

（3）投诉问询快速通道

"一键游广西"构建了自治区、市、县（市、区）等各层面涉旅企业的投诉体系，旅游消费者可通过在线渠道进行投诉、问询，并实时在线查看进展。

（4）出游预警避开拥挤

"一键游广西"与旅游、公安、消防、交通、卫生、气象等部门建立信息共享平台，对旅游景区（点）的人数、接待能力进行预测、预警，动态跟踪、监测，引导和方便旅游消费者假日出行，做到出行心中有数。

（5）一站式旅游新服务

"一键游广西"旅游消费者可在平台上享受全域导览、交通、消费警示、投诉、点评等旅游公共信息服务，以及景点门票查询预约、当地向导、当地交通、特色体验、景点推荐、酒店查询预订等一站式在线旅游服务。

（6）一键云游广西体验

"一键游广西"云上旅游系统提供全区多个景区（点）的360°VR全景虚拟游览、视频直播等智慧化服务，山河湖海360°实景图片、视频，移步换景，足不出户，云游壮美广西。

（三）发展目标

2024年逐步实现一键文创——文旅融合IP孵化平台、一键康养——疗休养服务平台、一键营地——生活服务平台等10个垂直领域的运营支撑，通过市场化运营思路，让一键游广西实现具备自给自足能力。2024年，平台将实现5亿—6亿元的交易流水，带动和服务1000亿元的旅游综合消费。2024年，通过平台赋能带动文旅产业数字化转型，将构建文旅行业智慧化新业态，把管理和服务做到极致，实现广西全区3A级及以上旅游景区、自治区级及以上旅游度假区、重点文化场所智慧化升级，建成全国知名的数字经济品牌，打造国内成功的省级数字文旅产业化平台标杆。

三、"智游天府"文化和旅游服务平台

（一）平台概况

"智游天府"平台是贯彻落实"要着眼于'便捷'，打造'天府文旅'智慧信息平台"等要求，于2019年10月按照"一中心、三板块"进行建设的，2020年9月25日正式上线。

2020年7月，四川省政府办公厅出台了《加快"智游天府"全省文化和旅游公共服务平台建设实施方案》（川办函〔2020〕40号），要求用三年时间全面建成"智游天府"平台。

1. 文旅大数据中心建设情况

通过整合省、市、县、乡、企事业单位多级一体的文化和旅游资源，汇集全省各类文旅数据4164.7万条，提供文旅服务企事业单位7070家，公共厕所、停车场等公共服务类场所近1.4万个；累计发布文旅服务信息超8万条。接入公安、交通、气象等相关涉旅部门数据，与交通厅、省市场监督局、省信用中心、部分市州等进行数据共享交换约67.3万条；输出6期数据分析报告。

2. 综合管理板块建设情况

提供日常办公协同、基础资源管理、行业运行监测、数据汇总分析等七大类服务38个业务系统。

（1）预约预订系统

集成全省133家4A级及以上正常营业的封闭式景区门票网络预约渠道，接入完成率100%。对13家重点图书馆、10家重点博物馆预约预订渠道也进行了接入。

（2）视频监控系统

集成全省303家正常营业的4A级及以上旅游景区视频监控系统。

（3）假日运行监测系统

实现了全省文旅系统假日填报统计分析、A级旅游景区运行监测及预警等可视化展示和联动处理功能。

（4）投诉和举报系统

形成了省、市、县、企四级联动的投诉和举报机制，实现了旅游消费者"一键投诉"，并随时跟踪投诉举报处理进度和情况。

3. 公共服务板块建设情况

通过App、小程序、微信公众号、微博、抖音等方式，为公众提供预约预订、景区信息、场馆信息、住宿信息、餐饮信息、文博展览、文艺演出、在线直播、城市名牌、特色产品、精品线路、评论分享、投诉举报、志愿服务、研学旅行以及四川天府健康通等旅游、文化、公共三大类20项主要服务，解决文旅融合和文旅便民方面的问题。春节期间，平台通过开展"云上天府过大年"专题活动的形式，汇聚全省文化和旅游线上服务资源，提供展演、展播、展示三大类300多个节目，全网曝光量超10亿次，让广大人民群众在疫情期间足不出户即可享受到丰富精彩的文旅盛宴，受到了省委宣传部的充分肯定。截至目前，平台用户数已近100万人（含App、微信公众号、小程序），直接服务使用者上千万人次。

4. 宣传推广板块建设情况

已整合并构建了省级文旅体系新媒体矩阵，正在推进市（州）新媒体号整合，形成省市联动的融媒体宣传矩阵，为提升全省文旅品牌做好支撑。

（二）平台成效

1. 构建了全省智慧文旅生态体系

通过建设，形成了技术支撑、标准支撑、建设支撑、政策支撑等智慧文旅生态体系，确保形成全省智慧文旅建设"一张网"，推动全省智慧文旅建设。

2. 形成了全省文旅数据互联共享

通过纵向连接全省文旅体系基础及运行数据，横向整合公安、交通、气象等涉文旅数据，实现业务数据共建共享、分建共享；依托大数据中心推动全省文旅数据归集共享，形成全省文旅数据生态，最终实现全省文旅行业的精细化管理、精准化宣传、精到化服务。

3. 实现了全省文旅行业智慧监管

通过集成预约预订、视频监控、门禁闸机等数据，及时掌握全省热点景区的预订人数，及时发布风险预警信息，有效引导旅游消费者分流，保证旅游安全。

（三）未来规划

未来计划通过两个阶段推进"智游天府"平台建设。第一阶段是2021—2023年，"智游天府"将具备成熟的运营核心产品、运营团队和运营平台，形成良好的可持续发展能力。社会公众使用人数达到1亿人次以上，注册用户数量不少于400万，企事业单位及市场主体覆盖累计不低于3000家。第二阶段是2024—2025年，优化和完善"智游天府"平台运营，进一步提升平台的品牌影响力和资源供给力，初步具备自我造血能力。社会公众使用人数、注册用户数量、企事业单位及市场主体覆盖数量翻一番。

1. 以景区创建标准为突破，全面推动智慧旅游景区建设

贯彻文化和旅游部《智慧旅游景区建设指南》，在2021年全省景区发展大会上，编印下发《智慧旅游景区建设基本要求与评价》，指导景区依托5G、大数据、物联网、AI、流媒体等新技术，全面推进智慧旅游景区建设。将智慧旅游景区建设与升A评级和复核结合起来，制定考评机制，进行线下通报和线上"晾晒"；对建设走在前列的景区，给予项目补贴。结合"万企上云"工作要求，通过以点带面、重点突破，着力推进四川省智慧旅游景区"上云"，带动全行业、全业态智慧化建设。

2. 以"新基建"示范为引领，全面推动智慧文旅建设

拟由发改委、经信厅、科技厅、文旅厅联合发文，围绕智慧旅游城市、智慧旅游景区建设，按照"一层级一示范"的推进方式，在全省文旅体系进行"新基建"示范单位试点申报；按照每年40个示范试点建设标准，力争通过3年时间建设形成不少于120个示范试点；对于创建示范成功的单位，按照1∶1∶1的比例，省、市、县三级对"智慧旅游城市""智慧旅游景区"提供资金奖励，全面提升四川省文旅数字化建设。

3. 以"智游天府"平台为核心，全面提升文旅公共服务水平

按照《四川省加快"智游天府"全省文化和旅游公共服务平台建设实施方案》，聚焦"智游天府"平台功能升级和体验优化，进一步扩大数据接入范围和类别，实现4A级及以上旅游景区、一级文化馆、一级图书馆、一级博物馆预约预订、视频监控、客流监测数据的接入。加强"智游天府"平台与"天府通办"对接，设置"直通文旅"分站点，通过智能手机、导游机等移动终端，为公众提供旅游在线咨询预订、电子支付、投诉维权等全过程、一站式服务，构建面向社会公众的智慧化公共服务体系，全面提升文旅公共服务水平。

4. 不断完善平台智慧化管理，提升文旅体系管理效率

进一步完善平台功能，加强数据共享，创新场景应用，加快标准建设，开展示范创建，全面提升全省文旅行业智慧化服务水平。

四、携程智慧旅游建设"一部手机游甘肃"

携程创立于 1999 年,总部设在上海,员工超过 3 万人,目前公司已在北京、广州、深圳、成都、杭州、南京、厦门、重庆、青岛、武汉、三亚、南通等 95 个国内城市,首尔等 22 个国外城市设立分支机构,在中国南通、苏格兰爱丁堡设立服务联络中心。作为中国领先的综合性旅行服务公司,携程成功地整合了高科技产业与传统旅行业,为超过 3 亿会员提供集无线应用、酒店预订、机票预订、旅游度假、商旅管理及旅游资讯在内的全方位旅行服务,被誉为互联网和传统旅游无缝结合的典范。

携程凭借稳定的业务发展和优异的盈利能力,在线上旅行服务市场居领先地位,连续 4 年被评为中国第一旅游集团,目前是全球市值第二的在线旅行服务公司。携程一直将技术创新视为企业的活力源泉,在提升研发能力方面不遗余力。携程建立了一整套现代化服务系统,包括海外酒店预订新平台、国际机票预订平台、客户管理系统、房量管理系统、呼叫排队系统、订单处理系统、eBooking 机票预订系统、服务质量监控系统等。2013 年携程发布"大拇指 + 水泥"策略,构建指尖上的旅行社,提供移动人群无缝的旅行服务体验。

依靠这些先进的服务和管理系统,携程为会员提供了更加便捷和高效的服务。携程全域旅游目的地建设方案正基于当前旅游行业的趋势与痛点,凭借其在行业内多年的品牌形象与运营优势,专业人才与团队的数量规模,为各旅游目的地提供一体化综合性的智慧旅游服务方案。

(一)携程智慧旅游概况

携程智慧旅游建设方案主要围绕着"一个中心,三个服务体系"进行建设,即"一机游"云数据中心与智慧旅游管理体系、智慧旅游服务体系、智慧旅游监督体系;三个体系分别为政府与目的地管理者体系、旅游消费者体系、与目的地市场相关主体提供智慧旅游配套服务体系。其中,由政府通过智慧旅游管理体系对旅游目的地各要素进行监督与管控;由政府、携程等共同组建智慧旅游目的地的平台运营公司,负责技术平台落地,整体旅游平台运营、营销、管理操盘,肩负整体旅游目的地运营的责任;由各相关旅游企业负责提供旅游产品,为旅游消费者提供优质服务。

1. 智慧旅游管理平台——面向政府与目的地管理者

(1)综合运营系统

第一,旅游运营管理平台。基本内容为旅游消费者管理系统、营销监管平台、云平台服务、自动化管理。

第二，人才培训基地。基本内容与功能为利用携程的旅游专家认证系统实现旅游专业技能培训与认证。

（2）综合管控系统

基本内容与功能为视频监控、车辆调度、承载力预警、基础资源监测、实时数据统计、舆情监测、安防报警、停车场管理。

（3）大数据管理系统

基本内容与功能为大数据管理服务中心、数据交换中心、区域大数据监控中心、业务运营决策系统。

（4）政务系统

政务系统包括会员管理系统、OA 协同办公系统、EHR 人力资源管理系统、交互式语音应答系统（见表 8-1）。

表 8-1　政务系统

内容	服务功能
会员管理系统	通过携程会员管理系统，旅游目的地经营者可以记录所有会员客户的资料，了解用户的兴趣爱好、消费特点、意向需求等；同时针对客户需求，为其提供优质的个性化旅行服务
OA 协同办公系统	办公自动化（OA）是面向组织的日常运作和管理，员工及管理者使用频率最高的应用系统，主要推行一种无纸化办公模式
EHR 人力资源管理系统	人力资源管理系统，通过提高内部员工的满意度、忠诚度，从而提高员工贡献度，即绩效，帮助管理者通过有效组织管理降低成本和加速增长来创造价值链利润
交互式语音应答系统	通过双音频电话输入信息后，能向用户播放预先录制好的语音，提供相应信息的一种业务。它具有语音信箱、传真收发等功能

2. 智慧旅游服务平台——面向旅游消费者

（1）自助售检票系统

基本内容与功能为电子门票、线上与线下售票结合、远程查询。

（2）音乐广播系统

基本内容与功能为按照在人员密集场所，实时传达目的地信息，可转为紧急广播系统。

（3）O2O 一体化

基本内容与功能为无现金支付与现金支付、电子会员卡。

（4）消防报警系统

基本内容与功能为火灾报警电话、消防联动广播。

（5）无线局域网系统

基本内容与功能为供旅游消费者上网、统计旅游消费者网络数据。

（6）智慧健康系统

基本内容与功能为在景区内放置智慧健康一体机，随时供旅游消费者测量基础身体数据，如身高、体重、血压等。

（7）智慧场景

①智慧景区：基本内容与功能如表8-2所示。

表8-2 智慧景区内容与功能

快速入园，无感支付	景区智能导览
为旅游消费者提供二维码、指纹识别、人脸识别等快速入园服务，解决排队痛点问题	通过电子地图为旅游消费者提供景区地图导航、厕所查找、查看景区实时客流情况与景区资讯等
通过二维码、一卡通、智能手环等技术实现无现金、无感支付	手机随身导游讲解，智能推送周边食、住、行、游、购、娱信息

②智慧酒店：基本内容与功能为VR选房、30秒刷脸入住、智能管控、离店闪结。

③智慧乡村：基本内容与功能为在线预订乡村农家院、民宿、餐饮、特产等，农事直播，民俗活动直播，分享乡村文化故事。

④智慧零售：基本内容与功能为自助零售、自助购物篮、无人货架、自助终端结算。

⑤智慧餐饮：基本内容与功能为自助终端点餐、自助取餐、自助回收站、经营分析。

（8）云呼叫服务平台

基本内容与功能为一键呼叫旅游SOS、旅游投诉一键呼叫受理、售后一键呼叫答疑。

3. 智慧旅游营销平台——面向目的地市场相关主体

一机游平台基本内容与功能为完成"食、住、行、游、购、娱"的各种智慧化旅游场景，"一机在手，说走就走"。

（1）分销渠道

基本内容与功能为O2O与B2C分销渠道建设。

（2）综合产品管理系统

产品研发中心基本内容与功能为根据时令热点，推陈出新产品。产品管理中心基本内容与功能为对旅游产品进行分类对比、效益追踪、实时查询。

（3）目的地品牌打造与传播

基本内容与功能为挖掘IP、制订营销方案、品牌推广。

（4）大数据推广

基本内容与功能为全案输出、精准推广、目的地智能决策。

（二）项目背景

甘肃省旅游业发展势头强劲，旅游市场规模逐步增大。2021年，甘肃省接待旅游消费者人数2.76亿人次，实现旅游综合收入1842.4亿元，分别较2020年增长29.7%和26.6%，旅游市场恢复到2019年同期水平的73.7%和68.7%。随着甘肃省旅游市场规模的快速增长，为同步提升旅游管理、服务与营销水平，为旅游消费者提供高品质的旅游体验，省内积极推进智慧旅游建设工作。

2016年12月27日，国家旅游局办公室印发的《"十三五"全国旅游信息化规划》（旅办发〔2016〕346号）提出，到2020年，旅游"云、网、端"基础设施建设逐步完善，信息新技术的行业创新应用不断深化，旅游数字化、网络化、智能化取得明显进展，旅游公共信息服务水平显著提高，旅游在线营销能力全面发展，行业监管能力进一步增强，旅游电子政务支撑行业治理现代化坚实有力，信息化引领旅游业转型升级取得明显成效。

2018年2月，甘肃省政府印发《关于加快建设旅游强省的意见》《关于加快全省智慧旅游建设的意见》等文件，提出要广泛运用互联网大数据技术，实施"一部手机游甘肃"计划，推动服务业的发展。2020年，甘肃省已经建成"一中心三体系三朵云"（大数据中心，智慧旅游管理体系、服务体系、营销体系和智慧旅游支撑云、功能云、内容云）智慧旅游体系，[①]促进全省智慧旅游的发展。2021年，甘肃省"一部手机游甘肃"综合服务平台中的景区（场馆）分时预约系统入选了文旅部"14个发展智慧旅游提高"适老化"程度示范案例名单"，该系统提供字号变大、语音输入等功能，为老年人旅游提供了便利。

（三）项目发展情况

"一部手机游甘肃"综合服务平台以文化旅游大数据为支撑，以解决旅游消费者食、住、行、游、购、娱等需求为基本导向，以打造"金牌导游、贴心管家、全能导购、文化导师"为总体目标，以微信公众号、小程序、二维码、App为入口，相继建成了景区智能导游导览、乡村旅游服务、自由执业导游在线管理及服务等13个子系统；发布了15个城市目的地、90家景区、26个乡村游、22个自驾游攻略，以及1475篇游记、2430个短视频；具备了全省90家4A级以上旅游景区智能导游导览和VR体验，以及在线订票、语音讲解、视频直播、厕所定位、车位查找等功能；实现了814家农家乐、6843家酒店及家庭旅馆、63家景区门票、573条旅行线路在线订购，以及9596名注册导游在线预约服务。截至目前，

---

① 姜镇宁，苏小凤."一带一路"背景下甘肃省旅游业发展路径选择[J].旅游纵览（下半月），2018（20）：170—175.

平台已累计完成投资4935万元；2018年5月底上线运行以来，累计浏览量已突破1200万人次。

"一部手机游甘肃"平台已在全国声名鹊起，2019年，平台被省委省政府作为省重大项目推进建设，并先后荣获第四届中国文旅产业巅峰大会突出贡献奖、腾讯全球数字生态大会"数字文旅先锋奖"。2019年9月，在中国旅游产业博览会上，文旅部对"一部手机游甘肃"推荐展出。2020年6月，"一部手机游甘肃"综合服务平台被文旅部评选为"年度文化和旅游信息化发展典型案例"。平台建设得到了文旅部和省委省政府的高度肯定，山西、江西、湖北、青海、新疆等省级文旅部门先后对此进行了考察学习。

随着平台的不断开发完善和市场化运营的加快推进，"一部手机游甘肃"必将成为广大旅游消费者出行的"好助手"、群众居家生活的"好帮手"，也必将提高全省旅游服务、管理、营销各个环节的智能化、信息化、便捷化水平。建议相关部门加快推进"一部手机游甘肃"市场化运营，在政策制定、资金投入、人才引进等方面进一步加大力度，全省文化旅游产业发展发挥更好更大的作用。

（四）重点任务

1. 全面建成"一中心"

首先，进一步深化公安、通信运营商等部门的数据共享，促进省直部门设计旅游数据的横向融合和共享。其次，对4A级以上旅游景区进行视频监控，将旅游消费者流量等信息与省级甚至国家级平台对接。旅游发展重点市（县）要建成旅游大数据中心，打通全省旅游大数据纵向归集系统。最后，景区、旅行社、民宿等作为数据采集单元，从不同维度统计大数据，形成省级涉旅数据自主资产和甘肃智慧旅游内容云，推动数据资源在旅游产品研发设计、生产运营、远程运维、供应链管理方面的应用，形成旅游信息数据智能传感控制能力。

2. 基本建成"三体系"

（1）完善智慧旅游管理体系

主要从旅游综合监管平台、舆情监控平台、全省旅游行业协同办公系统这三个方面来推进。实时掌握景区动态数据，如人流状况、交通拥堵情况，对突发事件做好预警应急处理，发挥综合监管的作用；当有舆情出现时，要快速响应，第一时间通过各大网络媒体发布应对信息，加强信息透明化，正确引导舆论走向；建设一体化网络协同办公系统，加强同省旅游管理部门、公安、交通等涉旅部门的协作，增强信息的时效性与透明度，打造高效的政务管理体系。

（2）完善智慧旅游服务体系

以甘肃旅游资讯网为基础、"微游甘肃"微信服务平台为核心，完善旅游票务预订等服务；建设电子导游库，为旅游消费者提供更多的讲解选择，开设一批甘肃旅游营销服务品牌专区，向旅游消费者提供多方面涉旅信息的查询服务，协助旅游消费者制订、完善目的地行程[①]；构建甘肃旅游动态交互评价系统，旅游消费者可以根据自己真实的服务体验实时发布，其他旅游消费者可以了解更多真实的感受，旅游运营商则可以根据反馈意见及时整改。

（3）完善智慧旅游营销体系

首先，健全网络宣传平台，加大网络宣传投入力度，线上媒体平台与线下主题活动共同发力，建立立体化网络宣传矩阵，打响"交响丝路·如意甘肃"品牌；同时，加强与周边省份的信息共享，吸引周边省份的旅游消费者。其次，创新旅游宣传形式，年轻人逐渐占据旅游的主市场，营销方式也要与时俱进，传统的在报纸上刊登广告、在电视节目中穿插广告等形式起到的宣传作用微乎其微，应该利用微博、小红书、抖音、哔哩哔哩等新媒体平台创新宣传方式。引导旅游电商平台开发更符合市场需求的"住宿+景区门票""交通+景区门票"等网络旅游套餐，促进线上线下一体化电子商务模式落地，推进旅游电子商务系统与金融系统对接，建设甘肃综合性旅游服务预约平台，改变传统单一的旅游营销模式。鼓励本地旅游企业与不同类型在线旅行社合作，通过官方网站、微信等载体建设电商平台，进行旅游形象及特色活动宣传推广。

3. 推进"三朵云"建设

（1）建设以数据为中心的支撑云

在现有旅游大数据的基础上，继续增加各个涉旅部门、行业的数据接入，实现数据共建共享。

（2）建设以服务为中心的功能云

进一步推进全省旅游产业全覆盖、旅游管理全方位、旅游服务全链条的线上线下无缝对接，提升政府部门管理服务水平、企业营销服务水平和旅游消费者满意度。

（3）建设以旅游消费者为中心的内容云通过合法、多样的方法，收集游记、攻略等信息，形成可行、可信的当地旅游攻略，帮助旅游消费者出行。

---

① 白明珠，祁红艳，张雪，等. 5G技术在智慧旅游景区建设中的应用研究：以武威沙漠公园为例[J]. 电子世界，2021（2）：47—48.

4. 加快实现旅游主业态智慧化系统

（1）景区智慧化建设

支持景区开发在线预订、智能讲解等服务功能，加强客源监测、人流密度监测，为旅游消费者提供更智慧化的旅游服务。

（2）智慧旅行社建设

建立智慧旅行社管理系统，提供完整的旅行社介绍、旅游线路、代理酒店、代理票务、旅行社组团信息查询等基本服务信息，同时兼具旅游电子合同管理服务、导游资质信息管理服务，以及保险、租车等其他服务。

（3）智慧酒店建设

鼓励酒店完成智慧化升级，如提供自助入住、在线支付服务，客房内布置智能窗帘、小爱音箱、智能马桶等智能终端。

（4）智慧民宿建设

支持民宿完成 4G、5G 网络覆盖，建设电子门禁系统、民宿客栈信息管理平台，并扶持民俗客栈开展餐饮、娱乐一条龙服务，拉长民俗休闲产业链。

5. 提升旅游业网络扶贫实效

积极探索智慧旅游网络扶贫新模式，103 家 4A 级及以上旅游景区导游导览、6843 家酒店及家庭旅馆、773 家农家乐、573 条旅游线路、63 家景区门票售卖入口、9695 名注册导游在线预订预约……这是"一部手机游甘肃"公共服务平台能够提供给旅游消费者的服务内容。此外，建设乡村旅游服务平台，为消费者提供在线查询、预订、交易等服务，配套休闲农业、乡村旅游消费等信息服务功能，提升乡村旅游标准化建设进程。同时，将乡村旅游平台与大型网络平台、旅游部门自媒体进行链接，及时发布各类农事节庆节会等乡村热点信息。

6. 促进旅游业融合与创新

（1）推进高速公路服务区与旅游智能化融合

针对自驾游群体，加快实施网络"后备厢"工程，在高速公路服务区建设 50—80 个甘肃特色旅游商品和农特产品实体示范店，涵盖景区推介、展馆营销、电动车租赁、休闲区、房车驿站、路况实时反馈等功能板块，使高速公路服务区成为甘肃旅游信息中心、物流中心和旅游消费者集散中心。

（2）建设自驾游地理信息系统（GIS）服务平台

依托国家测绘地理信息局的天地图服务，以自驾营地、自驾线路、景区景点、维修服务站、加油站等自驾相关内容为重点，加快建设自驾游 GIS 服务平台，为自驾旅游消费者提供私人线路定制、保险预订购买、道路救援预订、医护救援预订、维修服务预订等一站式服务。

（3）推动客运站点与旅游业"错峰对接"

充分利用全省四级客运站点闲置的运输资源，弥补旅游旺季旅游大巴运力缺口，打通客运班线与景区景点的"最后一公里"。

（4）全面推行旅游"一卡通"

加强各旅游部门与互联网公司合作，发行实名制旅游卡，与高速服务区、加油站、景区等对接，持卡用户在省内旅游时即可享受到特定商户的优惠折扣服务。

7. 补齐网络基础设施短板

加快景区5G移动网络建设，对旅游各场景实现网络全覆盖。这不仅方便了旅游消费者流畅上网，也为大数据共享、旅游部门应急调度指挥奠定了坚实的基础。

2020年以来，"一部手机游甘肃"在促进旅游发展、乡村振兴方面发挥了巨大的作用。甘肃省先后在"一部手机游甘肃"平台上线"你是人间四月天""环西部火车游"等12个网络专题，以及"景区疫情数智分析""分时预约"等功能。平台累计接入近4万条文化和旅游业态信息，累计服务旅游消费者714万人次。此外，省级部门在"一部手机游甘肃"平台上建设了农村电商工程，顺应5G短视频时代，创新实现5G云赏花、渭河源直播带货等活动，并借助抖音、快手等自媒体平台营销，扩大知名度，搭建了线上线下多个销售场景，帮助甘肃农村多元化发展，带领乡村百姓奔小康。

第九章 智慧旅游背景下旅游消费者行为的概念与特点

第一节 智慧旅游背景下旅游消费者消费行为倾向

一、旅游消费者行为概述

（一）旅游消费与旅游消费者消费

国内旅游学界有关旅游消费与旅游消费者消费的概念之争，时至今日似乎还没有一个统一的结论。比较有代表性的观点认为，这两个概念可以从经济意义和技术意义的视角来加以界定。

1. 经济意义上界定（静态区分）

从经济意义角度出发，可以认为所谓的旅游消费者消费是指人们从一般消费者到旅游消费者角色转换后所发生的各项消费，是旅游消费者在自己的常住地以外的消费，其中主要包含旅游过程中的食、住、行、游、购、娱等部分，强调对旅游目的地经济的影响。而旅游消费则是指为了方便旅游活动的顺利进行而发生的消费，是"为了旅游活动的发生发展而引致的消费，是由旅游单位（旅游消费者）使用或为他们而生产的商品和服务的价值"（世界旅游组织WTO），它强调旅游消费对目的地和客源地的双向影响，即旅游消费＝旅游消费者消费＋旅游前及旅游后消费（涉及旅游经济影响的正确计量问题，包含关系）。

2. 技术意义上界定

旅游消费者消费必须是旅游消费者离开自己的常住地以后的消费，这是对旅游消费者消费在空间上的基本要求，也是旅游消费与其他形式的消费之间存在的一个不同之处。旅游消费者消费行为的实现必须以空间位移的实现为前提，即必须先"旅"，且要"旅"离自己的常住地之后方可进行这种消费，即表现为"异地性"。而旅游消费强调的是一个过程，是一种生产、体验、经历形成的全过程。

（二）旅游消费者行为

从本质上讲，现代旅游活动就是一种消费活动。因此，可以认为旅游消费者也就是消费者。参照上述对旅游消费做出的定义，本书所指的旅游消费包含旅游消费者消费，因而书中所提到的旅游消费者的行为，也就自然包含旅游消费者作为消费者的消费行为。

总体来说，学者们对旅游消费者消费行为的界定基本上沿袭了消费者行为学对消费者行为的界定，认为消费者行为可以看成由两部分构成：一是消费者的行为；二是消费者的购买决策过程。这两个过程相互渗透、互相影响，形成消费者行为的完整过程。

1. 关于旅游消费行为的几种定义

（1）旅游消费行为是旅游消费者选择、购买、使用、享受旅游产品、旅游服务及旅游经历，以满足其需要的过程。旅游消费行为有广义和狭义之分。广义的旅游消费行为包括从旅游需要的产生、旅游计划的制订到实际旅游消费以及旅游结束回到家之后产生的感受（满意程度）的全过程。而狭义的旅游消费行为则强调行为是一种外在的表现，因此旅游消费行为仅指旅游消费者的购买行为以及对旅游产品的实际消费。

（2）旅游消费行为并非只是经济性的消费行为，而是受到当时的社会文化背景、消费者自身的个性以及情感等复杂因素影响的感性消费。因此，旅游消费行为可分为两部分：一是旅游消费者的行为，即购买决策的实践过程；二是旅游消费者的购买决策过程，主要指旅游消费者的购买实践之前的心理活动和行为倾向。

（3）旅游消费行为是受多种因素影响的，具有综合性、边缘性、超常规性特点的体验活动，而并非仅仅是简单的购买行为。它的产生、兴起、进行、结束整个过程可以从心理、地理、社会、经济、文化等多个层次进行多角度考察。

在此基础上，谷明还提出了定义旅游消费行为的6个维度，即外层定义维度（空间维度、时间维度、文化维度）、内层定义维度（经济支持维度、心理体验维度、社会互动维度）。

（4）旅游消费行为是指旅游消费者为了满足旅游需要，在某种动机的驱使下，用货币去实现需要并获得相关服务的活动。这里的旅游消费内容，包括食、住、行、游、购、娱的全部或任一方面。

2. 本书采用的定义

从上述学者对旅游消费行为的定义来看，从概念（1）至概念（3）都强调旅游消费行为是一个消费过程，是旅游消费者的一个购买决策过程。而概念（4）对旅游消费行为的定义则更像是给旅游消费的定义。综合上述看法，本书认为，旅游消费者行为是指旅游消费者为了满足旅游愉悦、审美等体验的需要，选择并购买旅游产品的过程。这个过程包括出游前需要的产生、决策过程、在旅游目的地或者景区的消费、购后评价等几个主要环节。

二、旅游消费者需要

（一）定义

需要是人类行为的基本动力，它激发人朝着特定方向行进，以获得满足感。人的需要越是强烈，由它引发的行为就越是有力。当原有的需要得到满足后，又会产生更高层次的新需要指引后继行为，如此周而复始循环上升，随着人类历史进程的演进不断发展。

（二）需要的种类

人类在发展过程中，为了维持生命和种族的延续，必然需要一定的物质条件，如食物、水、氧气、性爱等；同时在社会生活中，人们从事社会劳动和人际交往是维持社会存在和发展的必要条件。

需要是人类活动的基本动力，它激发人朝一定的方向行动，并指向某种具体对象，以求得自身的满足。人的需要是多种多样的。美国心理学家马斯洛（A.H.Maslow，1908—1970）在1943年发表的《人类动机的理论》一文中，提出了人类的"需求层次理论"。这一理论影响较大，目前被广泛应用。这一理论认为，人类的需求由5个层次构成。

1. 生理需求，也称天然需求

这是人的最基本的需求，是为了达到有机体内部稳定和外界平衡的需求，包括食物、水、氧气、睡眠、避暑、防寒等。生理需求是本能的，并周期性地产生。动物虽然也有生理需求，但与人的生理需求相比有本质的不同。人的生理需求受社会生活条件的制约。

2. 安全需求

人生活在社会环境中，需要一种安全感，没有心理压力，过平静、安宁的生活等。安全需求是从生理需求向社会需求的过渡。因为一方面人遇到危害性的事物时会自发地避开，遇到有利的事物时会自发地靠近，这是出自人生理本能的反应，即心理学所谓的"趋避心态"。另一方面，人生活在社会群体之中，需要人人遵守社会秩序才能维系和保障自身安全，这样安全需要就从个人的生理层面转为对社会的要求。

3. 归属与爱的需求

这是一种社会性的需求，即社会交往、人际交往的需要，希望自己被别人和社会所接纳和认可，希望参加各种社会活动，与人交朋友，建立友谊或爱情。归属和爱的需要包括情感、社交等。

4. 尊重的需求

这里指人希望得到别人的尊重，渴望获得好评，并保持自己的自尊心。马斯洛把尊重的需求分为两类——自尊和来自他人的尊重。自尊包括对获得信心、能力、本领、成就、独立和自由的愿望，来自他人的尊重则包括威望、承认、接受、关心、地位、名誉和赏识。

5. 自我实现的需求

这是一种高层次的需求，属精神性的需求。大致分为三个层面：一是面对自我，有自我的主见，倾听内心的声音，说自己想说的话，做自己想做的事，不盲从。二是对自我负责，对自己说过的话做过的事负责，敢于承担责任。三是超越自我。自我实现不是一种静止的潜能存在的状态，而是实现自我潜能的过程，只有经历一个勤奋、竭尽所能并为达到甚至超越自身原有能力水平的阶段，才能最终体验到达顶峰的快乐。

（三）旅游消费需要的产生、类别和特征

旅游消费需要是指为满足旅游欲望，在一定时间和价格条件下，具有一定支付能力的人所愿意购买的旅游商品的数量。这个概念具有以下三层含义：①旅游消费需要是旅游消费者对旅游商品渴望满足的一种欲望，即对旅游商品的购买欲望。②旅游消费需要表现为旅游消费者对旅游商品的购买能力。③旅游消费需要表现为有效的旅游需要。在旅游市场中，有效的旅游需要是指既有购买欲望，又有支付能力的需要。它反映了旅游市场的现实需要状况。

1. 旅游消费需要的产生

现代旅游消费需要的产生既要有主观因素，也要有客观因素。从主观上讲，旅游消费需要是人们为满足其旅游欲望产生的。人们为满足其旅游欲望而产生的对旅游商品的需要，转化为现实的旅游活动，成为有效的旅游需要，需要一定的客观条件。具体而言，可支配收入的提高、闲暇时间的增加以及交通运输条件的现代化，是人们旅游需要产生的三个基本要素。

（1）可支配收入的提高是旅游需要产生的前提条件

随着社会经济的发展，人们生活水平不断提高，消费层次和消费结构也发生了很大的变化。旅游需要属于较高层次的需要。只有当人们满足了衣、食、住、行等基本的生活需要和必需的社会需要，具有可自由支配的收入后，才有可能具备产生旅游消费需要的经济条件。因此，各国研究旅游问题的学者都将可自由支配收入视为实现个人旅游消费需要的首要经济前提。

（2）闲暇时间的增加是旅游消费产生的必要条件

所谓闲暇时间是指一个人在日常工作、学习、生活及其他限制性活动之外，可随意支

配的自由时间。但并非所有的闲暇时间都可以用于外出旅游，作为产生和实现个人旅游需要的客观条件，闲暇时间是历时较长的连续性时间。随着社会生产力发展和劳动生产率的提高，人们用于工作的时间相对减少，而闲暇时间则不断增多，从而刺激了旅游消费需要的扩大。

（3）交通运输的现代化为旅游需要的产生提供了"催化剂"

旅游活动离不开一定的交通运输，特别是长距离旅游及国际旅游，更需要方便和舒适的交通运输。现代科学技术的进步，为人类提供了便利的交通运输。大型民航客机、高速公路、高速列车等交通运输的现代化，使旅游消费者在旅游活动过程中空间的移动更加安全、方便和舒适，不仅有效地刺激了旅游消费需要，"催化"了人们的旅游行为，更促进了国际旅游业的发展，使旅游业进入一种全球化发展的新趋势。

总之，人们可自由支配收入的提高、闲暇时间的增多和交通运输的现代化，是促进现代旅游需要规模迅速扩大的客观条件，而归根结底则是现代社会经济发展的结果。

2. 旅游消费需要的类别

马斯洛需要层次理论的基本观点可以概括为：人在其基本需要得到满足之后，就会产生更高层次的需要。如果把上述需要理论用在旅游消费需要的区分上，可以把旅游消费需要分为如下六类：

（1）功能性旅游消费需要

这类需要主要是旅游过程中所必需的衣、食、住、行等方面的需要。例如，服装、食品、交通工具、文化用品等。

（2）渴望性旅游消费需要

主要是旅途中安全、防卫、保健等方面的需要。例如，购买保险、药品，要求导游陪同，与旅行社签订意外事故责任书等。

（3）威望性旅游消费需要

主要是借助旅游满足个人的优越感、成就感，炫耀并充分表现自我的需要。例如，在旅游购物商店购买珠宝、古董、装饰品，入住高级酒店，参与高消费旅游项目等。

（4）地位性旅游消费需要

主要是在旅游消费过程中显示其所处社会地位、社会阶层和归属的需要。表现在交通工具选用私人轿车，外出旅游注重装饰打扮，频繁接触旅游目的地的社会名流等。

（5）快乐性旅游消费需要

主要是旅游过程中满足好奇、求知、模仿、愉悦等需要的消费需要。如参加舞会、健身活动，前往游乐场或趣味性较强的主题公园等。

（6）嗜好性旅游消费需要

主要是在旅游开始之前对某旅游场所或项目有一定的偏爱并有强烈的参与欲望，如摄影、博彩等。

我们也可以把上述的六类需要概括为旅游消费者的三种一般需要，即天然性需要、精神性需要和社会性需要。

3. 旅游消费需要的特征

旅游消费需要由于受经济、社会、心理等各因素的影响，呈现出千差万别、纷繁复杂的形态，这就给旅游业的管理和旅游企业的营销工作带来了一定的困难，但是，可以通过研究旅游消费需要的趋向性和规律性，对旅游消费需要有一个总体、全面的把握。具体来说，旅游消费需要具有以下特征：

（1）多样性

首先，旅游消费需要的多样性体现了人类需要的全面性。人不仅有衣、食、住、行等物质方面的消费需要，还具有高层次的文化教育、艺术欣赏、娱乐消遣、社会往来、体育竞赛等精神方面的消费需要。旅游消费需要的多样性还体现在人们需要的差异性上。众多的旅游消费者，其收入水平、文化素质、职业、年龄、性格、民族、生活习惯等各不相同，他们在旅游消费需要上就表现出不同的兴趣和爱好；此外，旅游消费需要的多样性还表现在旅游消费者对同一商品的需要往往有多个方面的要求，如既要求价格便宜又要求旅途舒适等。

旅游消费需要的多样性要求旅游企业在营销工作中要特别注意分析各类消费者的不同爱好和兴趣，注意掌握不同消费者的消费心理及其变化，根据消费者的需要进行市场细分，开发出适销对路的旅游产品。

（2）层次性

马斯洛认为，人们的需要是有层次的。人的消费需要是由低层次逐渐向高层次发展和延伸的。同样的道理，由于受闲暇时间和可自由支配收入以及文化修养、信仰观念、生活习惯等的影响，旅游消费者的消费需要也呈现出不同的层次，即使是同一个旅游消费者，在不同的时间对旅游产品的需要层次也不一样，所以旅游消费需要层次的发展因人而异。

（3）伸缩性

旅游消费需要受外因和内因的影响，这两方面的因素对旅游消费者的消费需要都可能产生促进或抑制作用，这就使消费需要表现出伸缩性的特点。影响旅游消费者消费的外因主要包括旅游产品的供求状况、价格、广告宣传、销售方式、售后服务、他人的实践经验、旅游消费者源地与目的地之间的距离、货币汇率、政治因素等。内因主要是指消费者本人的需要欲望、购买能力、旅游动机、旅行方式、消费水平及消费结构等。因此，在现实生活中，当客观条件限制旅游消费需要的满足时，消费需要就被抑制、转化、降级，并且只停留在某一水平上。

（4）习惯性

旅游消费的习惯性是指旅游消费者经过多次旅游培养出的对旅游的爱好。旅游能够使人暂时忘掉工作，忘掉一切不愉快，使人身心得到放松，感觉生活更加美好。有过旅游体验的人，在条件许可的情况下，还会选择旅游作为放松自己的方式，这样就形成了旅游消费的习惯。这种良好的习惯既是一种健康的生活方式也有利于我国旅游经济的发展。

（5）从众性

从心理学上讲，群众中的"意见领袖"或大部分人的行为和态度，对群体中的个人会产生心理压力，在这种心理压力下，个体的行为和状态往往会主动或被动地与群体保持一致。表现在旅游消费者的消费活动中，就呈现出一种从众的特征，即在特定时空范围内，旅游消费者对某些旅游商品或劳务的需要趋向一致，这就是旅游消费需要的从众性。

旅游消费需要的从众性有两种基本表现形式：第一种是消费流行，或叫消费时尚，它是旅游消费者追求时兴事物而形成的从众化的旅游消费风潮。第二种表现是消费攀比，盲目的攀比不仅给旅游消费者个人带来了沉重的经济负担，也对社会上一些不良的旅游消费起到了推波助澜的作用。

（6）整体性

大多数旅游消费者在决定去某地旅游时，都不只考虑某一方面的旅游商品或服务，而是将多种相关的旅游商品和服务综合考虑。这种对旅游商品总体的需要涉及在旅游活动期间的各个方面，是一种整体性的需要。了解和认识旅游需要的这一特征，对于理解旅游供求问题具有十分重要的意义。

（7）季节性

这既和旅游目的地的气候对旅游环境的影响有关，也和旅游消费者源地的气候条件、假期分布和人们外出旅游的传统习惯等因素有关。旅游消费需要的季节性波动对旅游供求的平衡显然有不利的影响。这种影响通常表现为旅游旺季时供不应求，淡季则出现供过于求的局面。

（8）周期性

人一生的旅游消费行为是一个无止境、不间断的活动过程，因而旅游需要具有周期性。旅游消费者的旅游动机获得满足后，在一定时间内不再产生或处于抑制状态，但随着时间的推移，旅游需要会逐渐发展，呈现周期性。旅游需要的周期性主要是由旅游消费者的生理需要机制引起的，并受到旅游环境发展的周期和社会时尚变化周期的影响。

（四）旅游消费者的感知

1. 旅游消费者的感知过程

旅游消费者的感知过程是个体选择、组织和解释感觉刺激，使之成为一个有意义的连贯的现实映像的过程。一个世纪以前，人们还把感知类比成照相机来理解，但是计算机要模拟感知时却发现远不是那么回事。感知是一个主动探索客观世界的过程，在这一过程中，大脑对大量离散的感觉信息进行选择加工，在信息加工过程中又强烈地受个体的动机、人格、态度、学习等因素影响。不同的人面对相同的风景，会产生不同的旅游感知。可以把感知的过程视为连续过滤外界刺激的过程。个体有选择地注意环境中的信息，然后加以解释和理解，并与其他知觉综合。

（1）选择性注意

注意是指个体对展露于其神经系统前的刺激物做出进一步加工和处理。由于认知能力的限制，在某一特定时点，旅游消费者不可能同时处理所有展露在他面前的信息。人们只是按照某种需要和目的，有意识地选择他们感兴趣的少数事物作为感知对象，或无意地为某种事物所吸引，以它作为感知对象。比如说，如果你正在寻找一个蜜月度假地，你可能会特别注意宣传材料上对沙滩、露台、安静的环境、月亮的描述；如果你正在为公司寻找合适的地点召开一次销售会议，那么对于同样的宣传材料，你会更注意对会议室、宴会设施及健身器材的介绍。当你身处一家饭店时，你可能会注意饭店的装潢、电梯服务、酒吧、高尔夫球场等你认为饭店已经向你承诺的东西。

在旅游情境中，旅游消费者的兴趣爱好能够帮助他过滤掉与己无关的及有危害的事物。这可以理解为"感知防御"。比如，飞机乘客通常不注意航空保险机构，在很大程度上是因为他们不愿意把乘坐飞机旅行视为危险的过程。走在华山险处的旅游消费者，眼睛大多盯着脚下的石阶，或向山顶和天空看，而不去看脚旁的万丈深渊。

在旅游活动中，旅游消费者通常会有意识地降低自己的感知选择性，尽可能多地把各种事物纳入感知范围，扩大感知对象，体验日常生活中没有或无法体验到的多姿多彩的人生乐趣。然而，由于感官功能和停留时间的限制，即使最大限度地降低感知选择性，刺激的无限性和感知选择性之间的矛盾也依然存在。为了解决这个问题，旅游消费者往往借助各种媒介，如导游手册、明信片、书籍、照相机、录像机、旅行日记等，记录当时无法深入感知的事物，以供事后欣赏，继续享受旅游乐趣。

（2）理解

感知是在过去的知识和经验的基础上产生的，所以对事物的理解是感知的必要条件。个体对刺激物的理解，是个体赋予刺激物以某种含义或意义的过程。人们总是根据已有的知识和经验，赋予新的刺激物以某种含义，以便形成对新刺激物的整体感知印象。在此过程中，人们倾向于将其获取的各种信息做简化处理，把其最关注的刺激要素转变为图形的形式，予以归类，而刺激物中的其余部分则构成了图形的背景或底色。这种做法称为定式，或刻板（stereotyping）。即使在要素不全的情况下，人们也倾向于主动处理信息，将刺激物发展成一幅完整的画面或图景。

借助过去的知识和经验对新的刺激物进行分类和概括，能够使人的感知过程更加迅速，节约感知的时间和工作量，同时使感知印象更准确完整。如果缺乏知识和经验，每一次感知都要重新学习，那么，不断尝试与错误不仅浪费时间和精力，而且感知印象还可能与实际对象相差甚远。

旅游消费者的理解在旅游中有着十分重要的意义。自然界的山水原本是没有意义的，但经过旅游产业的加工和旅游消费者的理解后就变得有旅游意义了。比如，对一些特殊的岩石和地质现象进行神话式、拟人式、拟物式处理，能促使旅游消费者游兴大发。对人文景观、古迹名胜的游览，更需要旅游消费者在掌握一定知识和具备一定经验基础上进行，才能真正领会旅游的乐趣，获得更多的审美享受。一般来说，经验越丰富的旅游消费者，对旅游活动的理解能力越强。

然而，有的时候，消费者对新的刺激物定式可能会出现以偏概全的现象。例如，一位旅游消费者在一家饭店里碰到一个板着脸、心不在焉的服务员，他就认为这家饭店的服务员都是外行、不友好。此外，消费者在面临与其态度、价值观或原有信念冲突的外界刺激时，趋向寻求与其信念相吻合的信息，忽略与其信念不一致的信息，可能对新的刺激物做出与客观事实相悖的解读，造成感知失真。消费者在理解过程中注意力不集中，或消费者的知识不足，或刺激物本身不明确，也容易对刺激物产生误解。这些现象会使旅游企业的营销效果大打折扣。旅游企业在与消费者及其他社会公众沟通的过程中，应预先认真测试所要传递的信息，尽可能减少误解。每位员工都要做好服务中的每个细节，扮演好兼职营销人员的角色，才能给消费者留下良好的印象。

（3）保持

保持是记忆的基本环节。它是巩固已获得的知识和经验的过程，是再认知和回忆的前提。一般来说，一个人总是把与自己的需要、价值观念及心理倾向相联系的信息存储在记忆中，而与需要、价值观念及心理倾向无关的信息则会很快被遗忘掉。当人们接触到的信息与他们的态度、癖好及生活方式相一致时，就非常容易在记忆中保持，而且准确无误。

只有那些被保留下来的信息，才能对继之而来的行为产生影响。例如，一个旅游消费者住在某饭店，恰逢该饭店发生火灾，而他幸免于难。这个经历就会在他头脑中清晰地保持许多年，甚至终生难忘，形成了他对这个地方总印象的基础，甚至会使其忘记这个地方更有吸引力的特征。消费者所保留下来的感知通常具有恒常性，即当感知对象的客观条件已经在一定范围内改变时，消费者的感知印象在相当程度上仍然保持着不变。

2. 影响旅游消费者感知的因素

旅游消费者的感知过程，会受感知对象的特点和旅游消费者本人特点的影响。苏州的拙政园，谁去看它都是人造园林，这是由拙政园的景观所决定的。但是，园林专家和普通旅游消费者的感知印象是有差别的。苏东坡说："西湖天下景，游者无愚贤；深浅随所得，谁能识其全？"这从某种意义上说明了旅游消费者的感知印象受到主客观因素的双重影响。旅游消费者对感觉器官所获得的外来刺激加以主观的解释和组合，才能形成感知。影响感知的客观因素，主要包括外来刺激的强度以及感知对象与背景的关系。影响感知的主观因素，则主要包括需要和动机、情绪、兴趣、经验、阶层意识、个性特征等心理因素。

（1）感知对象的刺激强度

旅游消费者面对的环境是错综复杂的，既有自然景观又有人文景观，既有静止的事物又有动态的事物。面对众多的外界刺激，旅游消费者容易感知到的是那些在特定环境中有突出特点的对象以及那些与其惯常生活环境有较大差异的对象，即刺激强度较大的事物。一块碑刻，放在陵墓、寺院、山水、园林等处，很容易被人感知到，但是，把它放在著名的西安碑林之中，旅游消费者就可能不会注意它。在相同文化背景的城市中，旅游消费者很少注意当地人的服饰、交通工具和建筑。一旦旅游消费者踏出国门或进入文化差异较大的地区，他们最先感知并留下深刻印象的往往就是他们不熟悉的衣、食、住、行。这就是因为不同的客观事物对旅游消费者的刺激强度不一样。一般情况下，感知对象的刺激强度越大，越容易被清晰地、深刻地感知。比如说，险峻的山峰、幽静的湖泊、奔腾的江河、辽阔的大海、古老的建筑、珍禽异兽、奇风异俗等，都会以较大的刺激强度，给旅游消费者留下清晰的感知印象。

（2）对象与背景的关系

旅游消费者感知事物时，总有一定的选择。在感知范围内最受关注的事物就是感知对象，与感知对象相连但处于感知范围之外的其他事物，构成了感知的背景。通常情况下，背景只是衬托感知对象，对旅游消费者意义不大。例如，旅游消费者在着急寻找自己要搭乘的列车车厢时，会对来往的行人视而不见。

在感知中，对象与背景也可以相互转换，这取决于人的感知选择。如旅游消费者在观赏花草树木时，亭台楼阁就成了背景；而当他们注意这些建筑时，花草树木就转化成了背景。但是，如果对象与背景之间的差异不显著，旅游消费者就不容易确定感知对象。例如，江南很多园林都种植了观赏性的方竹或斑竹，它们周围都种植了其他的花草树木，旅游消费者轻易地就能看到；但是，如果把方竹和斑竹同其他竹类种在一起，旅游消费者要看到它们就困难了。所以，景区设计强调在保持景观和谐性的同时，使主要景观在色彩、造型等方面与周边景观有所区别，以便引导旅游消费者从背景中区分出观赏对象。

旅游消费者在选择刺激物时，往往会把彼此相似的刺激物组合在一起，构成感知对象。例如，"苏州和无锡""山海关和北戴河""深圳和香港"等在时空距离上接近的旅游地，往往被旅游消费者列入一条旅游线；五台山、普陀山、峨眉山、九华山等地，虽然在地理上远隔千里，但由于有相同的性质，因而人们把它们感知为相似的佛教圣地；在拥挤的旅游区，戴着相同颜色太阳帽的旅游消费者在一个方向上前进时，往往被其他人组合成一体，感知为团体旅游消费者。在完形心理学中，这种认知规律被称为相似法则。

（3）旅游消费者的需要和动机

动机是直接推动人从事某种活动的内在驱动力。在欧美学者做的一个实验中，实验者将一幅模糊的图画呈现给被试者，并询问被试者的观感。结果越是饥肠辘辘的被试者，就越容易将图画想象成与食物相关的东西。由此可见，需要和动机对人们的感知有明显的影响。

一般情况下，只有那些能够满足旅游需要、符合旅游动机的事物，才能引起旅游消费者的注意和感知。一个旅游区可以同时接纳各种类型的旅游消费者，如观光型、度假型、健身型、疗养型、商务型等。不同的旅游消费者有不同的旅游需要和旅游动机，他们感知的范围、具体的对象以及最终的整体感知印象也不同。

此外，有些事物本来不是感知对象，但当它们的刺激强度大到足以干扰需要与动机所指向的目标时，旅游消费者也会转移注意，把它们纳入感知范围。如各地大同小异的旅游车，通常不会引人注目，但是，当旅游消费者因为旅游车出问题而耽误行程时，它们就会进入旅游消费者的感知范围。

（4）情绪

情绪是人对客观事物的态度的一种反映。情绪状态是指人在感知客观对象时个人的主观态度和精神状态。情绪状态在很大程度上影响着个人的感知水平。俗话说"欢乐良宵短，愁苦暗夜长"，正是反映了情绪对人的时间感知的影响。

情绪有正面和负面之分。一般来说，在正面情绪下，人们对对象的感知会比较深刻鲜明；在负面情绪下，心情苦闷，感知水平就会降低，再生动、鲜明的对象也很难成为其感知对象。当旅游消费者情绪低落时，其感知范围缩小，感知主动性下降，对导游的讲解可能会听而不闻，对优美的景观也会视而不见；当旅游消费者情绪愉快时，他们对各种事物的感知可能比实际状况更好，同时也会兴高采烈地参与旅游活动，积极主动地感知大量的景观。因此，旅游服务人员应关注并努力调动旅游消费者的情绪，使其在旅游中处于最佳状态。

（5）兴趣

兴趣是人们积极探究某种事物或从事某种活动的意识倾向。旅游消费者经常把自己感兴趣的事物作为感知对象，把那些和自己兴趣无关的事物作为背景，或干脆排除在感知之外。一个计划到广州旅游的人，对与广州有关的消息就特别敏感。打算来中国旅游的人，对中国新闻的注意程度也会超过对其他国家新闻的注意程度。一个常滑雪的旅游消费者，比不常滑雪的旅游消费者更留意气候的变化、雪况、滑雪器械的价格变化。旅游消费者的兴趣不一样，他们对感知对象的选择以及留下的感知印象也会因人而异。

（6）经验

经验是从实际活动中获得的某些感受。人在感知事物时，与该事物有关的经验越丰富，感知内容就越全面，也就越能接受这个事物。凭借以往经验，旅游消费者很快就能对感知对象的意义做出理解与判断，从而节约感知时间，扩大感知范围，获得更多，也更为深刻的感知体验。如山峰是否险峻、交通是否便利、服务是否热诚，诸如此类的问题，都和旅游消费者的经验有关。旅游实践表明，故地重游的旅游消费者与初次到访的旅游消费者的旅游享受大不一样。有经验的旅游消费者知道哪些景点景观应该多玩多看，哪些应该少玩少看，哪些不看也罢，哪些不可不玩不看等。在相同的时间里，有经验的旅游消费者比没有经验的旅游消费者有更多的旅游收获。

（7）阶层意识

在现代社会中，一个人的收入、受教育程度以及职业是反映其社会阶层的重要指标。同一阶层的人拥有相似的价值观念、生活方式、待人处事的态度，甚至在道德标准等意识层面上也较为接近。旅游作为一种象征性的活动，也在一定程度上反映着旅游消费者的社会地位，不同阶层旅游消费者在旅游方式、旅游地的选择、旅游活动内容的安排、消费水平等方面存在一定差别。一般而言，处于社会上层的旅游消费者，更多注意那些象征社会地位、表现活动能力、代表经济实力的旅游项目；中层的旅游消费者，既有选择性地注意一些上层旅游消费者关注的旅游项目，在力所能及的范围内表达向上的动机，也乐于接受廉价实惠的旅游项目；下层的旅游消费者更欢迎物美价廉的旅游消费，对旅游距离的感知较为敏感，他们理想的度假方式是去离家不远的地方旅游。

（8）个性特征

个性是个体所具有的独特而稳定的心理特征的总和。个性影响着旅游消费者对周边事物感知的广度、深度和速度。例如，个性专断的旅游消费者在交通工具和旅游地的选择上所花的时间有限，他们的个性通过缩小选择对象的范围而影响其感知。一般来说，乘飞机的旅游消费者非常活跃，大胆而自信；乘火车的旅游消费者对风险的感知较为敏感。

（9）其他个体因素

除了上述因素之外，旅游消费者的收入、年龄、性别、职业、家庭结构、国籍、种族等人口统计方面的因素，也会对旅游感知有一定的影响。比如说，上了年纪的旅游消费者更喜欢轻松愉快、节奏缓慢的旅游方式，更关注在旅游活动过程中获取更多的知识。一个从事考古工作的旅游消费者与一个从事医务工作的旅游消费者对古陵墓的感知也不同。信佛的人会把庙宇视为圣地，进行朝拜；不信佛的人则只把庙宇当作一般的游览对象，他们对宗教旅游目的地的感知截然不同。旅游业界在旅游资源开发、旅游区建设、接待服务、旅游营销宣传等工作中，应该通盘考虑影响旅游消费者感知的主客观因素。针对上述因素，使旅游项目和旅游服务符合旅游消费者感知的客观规律，引起他们的注意，能给旅游消费者留下清晰深刻的感知印象。

第二节　智慧旅游背景下旅游消费者在线消费行为影响因素

一、在线旅游消费者特征

（一）人口统计特征

消费者人口统计特征是研究旅游在线消费文献关注的重点。消费人口统计特征主要有年龄、性别、婚姻状况、居住地、薪酬、职业、职务、消费习惯等。韦伯（Weber）和勒尔（Roehl）发现，网络消费者和传统消费者在性别构成上没有明显差异，但在25—55岁年龄段里，网络消费者的受教育程度和收入更高。金（Kim）等认为网络消费者和传统消费者在收入上没有明显差异。高学历的消费者并不信任旅游网站，对其持怀疑态度。柴海燕发现，旅游消费者的知识水平高低与旅游信息搜索动机强烈程度成反比。

（二）技术感知特征

计算机和网络的认知和使用影响旅游在线消费意向和行为。彭润华等研究发现，旅游消费者对于移动办公效率的提高方式上希望设备使用简单方便，能够快速熟悉并发挥作用，这样的移动商务产品才能获得较高的感知评价。旅游网站的类型也会影响旅游在线消费的可能性。帕克（Park）发现，直接进入某个旅游网站的消费者比通过推荐性网站进入该网站的消费者更有可能做出网络消费决策，他们还认为消费者光顾的旅游网站内容越丰富，消费者看到的负面内容越少，网络购买的可能性越大。那些经常光顾旅游供应商网站（如British Airways.com）的人比那些经常光顾旅游中介商网站（如Travelocity.com）的人更有可能成为实际购买者；使用中介商网站的客人比使用酒店官网的客人态度更积极，消费意向也更为强烈。

（三）心理变量特征

心理变量是影响旅游消费者在线消费行为的重要因素。心理变量主要有网络态度、创新意识、从众心理和消费意向。自我效能和便利条件对西班牙旅游消费者的在线航空机票购买意向没有直接影响，但影响旅游消费者的态度，从而影响旅游消费意向。对网络信息的评价是影响旅游消费者做出在线消费决策的重要因素。如果周围人群都在做相似的事情，旅游消费者更有可能采取网络消费。旅游消费者的创新意识与是否采取网络消费有着积极关系，是旅游消费者态度与旅游在线消费意向的中间变量。旅游在线消费者更有可能是高科技爱好者，更愿意接受新的信息产品，更喜欢尝试新的技术体验。从众心理是指个体受意见领袖和网络群体影响的程度。旅游在线消费者比传统旅游消费者在意见领袖的表现上得分更高。旅游消费者在进行娱乐性活动时倾向于接受积极和正面的信息，排斥消极和负面的信息。旅游消费者网络消费涉入程度与旅游在线消费行为具有直接关联。因此，旅游网络销售商只有让旅游消费者更多地与网络消费进行接触，才能提高旅游消费者网络消费的可能性。消费意向指的是对消费行为的总体预先定位。只有享受逛街意向对旅游在线消费有直接影响，也就是说具有享受逛街意向的消费者不太可能购买网络旅游产品。

二、网络消费渠道

（一）网络消费风险

风险对旅游消费者在线消费意向和行为是否具有显著影响一直是研究者关注的问题。感知风险具有多维复杂的结构，包括七种类型：表现风险、财务风险、物质风险、心理风险、社会风险、时间风险和安全风险。所有七种感知风险对消费者消费意向没有显著影响。

在购买机票的问题上，传统消费者比网络消费者在财务风险、表现风险、心理风险、安全风险和时间风险上感知更高。在线旅游消费对象是虚拟产品，旅游消费者无法直接接触到产品实体，因此，旅游消费者的风险感知相比实地旅游消费更高，旅游消费者在线消费时对于安全性因素感知更为敏感。旅游消费者风险感知是影响旅游消费者接受旅游移动商务服务的重要因素。

隐私保护通常被认为是消费者不进行网络消费的一个主要原因。虽然隐私保护是旅游消费者做出网络消费决定时考虑的一个问题，但是不会对网络旅游消费意向和行为产生显著影响。同时研究者分析该研究结果可能是因为研究样本年龄偏低、年轻群体对隐私的在意程度不如年长群体造成的。

（二）网络消费优势

旅游在线消费情境下，网络消费优势是指与其他消费方式相比，旅游在线消费给旅游消费者带来多大的利益。网络消费者感知有用性是"消费者相信在线消费将会为有用信息、相比实体商店的便利和快速购物提供渠道"，而感知易用性是"消费者相信网络购物节省劳力"。孙春华发现，感知易用性和感知有用性影响消费者对网络旅游中介商的态度，从而影响消费者满意度或使用意向。感知易用性间接影响旅游在线消费，因为它会通过感知有用性来影响旅游在线消费。

便利性是旅游在线消费的相对优势。便利性与在线满意度（E-satisfaction）关系密切，网络满意度会影响旅游消费者的消费决策。便利性是影响旅游消费者网络消费意向的因素。但是也有不同的观点。旅游消费者在线消费的意愿和行为与旅游消费者对于网络的涉入度有明显关联。因此，旅游企业需要采取技术手段降低旅游消费者网络使用的畏惧心理，通过友好界面的设计和时尚外观的开发降低在线消费的技术门槛。

低廉的价格也是旅游在线消费的相对优势。研究者发现低廉价格在旅游消费者进行旅游在线消费决策时具有重要影响，但也有研究者发现价格并不是旅游消费者网络消费首要考虑的因素。李莉等通过实证研究发现，影响国内在线旅游消费者选择旅游商品、购买旅游商品的动机之一就是价格的优惠程度。消费者在购买旅游在线商品时，对隐私和安全的关注要多于价格。

（三）网络渠道满意度

旅游在线消费情境下，网络满意度是指网络旅游消费是否令人满意和令人愉悦。研究者从不同视角研究网络旅游满意度。一些研究者认为，网络旅游满意度是指对已发生的旅游在线消费的满意度。过去消费的网络满意度显著影响以后在线购买机票的意向。以往旅游在线消费满意度对顾客网络预订酒店的意向具有重要影响。有些研究者探究旅游网站的满意度。旅游消费者对旅游网站的满意度取决于导航功能、感知安全、转账成本、互动性、定制化和网站吸引力等网站特征。其他影响旅游消费者网络消费的体验因素有服务表现和声誉、感知愉悦性和娱乐性,以及消费者生活方式的兼容性。文武、许超和李雪松发现旅游消费者对旅游网站的满意度将会激发更强烈的旅游在线消费意向。

(四)网络渠道信任度

信任是旅游在线消费行为发生与否的关键因素之一。消费者对旅游网站的整体信任感影响消费意向。谢礼珊等发现,在线旅游消费者对企业网站的信任程度与忠诚度成正比,而忠诚度直接影响着旅游消费者的在线消费决策行为。由于旅游消费者会因为感知风险低而进行网络消费,信任对网络旅游消费具有间接影响。信任对旅游消费者在线购买机票行为具有间接影响,信任对使用网络进行消费的态度具有显著影响。谢礼珊等认为,通过建立顾客社区有利于增加信息提供的广泛性、全面性和可靠性,增强顾客黏性,培育忠诚顾客。

三、在线旅游产品

(一)在线旅游网站

网站设计对消费者信任具有重要影响,使用者对网络购物的态度会受到互联网的品质和属性的影响。在网站上使用图片和相关的文字信息可以降低旅游消费者购买网络商品的感知风险,网站有愉悦体验的消费者更愿意购买网络旅游商品。网站质量评价可用有用性和功能性来衡量,并认为网站质量通过消费者满意度对消费意向产生影响。如提供更多的图片展示、有更强的视觉冲击力,以及将内容专题化、集中展现信息等。当在线预订客房时,消费者更关注商品价格而不是网站设计。

(二)在线旅游产品类型

可以根据复杂性特征将旅游产品分为高低两类。安卡尔(Anckar)和沃尔登(Walden)把国内旅游和单飞旅游视为低复杂类旅游产品,而把国际旅游和双飞旅游视为高复杂类旅游产品。贝尔多纳(Beldona)等认为航空、住宿和汽车租赁是低复杂类旅游产品,陆地度假、游轮是高复杂类旅游产品。旅游产品的复杂程度影响着旅游消费者在线消费意向和行为。詹俊川、邓桂枝和赵新元发现旅游消费者习惯通过实体旅游中介商购买国际旅游产品,而通过网络旅游中介商购买国内旅游产品[①]。

---

① 詹俊川,邓桂枝,赵新元.信息技术和旅游营销所面临的挑战[J].旅游科学,2000(4):19–21.

四、启示

旅游在线消费由于发展迅速，吸引了研究者的广泛关注，并取得了大量的研究成果。笔者经过相关文献梳理，发现旅游消费者在线消费行为影响因素可以归纳为三个方面：在线旅游消费者特征因素、在线旅游消费渠道因素和在线旅游消费产品因素。

中国在线旅游消费发展迅速，正处于快速成长期，长期发展性强。目前的影响因素研究对未来我国旅游消费者在线消费行为研究具有重要启发。

第一，旅游细分市场的在线消费行为特征。除了研究商务旅游消费者与探亲访友旅游消费者在网络消费表现上的差异、使用聚集分析法研究网络旅游消费的细分市场，没有更多文献讨论旅游在线消费问题。今后应当使用其他的细分市场方法（如消费动机、个性特征、态度）来对网络旅游消费者进行分类，确认何种变量对不同细分市场里旅游在线消费行为影响最大，继而帮助旅游电商企业制定在线市场营销策略来满足细分市场的需要。

第二，网络旅游社区发展研究。网络社区的成长正在改变旅游消费者的信息搜索行为和旅游消费行为。旅游消费者可以使用网络社区上其他成员提供的旅游信息进行旅行规划和旅游消费。网络旅游社区已经广泛地应用于旅游和接待行业。网络旅游社区不仅为旅游企业提供了与消费者互动的机会，而且为旅游消费者之间的互动提供了机会。因此，未来研究需要关注网络旅游社区与旅游在线消费行为的关系。

第三，网络旅游产品的个性化体验。实体旅游服务的优势是人文关怀和个性化服务。旅游网站可以通过将人文关怀和个性化服务整合进来从而影响旅游消费者网络消费的态度。未来研究应当探索网络旅游企业的人文性、个性化展示对旅游消费者在线消费意向和行为的影响，以及人文性、个性化展示如何帮助旅游消费者提高信任感和降低感知风险。

第四，旅游在线消费意向和实际行为之间的关系。虽然过去的研究已经证明意向导致实际行为，但在网络消费领域还存在疑问。许多研究发现有意向的行为多过实际行为，例如，很多旅游消费者在旅游网站上搜索完酒店客房，在最后确定订房时却放弃了。未来应当深入研究旅游在线消费意向和实际行为之间的关系。

第三节 智慧旅游背景下旅游消费者消费行为数字足迹特征分析

信息化社会的发展对旅游消费者消费行为的研究方法的创新也提出了要求。旅游消费者消费行为的传统研究方法通常是通过现场发放问卷的调查方法收集数据，然后进行统计分析。随着大数据时代的来临，数据调查方法扩展到基于互联网的网络调查和数据挖掘技术、基于射频识别（RFID）与全球定位系统（GPS）技术的追踪系统法、基于遥感与地理信息系统（RS&GIS）技术的空间信息搜集等方面。数据分析方式除了传统的统计分析，产生了许多新的数据分析方法，如关联规则分析、语义网络分析、GIS分析、神经网络分析、遗传算法、模糊时间序列及灰色理论等。如何将上述研究方法运用到旅游消费者消费行为研究中，也是值得关注的问题。

一、旅游消费者消费行为数字足迹

旅游消费者消费行为数字足迹是指旅游消费者消费过程中在网络中留下的数字痕迹，包括网络产品感知、信息搜寻行为、在线旅游预订、在线旅游体验和在线旅游分享等内容。旅游消费者消费行为数字足迹主要体现在决策、体验和评价三个行为阶段。

（一）决策阶段

1. 在线信息搜索

随着互联网的普及，旅游消费者之间的虚拟交往变得常见，旅游消费者评论成为旅游地吸引旅游消费者的重要因素。旅游消费者在进行消费决策之前通常会在信息平台、旅游论坛或在线社区以收集相关信息。旅游消费者评论对旅游这种体验型消费的影响尤为明显，因为体验型商品的质量在消费之前难以判断，消费者不得不依赖口碑效应和在线评论来评判体验型商品的优劣。在旅游消费者态度方面，研究发现在线口碑效应对旅游消费者态度具有重大影响。在线评论会让潜在旅游消费者对旅游地产生好感。武传表和武春友认为旅游消费者的游后在线口碑传播意愿受到旅游满意度、旅游体验、利己主义和网络涉入的共同影响。[①] 在线口碑效应是影响旅游消费者旅游意向和旅游地选择的重要信息源。与旅游地营销广告提供的信息相比，其他旅游消费者提供的信息更易让旅游消费者感知为最新、愉悦和可靠。胡兴报和苏勤发现旅游在线评论已经成为旅游消费者收集旅游地景点、

---

① 武传表，武春友.游客网络口碑传播动因实证研究：以赴大连游客为例[J].科技与管理，2012，14（4）：52—54+60.

住宿和服务等相关旅游信息的重要渠道。[①] 赖胜强、唐雪梅和朱敏认为网络评论、旅游博客数量及图片数量等与旅游地接待量有显著的正相关关系。[②]

2. 在线预订

在客户进行线上旅游产品预订的影响因素方面，年龄、教育背景、网络浏览量以及互联网使用年限，以往的网络购买经历，对于网上旅游产品的信任度、满意度和忠诚度等是影响旅游消费者在线旅游消费的主要因素。此外，旅游消费者态度也是影响旅游消费者最终做出决策的重要影响因素。旅游消费者态度是伴随特定行为的旅游消费者积极或消极评价的心理趋向。旅游消费者态度包括感知、情感和行为。感知在态度形成中起到评价的作用，情感是旅游消费者在表达偏好时的心理影响因素，行为是旅游意向的外在表现。杨瑞和白凯发现旅游消费者态度是旅游消费者做出前往某个旅游地旅游决策的情感前导因子。[③]

（二）体验阶段

旅游体验是一个以旅游地的地理特征为背景的主观表现行为，这些地理特征通过旅游消费者与旅游地之间的交往最终形成不同的物理、认知、社会和情感维度。旅游体验具有复杂性特征，需从体验密集度、感知耦合、情感因素和旅游消费者多样性等角度进行测度。从感知角度进行分析，旅游体验涉及视觉、听觉、触觉、嗅觉和味觉等。旅游消费者通过上述感觉获得地方感知体验，从而形成目的地整体旅游体验。旅游研究者从营销学角度构建了基于旅游消费者与地方、人和人工物之间相互关系的体验模型。

基于时间维度网络对旅游消费者体验的影响可分为路线体验（从客源地到目的地的旅行过程中获得的体验）和旅游地体验（在目的地旅行中获得的体验）。旅游地体验包括旅游消费者对目的地的感官感觉、对目的地的情感、与当地居民的交往、对目的地的独特理解、目的地与客源地的差异感等，旅游路线体验是指抵达目的地的交通方式体验和旅游路线吸引物体验。

基于空间维度网络对旅游消费者体验的影响可分为地标知识、路径知识和调查知识。

地标知识，即关于具体空间特征的信息，代表了当人们穿越边界时从地方特征和空间特色角度认知地方的能力。当人们体验地方时，在线旅游工具可以帮助人们发现具体特征从而使人们能够识别地方。路径知识是指与地理特征的时空关系有关的信息，代表了地标

[①] 胡兴报，苏勤. 黄山国内旅游者网络旅游信息搜索行为研究[N]. 安徽师范大学学报（自然科学版），2011，34（3）：282—287.
[②] 赖胜强，唐雪梅，朱敏. 网络口碑对游客旅游目的地选择的影响研究[J]. 管理评论，2011，23（6）：68—75.
[③] 杨瑞，白凯. 大学生旅游消费行为影响的实证分析：以西安市大学生为例[J]. 人文地理，2008（5）：104—107.

是如何在环境中相互连接成路线的信息集合。也就是说，路径知识与距离和方向的感知密切相关。使用在线旅游工具可以帮助人们收集和获取代表他们距离感、方位感和追踪自身运动能力的路径知识。最后，在线旅游工具在帮助人们获取调查知识方面也有影响，这些调查知识可以弄清众多地标、路径的主次关系和相互关系。总而言之，借助在线旅游工具，人们获得关于地方的知识，并且使用这些地理知识获得与空间有关的有意义的体验。

（三）评价阶段

随着技术的进步，人与人之间的沟通交流的发生地点已经从实际地理空间转移到赛博空间上（cyberspace）。媒介的变化是传统口碑与在线口碑最大的区别。随着互联网技术的飞速发展和广泛应用，旅游口碑效应的传播与影响产生了革命性的变化，在线口碑效应引起了企业界和学术界的双重关注。旅游在线口碑效应是旅游消费者对目的地做出的评价（积极或消极）通过互联网对个体和组织产生的广泛影响。

对旅游消费者而言，在网络上表达旅游体验时更加真实自如。消极口碑效应对旅游地形象具有致命影响，旅游消费者更倾向于传播负面评价，传播速度更快，影响越广。在线口碑的高可达性意味着信息可以传播给海量用户，口碑效应可以长时间存在，潜在客户可以发现他们想要了解的产品或服务。由于在线口碑具有允许网络用户建立虚拟关系和社区的特点，评论团体的能力有可能超过企业。如果在线口碑信息是匿名在线传播，那么传统口碑交流将会变得更加可信。由于传统口碑通过面对面进行信息交流，交流双方彼此熟悉，相互信任，因而是一种有效的传播方式。身体语言和音量声调也能增强信息传播效果。在计算机媒体环境下，在线口碑意见领袖具有区别于非领袖的特质。

在线口碑意见领袖在涉入程度、创新程度、拓展行为和自我感知方面要比非领袖水平高，计算机技能水平、网络使用经验和频率都要高于非领袖。在线口碑传播的七个动机：愉悦、凝聚集体、表达消极情绪、关心他人、帮助公司、表达积极感受和自我增强。该项研究揭示了愿意帮助旅行公司、关注其他消费者、愉悦和积极自我增强是导致在线旅游评论的主要因素。从这些在线口碑动机研究结果来看，关心其他消费者和表达积极情绪的诉求或自我增强是人们愿意进行在线口碑交流的主要原因。

二、旅游消费者消费行为数字足迹特征测量指标

根据上述对旅游消费者消费行为数字足迹的分析，笔者构建了测量旅游消费者消费行为数字足迹特征的指标体系。该指标体系共有3个一级指标、8个二级指标和15个测量项目。一级指标分别为决策行为、体验行为和评价行为。二级指标根据一级指标进行细分，

其中在线决策行为分为在线产品感知、在线信息搜索和在线产品预订，在线体验行为分为路线体验和旅游地体验，在线评价行为分为自媒体评价、公共媒体评价和其他评价。

三、旅游消费者消费行为数字足迹特征数据挖掘

（一）研究方法

笔者使用关联分析模型分析中的Aprior算法挖掘旅游消费者消费行为数字足迹特征。Apriori算法的具体操作步骤如下：第一步，读入数据。第二步，改变变量属性，将种类设置为标签，数值选读取，方向设为输入、输出或双向。第三步，添加Apriori节点。第四步，设置Apriori节点参数，得出结论。第五步，用网络节点看属性关联度。

（二）数据收集

数据收集方式采用网络调查，首先根据上述指标测量项目设计好问卷，邀请被调查者填写网络问卷，调查时间为2023年5月和6月。共发放问卷1000份，回收850份，有效问卷823份，有效问卷率82.3%。

（三）数据整理

调查问卷分为两大部分：

第一部分为旅游消费者在线消费行为。共设置了15个问题，回答者选择是或否。为后面数据处理需要，统计时设置是为1，否为0。最后根据问卷结果制作表格。

第二部分为旅游消费者统计特征。共设置了8个问题，分别为性别、年龄、婚姻状况、户籍、教育程度、职业状况、职务和月平均支出。为后续数据处理需要，分别对每个问题的备选项赋以1以上的数值。最终根据问卷统计结果制作表格。

（四）数据处理

1. 建模

笔者使用SPSS Clementine 12.0建立分析模型。模型由三个部分组成，分别为数据源、Apriori分析模块和网络分析模块。具体建模步骤为，先选择Clementine界面下方的源选项，选择Excel数据源，然后打开建模选项菜单，选择Apriori模块，再打开图形菜单，选择网络项，最后用箭头连接各个图标。

2. 消费行为事实关联数据处理

首先进行旅游消费者消费行为数字足迹之间关联规则挖掘。将在问卷统计基础上形成的旅游消费者在线消费行为表转为Excel表格，作为数据源上传到Clementine软件中。然

后设置消费行为数字足迹关联分析参数，将字段类型设为"标志"，数值范围从表中自动读取，方向选择"两者"。最后使用 SPSS Clementine 12.0 软件中 Apriori 节点实施关联分析。

当支持度为20%，置信度为80%时，得到9926条关联规则。当支持度为20%，置信度为100%时，得到6371条关联规则。当支持度为80%，置信度为100%时，得到173条关联规则。当支持度为90%，置信度为100%时，得到33条关联规则。

3. 统计特征与消费行为数字足迹关联处理

将旅游消费者消费行为数字足迹表与统计特征表合并为一张 Excel 表格式，然后作为数据源上传到 Clementine 软件中。设置关联分析参数。将字段类型设为"标志"，数值范围从表中自动读取，方向选项统计特征选择"输入"，消费行为选择"输出"。当支持度为10%、置信度为80%时，可以得到4144条关联规则。当支持度为50%，置信度为90%时，可以得到99条关联规则。当支持度为50%，置信度为100%时，可以得到65条关联规则。当支持度为60%，置信度为90%时，可以得到36条关联规则。当支持度为60%，置信度为100%时，可以得到22条关联规则。当支持度为70%，置信度为90%时，可以得到11条关联规则。当支持度为70%，置信度为100%时，可以得到5条关联规则。

四、旅游消费者的消费行为数字足迹特征分析

（一）决策行为数字足迹特征分析

1. 旅游消费者游前决策依赖网络，注重在线预订住宿和交通

首先对通过 Apriori 算法得到的决策阶段消费行为关联规则进行分析（取支持度90%、置信度100%条件下得到的33条有效关联规则）。由于置信度都是100%，所以按照支持度由高到低进行排序。支持度最高为96%，一共有9条规则，具有较高的应用价值。这9条规则分别是：在线预订机票或火车票→在线预订酒店，在线预订酒店→在线预订机票或火车票，在线预订机票或火车票→游前上网查看旅游产品信息，游前上网查看旅游产品信息→在线预订机票或火车票，在线预订酒店→游前上网查看旅游产品信息，游前上网查看旅游产品信息→在线预订酒店，在线预订酒店同时在线预订机票或火车票→游前上网查看旅游产品信息，在线预订酒店同时游前上网查看旅游产品信息→在线预订机票或火车票，在线预订机票或火车票同时游前上网查看旅游产品信息→在线预订酒店。从这9条规则内容来看，都是属于游前在线消费行为，说明旅游消费者在游前阶段进行在线消费的概率很高。同时，这9条规则都只是涉及游前上网查看旅游产品信息、在线预订酒店、在线预订机票或火车票三种行为，说明了这三种消费行为相互之间的必然关系。

2. 女性更喜欢使用网络搜索旅游信息和在线预订

分析旅游消费者统计特征与消费行为数字足迹关联规则，笔者采用支持度60%、置信度100%条件下得到的22条有效关联规则。支持度最高（72%）的5条规则都与性别有关，其中有4条是在游前阶段行为。这4条规则分别是：性别：女→旅游过程中上网查找信息；性别：女→在线预订酒店；性别：女→在线预订机票或火车票；性别：女→游前上网查看旅游产品信息。这说明相比较男性，女性更喜欢在线消费；女性在线消费行为具有延续性，不仅在出发前通过网络了解旅游产品，在旅游过程中还喜欢使用网络继续搜集信息。

3. 青年人更喜欢使用网络搜索旅游信息和在线预订

旅游消费者统计特征与消费行为数字足迹关联规则中，支持度第三（64%）的一共有4条规则，都与年龄有关。这4条规则中有3条发生在游前阶段，这3条分别是：年龄：20—29岁→游前上网查看旅游产品信息；年龄：20—29岁→在线预订酒店；年龄：20—29岁→在线预订机票或火车票。

（二）游览行为数字足迹特征分析

1. 游览行为数字足迹是游前决策行为数字足迹的延续

对通过Apriori算法得到的决策阶段消费行为关联规则进行分析（取支持度90%、置信度100%条件下得到的33条有效关联规则），支持度都是92%的共有24条规则，除了涉及游前阶段消费行为的相互关联外，还发现旅游体验阶段的活动（旅游过程中使用智能手机导航功能找地方）与游前消费行为关系密切。这说明选择游前在线消费的旅游消费者在旅游体验过程中通常会借助移动设备继续在线消费。

2. 智能手机是游览行为数字足迹的主要载体

在旅游消费者统计特征与消费行为数字足迹关联规则中，一些支持度较高的规则都与使用智能手机相关：性别：女→旅游过程中使用智能手机导航功能找地方（支持度72%）；教育程度：本科→旅游过程中使用智能手机导航功能找地方（支持度68%）；年龄：20—29岁→旅游过程中使用智能手机导航功能找地方（支持度64%）。说明游览阶段旅游消费者习惯使用智能手机辅助旅游活动。

3. 空间信息是游览阶段旅游消费者数字足迹主要内容

在游览阶段的行为方式中出现频率最高的是"旅游过程中使用智能手机导航功能找地方"，远远超过"旅游过程中留意周围是否有Wi-Fi""旅游过程中上网查找旅游信息（食住行游购娱）""在景区使用智能手机进行导览"和旅游过程中通过网络媒体及时发布旅游行为动态。说明在游览阶段旅游消费者对空间信息的需求强烈，因此留下的数字足迹体现了明显的空间性。

（三）评价行为数字足迹特征分析

1. 倾向使用自媒体分享旅游体验

对通过 Apriori 算法得到的决策阶段消费行为关联规则中，涉及"回来后通过微信、QQ、博客等发布旅游评价"的关联规则数量和支持度高于"回来后在旅游网站上对产品进行打分""回来后在旅游网站上发表评论""回来后在旅游网站上撰写旅游攻略"。说明旅游消费者在游览后倾向于使用自媒体工具而不是公共媒体工具分享旅游体验和发表旅游评价。

2. 城市青年女性旅游消费者喜欢采取在线分享行为

在旅游消费者统计特征与消费行为数字足迹关联规则中，"性别：女→回来后通过微信、QQ、博客等发布旅游评价""性别：女→回来后在旅游网站上撰写旅游攻略""年龄：20—29 岁→回来后通过微信、QQ、博客等发布旅游评价""年龄：20—29 岁→回来后在旅游网站上发表评论""户籍：城镇→回来后通过微信、QQ、博客等发布旅游评价"支持度较高。说明旅游消费者群体中青年、女性和城镇人口习惯旅游结束后通过网络发表旅游评价和分享旅游感受。

五、启示

通过对旅游消费者的消费行为数字足迹问卷调查，运用关联规则数据挖掘分析，笔者发现旅游消费者消费行为数字足迹具有以下特征：

（一）消费行为数字足迹具有阶段性

旅游消费者消费行为数字足迹可以分为三个阶段：第一个阶段是游前阶段。在游前阶段留下的数字足迹主要有网络旅游信息搜索行为、网络预订行为等。第二个阶段是游中阶段。在游中阶段留下的数字足迹主要有使用智能手机导航、使用智能手机景区导览等。第三个阶段是游后阶段。在游后阶段留下的数字足迹主要有使用自媒体工具进行旅游体验分享和评价。

（二）消费行为数字足迹具有连续性

旅游消费者的数字足迹在旅游的三个阶段均留下了痕迹：在游前阶段通常会上网查看旅游产品信息，并预订酒店等旅游产品；游中阶段使用智能手机上网导航或查询旅游地旅游信息；游后阶段通过网络叙述旅游经历和发表旅游体验评价。

（三）消费行为数字足迹具有关联性

在消费行为数字足迹之间，游前上网查看旅游产品信息、在线预订酒店、在线预订机票或火车票、游前上网查看旅游产品信息、旅游过程中使用智能手机导航功能找地方五种行为密切相关。

（四）消费行为数字足迹具有独特性

从时间先后来看，从开始到结束，消费行为数字足迹频率逐渐减弱。游前消费行为数字足迹最为常见，游后评价行为最少。在线预订行为中大多数旅游消费者消费住宿和交通，景区门票消费很少。在游后评价行为中多倾向使用自媒体工具进行旅游产品评价和旅游体验分享。

（五）消费行为数字足迹与遗产旅游消费者统计特征有关

从统计特征上看，女性比男性更喜欢在线消费，青年人比老年人更喜欢在线消费，城镇人比农村人更喜欢在线消费。消费行为数字足迹频率与婚姻状况、收入、职业和职务没有明显关系。

第十章 数字经济背景下旅游消费者行为趋势

第一节 大数据驱动的消费意愿

一、基于数据挖掘技术的旅游消费者消费意愿指标

(一) 指标选取

在基于数据挖掘技术的旅游消费者消费意愿指标选取中,筛选国内外学者对旅游消费者消费意愿的研究成果,并以此为基础,通过整理数据明确旅游消费者消费意愿指标,构建二级和三级指标。

(二) 文本预处理

利用数据挖掘技术进行文本预处理,经过搜集整理相关资料后共获取4102条旅游消费者消费意愿数据。随后进行关联规则匹配,共得到640条旅游消费者消费意愿信息。同时,以此为研究样本,分析旅游消费文本信息向量空间。

(三) 首要关注指标的概率估计

在完成数据收集和数据导入过后,运用ACCESS数据库对搜集到的数据进行初步筛选,在剔除停用词以后,得到计数矩阵。经过运算后,得出首要关注指标在旅游消费意愿中的占比,如图10-1所示。

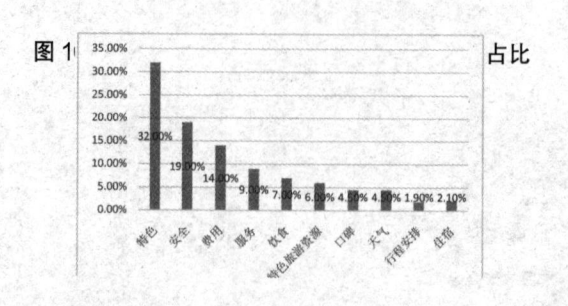

二、生态旅游情感体验对生态旅游地认知与消费意愿的影响

（一）研究假设及概念模型

1. 生态旅游地认知与旅游消费者满意度的关系

生态旅游地认知与旅游消费者满意度的提升有着密切的关联性。在生态旅游地认知与旅游消费者满意度的相关研究中，部分学者认为生态旅游地认知与旅游消费者满意度之间呈正相关关系，即在提升旅游消费者情感体验后，能够提升旅游消费者的满意度。因此，笔者提出假设1，即H1：生态旅游地认知显著正向影响旅游消费者满意度。

2. 满意度与行为意向的关系

部分学者认为旅游消费者的旅游体验与其消费意向和满意度存在关联性。经过对已有研究成果进行分析发现，当旅游消费者满意度较高时，则会产生推荐或重复游览景区的行为。因此，笔者提出假设2，即H2：旅游消费者满意度对行为意向有显著正向影响。

3. 生态旅游地认知与消费意愿的关系

通过搜集和整理生态旅游地认知与消费意愿的关系发现，学者们普遍认为二者呈正相关关系。比如，国内学者韩春鲜认为，生态旅游地认知与消费意愿呈正相关关系，旅游消费者对生态旅游地的认可度越高，则在游览过程中的消费意愿就越强烈。因此，笔者提出假设3，即H3：旅游消费者的生态旅游地认知对消费意愿有显著正向影响。

4. "生态旅游情感体验"的调节作用

旅游消费者在游览景区期间，如果无法更好地体验生态旅游产品和服务，那么体验感也会有所下降，因此生态旅游地认知与消费意愿呈正相关关系；反之，如果旅游消费者在游览旅游景区期间，生态旅游产品和服务能够满足其情感需求，甚至超出其游览前的预期，就能够在原有的基础上优化生态旅游地认知与消费意愿之间的关系。因而，笔者提出假设4，即H4："生态旅游情感体验"正向调节生态旅游地认知与消费意愿的关系。

（二）样本选择与数据收集

在实证分析中，以民宿的旅游消费者为研究样本，通过问卷调查等方式搜集2021年10月黄金周与旅游消费者生态旅游情感体验、旅游地认知、消费意愿相关的数据。本次问卷调查采取随机抽样的方式，结合问卷星进行线上调查，经过搜集和整理样本之后，共发放问卷330份，回收有效问卷300份，有效率达90.91%。为了提升本次实证分析结果的准确性和可行性，在收集300份有效问卷以后，将问卷平均分为S1与S2两组，并分别采用探索性因子分析、验证性因子分析对S1与S2两组问卷进行分析，最后通过回归分析法判定生态旅游情感体验对旅游地认知与消费意愿的影响。

(三)生态旅游情感体验调节效应实证检验结果

结合生态旅游情感体验调节效应实证检验结果构建实证模型,即将感知价值分为美学价值、便利价值、设施价值、炫耀价值等自变量,因变量为旅游消费者满意度,以此来探究生态旅游情感体验与旅游地认知、消费意愿的关联性。经过数据分析后,实证检验结果表明生态旅游情感体验对旅游消费者满意度具有正向影响作用,且影响度达到了 0.701。可见,模型 H11 中的 F 值与 R2 值相对较低,且 P 值小于 0.05,表明模型 H11 的拟合效果没有达到预期。因此,人口统计学特征对旅游消费者满意度的影响程度相对较小。

下一步的实证分析中将人口统计学特征中的控制变量剔除,得到模型 H12。对模型 H11 和 H12 进行实证检验,其结果如下:模型 H12 中的 F 值为 34.825,R^2 值为 0.669,t 值为 24.058,说明模型拟合效果较好且通过显著性检验。

笔者基于回归方程的方式,探究变量之间的共线性问题。采用层级回归分析法,以"美学价值 × 生态旅游情感体验""便利价值 × 生态旅游情感体验""设施价值 × 生态旅游情感体验""炫耀价值 × 生态旅游情感体验"的乘积项为解释变量进行线性拟合,进而判断情感体验的调节作用。通过实证分析结果发现,H12 模型在 1% 显著性水平下,R^2 值为 0.734,可见模型的拟合效果较优。此外,生态旅游情感体验能够正向调节旅游地认知与消费意愿,其对于设施的回归系数为 0.021、t 值为 1.301,对于美学的回归系数为 0.017、t 值为 1.012,可见情感体验对设施价值和美学价值的调节作用不明显。

综上所述,随着我国经济的快速发展,人们对精神生活的追求越来越高。生态旅游受到了消费者的关注,通过游览山水、乡村,人们能够体验到与城市生活不同的景色,让身心得到放松。通过实证分析发现,情感体验、炫耀价值、便利价值能够正向影响消费者意愿,这点与国内学者的研究成果类似。因此,将生态旅游中的情感要素融入感知价值的各个维度,可有效调节旅游消费者的消费意愿,提升旅游消费者在生态旅游中的情感体验。

第二节 元宇宙沉浸式旅游体验

一、元宇宙概述

元宇宙作为数字经济发展的新阶段,目前还没有统一的定义,但从对其诸多的描述中,都能看到对平台经济时代中心化平台数据垄断、数据滥用和算法不透明等问题反思基础上有关于"去中心化"、"以用户为中心"、更加透明和开放、更大程度的数据互联互通和价值连接等的描绘。基于数字技术演进和数字经济发展的逻辑，互联网生态从未停止其进化的脚步。在回应现有缺陷并提供更大技术畅享空间的基础上，元宇宙为互联网升级提供了可能性，是继平台经济时代后数字经济发展的新阶段。相比于平台经济时代平台构建"双边市场"积累用户并在规模经济效应下集聚大量数据，"元宇宙时间性＋空间性维度拓展"为用户带来全新价值和体验，加之去中心化的生产模式和组织形式，使数据集聚更容易产生，元宇宙不断型塑更高维度的数据竞争。为此，如不进行前瞻性的制度设计、对元宇宙进行有效规制，元宇宙新场景或将成为平台企业控制资本、数据、流量三者"叠加垄断"进而追逐超额利润的全新舞台。

二、5G时代下元宇宙兴起为旅游带来的机遇

随着时间的推进，5G网络覆盖范围也将得到持续拓宽，在旅游行业的应用与结合将逐步深入。如元宇宙虚拟现实技术也因5G通信技术的发展而逐渐成熟，利用5G通信技术稳定的覆盖和连接能力与全球覆盖的功能使用户可随时随地访问多元化的元宇宙，为用户提供高度沉浸式与交互式的体验。

旅游资源多为自然资源，需进行二次开发利用后方可对旅游消费者开放。随着对自然景区的多次开发利用，以及旅游消费者旅游时不经意间的人为破坏，许多地区的旅游资源遭受较大损失，甚至是永久性的破坏。而随着5G技术的完善与元宇宙虚拟现实技术的兴起，其所造就的虚拟旅游与数字文旅成为旅游转型发展的机遇。在5G通信技术的加持下，VR技术能通过设备，将生活中的场景转换成数据，使受众获得置身于某种场景的真实感受。AR技术能将虚拟物体呈现到现实场景中，二者使信息接收从原有的"二维世界"上升至"三维世界"。[①] 因此，旅游结合元宇宙虚拟现实技术开展虚拟旅游可在原有的实体旅游形式上创新虚拟旅游，不仅能提升旅游消费者的旅游体验，更能有效保护自然旅游资源。

三、5G时代运用元宇宙虚拟旅游助力旅游的对策

（一）以现实旅游资源为基础打造元宇宙虚拟旅游景区，提供沉浸式旅游体验

在当前5G时代背景下，各地旅游行业纷纷开始寻求创新来助力产业数字化转型升级，而元宇宙及区块链技术的迅猛发展已经成为下一个充满机遇的突破点。依托元宇宙与区块链技术，以Linux系统为主，搭配Java、Python等底层基础框架来打造元宇宙虚拟旅游

[①] 何俊.5G时代网络意识形态的传播变革及应对[J].北方传媒研究，2022（5）：31-35.

景区，并依托底层技术支撑持续拓展底层具体业务，是当前旅游产业促进科技与当地旅游及文化有效融合的重要举措。元宇宙虚拟旅游为构建元宇宙虚拟世界提供了可能，也为现实旅游场景的深耕重塑创造了新途径。

利用 3D 虚拟现实技术，依托元宇宙虚拟旅游景区将旅游地的实地景点通过 3D 建模，云端上传至移动终端，可以让旅游消费者通过移动终端多视角、多维度地感受旅游地的实地景点。在技术的加持下，构建一个能给人带来身临其境般体验且可供探索的 3D 立体虚拟旅游环境，可使旅游消费者在三维立体的虚拟旅游环境中遍览张家界景点，同时通过大数据及 3D 技术还原或设计出已消失或不存在的虚拟网络景点，即基于数字孪生技术的虚实结合场景构建出虚拟旅游景区，面对网络旅游消费者开放。未来旅游消费者甚至可以在平台上实现 VR 眼镜与无人机摄像头影像开发对接，将无人机视频回传至 VR 眼镜，为旅游消费者提供无人机沉浸式远程控制。这样的方式打破了科技与文旅的空间限制，让旅游消费者转变为自觉可主动探索的高体验感群体，将元宇宙虚拟旅游的艺术性和可开拓性与旅游地现实旅游景点联系起来，为用户提供一个自由、沉浸、互动体验的元宇宙虚拟旅游景区。

（二）搭建虚拟与现实交汇的全域旅游产业链商业交互平台

为确保旅游地元宇宙虚拟旅游生态系统的完善，可利用区块链技术搭建起全域旅游产业链的商业交互平台。区块链作为一种新型的分布式计算范式，因具有不可篡改、全程可追溯、自证清白等特性，被广泛应用于供应链管理、存证及版权、产品追溯、能源、政务数据分享、民生服务、物联网、金融交易等多个垂直领域，且对旅游产业同样适用，能吸引旅游景区、酒店民宿、餐饮等领域不同产业的商家和用户入驻此商业交互平台。在旅游产业发展中利用区块链技术，在不断丰富底层具体业务的同时，也将持续开放升级张家界虚拟旅游景点、风景 IP +NFT 数字产品发售和展示、权益兑换、用户社区等功能板块，形成集吃、喝、玩、乐、住、行为一体的综合服务平台，真正打造出一个虚拟与现实交汇的独有的闭环生态系统。

第三节　旅游文化底蕴需求提升

一、旅游消费者对文化内容的总体需求

按照旅游消费者对旅游文化内容的需求，排序第一的是自然景观文化，即旅游消费者希望自然景观不会因城镇化建设的深入和扩大而遭到破坏和缺失。排序第二的是历史文化，即旅游消费者希望旅游文化中蕴含的浓厚历史文化不会因现代文化和外来文化的冲击而受到重创和埋没，希望发展特有的历史文化以保持旅游文化的历史性和独特性。排序第三的是建筑文化，旅游消费者希望旅游地可以将原先传统的、富有特色的建筑文化完整地保存和发展起来，希望通过建筑这一载体使旅游文化充分地得到展示，一方面使旅游消费者可以通过建筑更加直观形象地认识和了解旅游文化，另一方面也强调不要因现代城镇文化的冲击而使旅游地的建筑与其他地区逐渐同质化，从而失去其独特性。排序第四的是民俗文化。民俗文化是民间民众的风俗生活文化的统称，泛指一个国家、民族、地区中集居的民众所创造、共享、传承的民俗生活习惯。旅游消费者希望旅游地可以将原先独特而传统的民风民俗完整地传承和保留下来，以丰富旅游文化的内容。排序第五的是艺术文化，即旅游消费者期望将旅游文化中的民间手工艺术、戏曲艺术及其他艺术得以传承和发展，以增加旅游地文化旅游的特色。

总体来看，旅游消费者对自然旅旅游消费者体文化的需求高于人文旅旅游消费者体文化的需求；人文旅旅游消费者体文化中，旅游消费者对历史文化和建筑文化的需求高于其他类型的文化。

二、旅游消费者对旅游文化创新方式的需求

（一）对文化挖掘方式的需求

旅游消费者对旅游文化挖掘方式的需求中，对尊重其历史性和原始性，通过隐性的、精神文化的挖掘形式的期许高于构建物质性的、显性文化挖掘方式的需求。

（二）对现代文化融入的需求

旅游消费者希望旅游地在建设和修复的过程中，可以将现代文化和旅游地的传统文化进行融合，以丰富旅游文化，增加旅游地文化的多元性，且这部分旅游消费者以初中文化水平的旅游消费者为主。

综上所述，可得出如下结论：

1. 旅游消费者对自然旅旅游消费者体文化的需求高于人文旅旅游消费者体文化。

2. 对历史文化、建筑文化等古镇人文旅游文化内容的需求高于对民俗、宗教、艺术等人文旅游文化的需求。不同年龄的旅游消费者对历史文化和建筑文化的需求存在显著差异，不同文化程度的旅游消费者对古街道等建筑文化的需求存在显著差异，不同职业、不同收入的旅游消费者对旅游文化内容的需求没有显著差异。

3. 旅游消费者希望可以通过历史研究和展示、修复古建筑的方式更好地挖掘旅游资源中的客体文化，对尊重其历史性和原始性，通过隐性的、精神文化的挖掘形式的需求高于显性的、物质文化的挖掘方式的需求。

4. 大部分初中文化水平的旅游消费者希望古镇在建设和修复过程中，能够将现代文化和古镇文化很好地融合，丰富和发展旅游文化，增加古镇文化的多元性和创新性。

5. 旅游消费者对复原古镇历史遗迹的总体需求较低，且收入相对较高的旅游消费者对古镇历史遗迹复原的需求低于收入水平较低者。

第十一章　未来旅游企业应对消费者行为变化措施建议

第一节　人工智能赋能新型智慧旅游

一、旅游信息整合、发布的便捷化

通过人工智能中的图片识别能力和语言识别能力的运用,将旅游途中的各类事物信息进行集中收集,然后利用智能推理功能将搜集的信息与计算机中的相应信息进行比对,最终将旅游信息高度总结并传达给旅游消费者群体,以便旅游消费者自主合理安排旅游行程。

二、精准预测客流量,利于管理质量提高

人工智能技术拥有较为准确的预测系统,目前在总结大量数据的基础上,人工智能系统可以较为准确地预测旅游消费者的旅游目的地选择及每个景区的大概旅游消费者数量。对景区范围内旅游消费者数量、密度和空间分布的智能化分析可以使人工智能系统更加全面地为景区管理做出合理的安排。通过这种方式,让景区管理水平得到大幅度提升,为限流等措施执行铺路。

三、酒店服务模式的智能化

人工智能的语言识别系统和智能推理能力可以被运用在呼叫系统中,在酒店中居住的旅游消费者来自世界各地,语言上也具有较大的差别,而普通的员工难以充分了解外国旅游消费者的需求,从而不能很好地做出相应服务。但是通过人工智能系统,可以对语言进行实时转换,从而改变交流沟通难的状态。特别是在年轻客群逐渐成为消费主力的当下,传统酒店的模式化、标准服务面临一定挑战,推动住宿业内容升级,高科技发展打破行业

从单一路线走向"多维的生态路线",市场寻求一种新的科技赋能,来获得产业价值的突破与平衡。

四、旅游语音解说系统升级

旅游解说系统对旅游消费者更好地了解景区当地的交通状况、人文状况有很大作用。以往的导游讲解方式在人群密集的景点,很难被旅游消费者听见和更清楚地了解。在这种情况下,人工智能的优势就大大体现出来,人工智能系统可以通过手机讲解该景区特色,在讲解的同时可以通过图片、视频的展示让旅游消费者对该景点的了解更深入。人工智能还可以设立自助导游模式,根据旅游消费者的喜好进行当地演出活动和餐馆类型的选择,这种模式下,旅游消费者的游览更具个性化和特色,更符合不同类型旅游消费者的需求。

五、旅游路线的智能化规划

百度地图、高德地图是在现实旅游活动中人们经常使用的软件,人们通过地图软件的目的地搜索功能来寻找到达景区的最短路线和最适合的交通方式。但是在实际旅游过程中,这种办法仍需旅游消费者自己对路线和交通工具进行取舍。比如,在去往一个距离适中的景点时,乘坐公交车是最便捷的选择,然而实际的路况却不在这些软件的考虑范围之内,交通的堵塞会让公交车寸步难行,因此,乘坐公交车是不符合实际的。但在人工智能的指导下,能够结合实际路况与人群集聚状况,更加智能地安排适合的路线,让旅游消费者在交通出行方面节省大量时间。

第二节 区块链赋能智慧旅游高质量发展

区块链在旅游业中的应用目前尚处于探索阶段,潜力很大,其潜在应用领域涉及数字支付、业务流程重塑、非中介化水平的提升、旅游供应链管理以及旅游信用体系建设等方面,涵盖旅游企业、旅游交通、住宿、餐饮、旅游景区和旅游购物等行业核心因素。

"区块链+"赋能智慧旅游高质量发展的主要措施如下:

一、顶层设计：加快研究制订出台相关政策实施方案

数字化、智慧化是当代旅游最鲜明的特征之一，是旅游产业进化和高质量发展的关键。抓住区块链技术融合、功能拓展、产业细分的契机，以推动区块链与智慧旅游深度融合、提升旅游服务为导向，以把旅游业打造成为区块链应用的示范行业为目标，结合高质量发展要求、旅游行业"痛点"、本地实际，深入研究区块链在旅游业中具有方法论意义的应用场景（如溯源、存证、电子冠名发票、目录链等）与发展基础、技术经济制约条件、潜在风险，科学评估上链需求，并适时制定出台《关于深化"区块链+智慧旅游"推动旅游业高质量发展的意见》《区块链赋能智慧旅游发展实施方案》《"区块链+智慧旅游"行动计划》《"区块链+智慧旅游"总体规划》等相关政策实施方案。

二、基础架构：构建以区块链技术为支撑的智慧旅游生态工程系统

大众旅游时代，旅游产业的运行模式依赖于供应商（旅游资源运营商和旅行社）、渠道商（主要由B2B平台和B2C平台组成）、媒体和营销平台（旅游UGC、旅游社交平台、旅游媒体等）、支撑平台（支付平台、运维管理平台、旅游工具、金融服务等），是多中间商、多环节交易过程的网络，每个节点都是中心化的。区块链基于分布式账本可以使数据、资源实现去中心化，基于共识机制可以让管理实现去中心化，基于点对点传输、智能合约等可以解决数据传输和交易过程中信任、真实性验证和激励分配等问题。因此，面向未来，以区块链技术为支撑打造智慧旅游生态工程系统十分必要。据悉，云南省拟依托"一部手机游云南"建设所形成的应用场景以及不断成长的云南旅游大数据，实施"1+4+N"区块链创新工程，打造一个面向全域旅游的可信数字生态体系。所谓"1+4+N"，是指构建一条旅游公共服务区块链主链（包括区块链基础算力平台、统一区块链数字身份、区块链云服务平台），建设旅游消费者积分区块链、商家诚信区块链、行业生态区块链、金融服务区块链4条支链，分阶段部署落地N个区块链创新场景应用。其中，旅游消费者服务区块链包括旅游消费者消费积分平台和旅游消费者信用档案等应用，商家诚信区块链包括诚信码、退货平台、投诉平台等应用，行业生态区块链包括旅游数据目录链、非遗艺术品交易平台、旅游商品溯源、电子门票、电子合同等应用，金融服务区块链包括旅游供应链金融服务和旅游消费金融服务等应用。

三、先行先试：搭建区块链旅游信用管理系统以解决市场痛点

推动区块链首先在旅游市场秩序整治、目的地旅游诚信体系构建、基于大数据的旅游综合服务市场监管领域先行先试，通过解决市场痛点去推动商业模式创新，形成示范应用。第一，应用区块链的去中心化技术（去中介、去中间代理商），解决旅游信息不对称、交易成本高、旅游产品和服务内容缩水、机票和酒店产品超售、购物式旅游等行业"痛点"。第二，应用区块链的不可篡改性和追溯存证技术解决因在线旅游平台虚假评论导致的劣币驱逐良币"痛点"以及旅游商品假冒伪劣"痛点"，营造良好的产业竞争生态和自治自律机制。第三，基于区块链技术高度透明和消除信任依赖的特点创新旅游市场治理方式，通过区块链平台实现旅游综合执法过程的公正和效率，解决虚假订单、阴阳合同、隐性消费、欺客宰客、大数据杀熟等行业"痛点"。另外，还可以依据真实的评论大数据对旅游企业进行信用等级评价，优化旅游不文明行为记录制度。

四、重点应用：推广旅游消费积分，打造全域旅游链

建议稳步推进基于区块链技术的目的地旅游消费积分建设，实现交通、酒店住宿、餐饮、购物、旅游景区、旅游度假区、文化娱乐、医疗健康、研学等领域不同商家消费积分的互通互兑，助力旅游产业各环节企业实现用户共享、营销共推、服务互动，以提高用户黏性、降低获客成本、提升服务整合水平、拓宽消费市场、促进旅游消费，最终打造全域旅游链，实现"目的地—链游"。另外，根据长尾理论，只要产品的存储和流通的渠道足够大，需求不旺或销量不佳的产品所共同占据的市场份额可以和那些少数热销产品所占据的市场份额相匹敌甚至更大，即小众市场可汇聚产生与主流市场相匹敌的能量，而区块链技术因具有分布式架构、点对点传输、不可篡改等特性，因此有极大的潜力可以通过挖掘细分市场、响应长尾需求推动旅游产品和业态创新，促进形成新的消费热点以及共享经济的发展。最后，除了全域共创，推广旅游消费区块链积分还有助于实现全民共享。区块链的自洽性特点体现在旅游业中就是旅游消费者可能不止有一种身份，他们也可能是导游或管理者等。区块链中各区块记录了每一地区的旅游信息，通过区块链连接各地区，可相互交换本地特色旅游及服务信息，各地有兴趣的居民都可参与到旅游消费者接待及管理中，旅游消费者可最直接享受到当地的特色体验，当地居民可从服务中获益。不过，通过积极推进旅游消费积分计划，拓展以智慧旅游为核心的融合服务消费新场景、新体验，仍应在科学评估相关行业、领域、数据、项目、产品、人员的上链必要性、安全性和效率的前提下进行。

综上，区块链技术蕴含的巨大变革力量及其在应用领域的不断发酵，正在不断推动智慧旅游由"互联网+"推动的1.0版本向"区块链+"推动的2.0版本深化发展，"区块链+智慧旅游"有利于提升智慧旅游公共服务平台新效能、引导旅游公共服务模式创新，有利于赋予智慧旅游发展新内涵、激活旅游发展新动能，有利于培育旅游发展新方向、为旅游业发展转型提供新契机，最终将成为推动旅游业高质量发展的重要领域、关键动力、主要手段之一。为此，各地通过制定关于加快区块链技术应用和智慧旅游发展的政策和行动计划予以积极响应，谋划建立多方共识机制、构建区块链旅游平台、搭建区块链旅游信用管理系统，以有效整合全域资源，优化全流程服务和管理，构建新消费模式。面对这一新领域、新任务，必须要以深化区块链在旅游领域的应用为主线，通过加强顶层设计、构建"区块链+智慧旅游"生态工程系统、搭建旅游信用管理系统、打造智慧化全域旅游链等，提高科技赋能现代旅游文化产业体系建设的贡献率，促进旅游业高质量发展。

第三节 构建沉浸式体验提升景区服务质量

一、全面改进智慧旅游技术

（一）提高智慧旅游技术的信息质量

从智慧旅游技术的信息内容着手，避免虚假或者冗余的信息出现。工作人员应定期检查、更新智慧旅游技术包含的信息，向旅游消费者提供全面、及时、真实的信息，旅游消费者也可以选择屏蔽不感兴趣的信息。推送信息时，应降低广告推送量，减少对旅游消费者的干扰。智慧旅游技术包含的一些信息由用户发布，平台也应发挥监管作用，通过一系列运营活动鼓励用户发布真实准确的信息及"避坑"信息，并通过更好的产品机制充分展示给旅游消费者。智慧旅游技术呈现的信息也应充分挖掘旅游景区历史与文化内涵，形成丰富有趣的图文内容，使旅游消费者获得更有用、有温度的知识，增强技术的感知有用性。同时，也应加强智慧旅游技术的感知趣味性，如可以通过在AR技术、VR技术中加入触觉、嗅觉等感官体验，增强智慧旅游技术的趣味性。

（二）增强智慧旅游技术功能和服务的人性化

景区应以旅游消费者为中心换位思考，把便捷旅游消费者作为出发点，定期检查、维护设施设备，及时更新功能并做好故障预案。此外，需重视智慧旅游技术页面操作的友好性。技术人员可以对系统算法进行优化，为用户提供更多的个性化服务；也可让用户选择是否取消一些复杂或多余的功能，满足不同类型和特点旅游消费者的需求。智慧旅游技术页面设计方面，在坚持简洁原则的同时，可以使用更多的明亮颜色和引人注目的内容，以达到吸引用户注意力、提升用户情绪的目的。也可以通过问卷调查、访谈等方式搭建反馈渠道，了解旅游消费者对智慧旅游技术功能的需求，增添能够提高旅游消费者游览效率和旅游体验的功能。

另外，景区应扩大智慧旅游技术的宣传。例如，通过社交媒体和网络等推广智慧旅游技术，同时在景区入口、旅游消费者中心、售票处、重要景点处宣传使用智慧旅游技术，令旅游消费者了解智慧旅游技术的实用性，从而提升旅游消费者对技术的好感和认同。旅游管理部门也需提高对景区相关服务的监管、跟踪，督促景区把技术服务工作做扎实。总之，通过改进智慧旅游技术，切实提升旅游消费者舒适度、满意度，使景区的口碑、吸引力持续提升。

二、多渠道提高旅游消费者沉浸体验

景区经营者可以积极探索影响旅游消费者沉浸体验的因素，从而增强旅游消费者沉浸体验或者避免旅游消费者沉浸体验被打断。

（一）管理者需要策划真正能让旅游消费者有沉浸感和参与度的旅游活动

以往研究表明，沉浸体验的产生条件包括挑战与技能的平衡、目标的准确性、及时反馈等，因此可以基于以上因素进行旅游景区活动策划。例如，活动介绍应简短、易懂、有趣，活动难度应适中，让旅游消费者能够比较迅速、清楚地了解活动的基本情况和要求，并将自身能力和需要与活动匹配。还可以在活动中添加一些言语或行动引导旅游消费者进入活动状态，如提问、奖励等，及时针对旅游消费者的反馈意见修改活动内容与形式。在文旅融合的背景下，文化应该是活动的内核，应将景区的核心文化作为活动策划的核心，在活动中体现文化、品牌、IP，并且将数字技术作为辅助活动的手段，实现技术手段与思维创意的完美结合，增强旅游消费者在活动中的互动感，从而切实吸引旅游消费者，提升其沉浸体验。具体而言，旅游活动应在场景布置和效果上更注重真实或呈现人们在现实社会中无法感受到的场景，通过人物、故事情节、情境等设计，使旅游消费者完全沉浸于活动中。应注重旅游消费者的感官体验，使旅游消费者从原有单一观看者变身为真正的活动参与者，实现自身与当地文化的交流互动。例如，可以打造一些旅游新业态，如实景剧本杀，动漫IP体验天地、沉浸式舞台剧、主题公园沉浸式旅游等，增强旅游消费者代入感。

（二）丰富消费内容

景区需打造全年式、时点式、阶段式的旅游系列产品，运用更多文化创意更新产品体系，增强景区持续吸引力，提高旅游消费者重游率。应发掘新的消费点，提高旅游消费者在景区的消费，可以采取年票、套票、月内二次参观半价、主题活动打折、家庭或情侣折扣等营销策略。景区也应扩大旅游活动的空间，增加旅游消费者停留的时间。管理者还应选择年龄、职业、出游目的等作为市场细分标准，探查不同群体旅游消费者的需求，针对性地提供旅游产品，促进旅游消费者兴趣、动机和目的地的匹配，使其产生沉浸体验。例如，现今中国的消费主力大多是青年群体，旅游企业要准确把握他们的消费心理，特别关注青年群体热衷的"亚文化"，不断创新以满足其需求和偏好。

旅游消费者行为涉入在智慧旅游技术过载和沉浸体验间起中介作用，旅游消费者的行为涉入度越高，越有可能获得沉浸体验，因此管理者应注重提升旅游消费者涉入水平。新媒体快速、直接的宣传功能应得到充分利用，利用微博、微信、抖音等新媒体对旅游景区进行详尽的介绍，宣传旅游景区的优势和特色。可以邀请旅游达人等到景区实地体验，实时交流旅游经验，吸引旅游消费者参与旅游活动。

运用新媒体创造话题，与当前网络流行话题、热点事件等相结合进行宣传，扩大旅游消费者接触旅游信息的途径，提高旅游景区热度。同时建立咨询答疑区，及时回复处理旅游消费者的反馈信息和留言。针对旅游消费者需求，组织多样化的线上活动，如建立线上社群、主题活动讨论区等。总之通过一系列宣传活动，加强旅游消费者涉入程度，提高旅游地知名度，扩大市场份额。

三、重点提升景区环境价值

环境价值能够缓解消极情绪对沉浸体验的负面影响，因此提升环境价值意义重大。目前许多旅游景区环境价值不高，还存在环境污染、生态破坏、资源浪费、旅游消费者拥挤、景区原生态特质丧失，景区设施与环境不协调等问题。对于环境价值相对较低的区域，景区需要采取措施营造优美环境，缓解旅游消费者的消极情绪，从而减少技术过载效应。

首先，要持续改善景区的生态环境、保护自然资源、优化景观，杜绝破坏性发展。应加强景区的绿化美化工作，禁止工业、生活垃圾排放。应加强对景区环境保护的宣传和教育，如通过组织环保夏令营、建设环保博物馆等举措，增强旅游消费者的环保意识，使旅游消费者积极投身环境保护工作。每日旅游消费者的进出数也要严格控制，并合理地安排景区内的线路，以便对旅游消费者进行分流。

其次，旅游景区的服务设施要与景区环境相匹配，不破坏景区的原生态气息，让旅游消费者处于舒适的环境中，感受高环境价值。比如，景区服务设施必须合理选址、科学布局，注重服务设施的生态化和景观化。服务设施的体量、造型、色彩、材质等要与整体环境相协调等。另外，在规划与开发时也要防止旅游消费者产生审美疲劳。可以通过打造多元化主题旅游路线，举办多种形式新颖的旅游活动，合理安排景观空间等措施，让旅游消费者感受不同的旅游资源，避免重复路线，预防旅游消费者审美疲劳。同时，必须注重导览标识系统、景观小品、服务设施等蕴含的地方文化特色和个性化，做出差异化设计，减少旅游消费者的视觉重复感，防止景区模式化与同质化，提升景区的环境价值。

第四节 结束语

旅游行业作为我国国民经济发展的朝阳产业，在数字经济发展的推动下，其改革也逐步升级发展。数字经济发展目前已成为催生旅游行业经济增长点，旅游产业的供给侧改革，旅游产业跨行业融合的关键点，以此来实现我国旅游行业的创新性发展。数字经济背景下智慧旅游创新发展策略如下：

一、旅游线路个性化定制

不同地区的旅游特色具有一定差距，因此，在推广智慧旅游服务系统时并不能完全照搬，而是要根据地区旅游特色与人文文化特点，构建具有针对性的服务体系。管理人员可借助数字信息技术，为旅游消费者智能生成更多个性化定制旅游路线。在设定个性化旅游路线时，管理人员通过信息系统对景区内景点分布与旅游消费者的构成特点进行分析，根据旅游消费者游览时间的不同需求设定不同路线。根据旅游路线的设定，旅游消费者可根据自身游览时间自行选择适合的游览路线，而不同的旅游路线选择所享受到的旅游服务也将更具有针对性。旅游景点的纪念品销售，活动体验也是旅游行业经济发展中的重要组成。为带动第二产业的发展，旅游企业在进行旅游门票发售时，可将旅游纪念品位置或观光车、旅游点等更多景点介绍信息呈现在数字平台中，进而满足旅游消费者旅游的更多个性化需求。通过促进纪念品的销售，提高旅游产业价值。

二、景区导航服务功能性

对规模较大的旅游景点来说，为加强旅游消费者的旅游体验感，管理人员在设定旅游服务系统时要增加步行导航或自驾导航功能。旅游服务提供模拟导航系统的导览机，可以将该移动终端对旅游消费者进行出租，该系统可以连接主机与从机，主机可通过从机系统及时地了解旅游消费者当前所在位置。并且导览机还具有报警功能，将主机与从机相隔距离较远时自动发生报警信号，根据主机的信息引导尽快找到从机的位置，避免老人与小孩在旅游时走失。

三、智慧旅游服务系统化设计

为增强旅游消费者在旅游期间的服务体验感，除必要的功能模块，如对景区内景点介绍、路线分布及线上购票等功能外还需要依托旅游服务系统搭建更多的服务板块。旅游管理人员需要对服务系统进行总体性设计，将旅游功能性分为景点信息查询、数据修改、图片管理、好友管理及地图使用等功能。在景点信息查询中，旅游消费者可以查询景点的具体位置与景观图片，并通过具体位置建立相应的路线。用户也可以根据数据修改模块进行个人信息的修改与添加。图片管理功能可以实现旅游消费者的线上交流，旅游消费者将旅游图中所拍摄的图片上传，进行更多的体验分享。好友模块中也可建立不同移动终端间的好友功能，利用好友功能实现不同旅游消费者间的交流对话。地图使用则是根据提前设定的旅游线路完成导航功能，并及时查询自身所处定位，优化旅游线路。对于智慧旅游服务系统的设计与升级，需要管理人员不断收集数据，并分析这些数据。通过数据分析结果总结旅游优化功能，进而为旅游消费者提高旅游服务体验，促进旅游产业智能化、深度化发展，以旅游产业为地区内主导经济，促进区域内经济发展。

智慧旅游服务是旅游行业创新发展的全新模式，既可带动地区内旅游行业的服务水平，同时也可以有效地提升旅游行业经济效率，推动相关基础设施的升级建设，加强旅游消费者参观的旅游体验感。在数字经济发展背景下，智慧旅游服务通过对现代技术的应用，促进对传统旅游行业的改革发展，带动旅游的深化改革，从数字智慧化层次对于旅游服务体系的建设提供更为科学有效的依据，逐步实现旅游产业的数据化、信息化发展。随着数字经济发展的成熟与稳定，目前，智慧旅游服务已成为旅游公共服务体系重点建设项目之一，大幅度提高旅游服务质量、服务水平。信息平台的建立也有助于旅游相关部门更为及时有效地共享信息，加强数据库系统建设，智慧旅游实现功能最大化，提供更多便民惠民服务。

参考文献

[1] 郭玉婷,鲁明勇,赵培培."一带一部"区域智慧旅游合作模式的演化博弈研究[J].商业经济,2023(9):146—149.

[2] 梁伟亮.面向元宇宙时代:数据垄断规制的反思与重构[J].现代经济探讨,2023(8):116—125.

[3] 徐雪娇,马力.数字经济何以助力高质量创业?[J].经济问题,2023(8):33—41+91.

[4] 任保平,贺海峰.中国数字经济发展的空间分布及其特征[J].统计与信息论坛,2023,38(8):28—40.

[5] 王悦荣.基于智慧旅游的目的地旅游管理体系构建研究[J].旅游纵览,2023(13):47—49.

[6] 黄晓菲.大数据时代智慧旅游管理模式探究[J].旅游纵览,2023(13):59—61.

[7] 范䶮彧.智慧旅游在旅游企业管理中的运用[J].中关村,2023(7):114—115.

[8] 辛雨,蔡霞,吴梦淋.智慧旅游时代旅游业发展的机遇与挑战[J].产业创新研究,2023(12):91—93.

[9] 廖萍,王莎莉,裴素华,等.智慧旅游背景下苏州古城文化旅游创新发展研究[J].公关世界,2023(12):58—60.

[10] 于相贤.新时代智慧旅游视域下乡村旅游管理信息化探讨[J].乡村论丛,2023(3):108—112.

[11] 王咏,朱剑宇,张海峰.数字经济发展框架和趋势研究[J].信息通信技术与政策,2023(1):2—6.

[12] 吴静,张凤.智库视角下国外数字经济发展趋势及对策研究[J].科研管理,2022,43(8):32—39.

[13] 李三希.我国数字经济发展的主要特点和突出优势[J].国家治理,2021(18):3—7.

[14] 任红莉,段锐.智慧旅游时代旅游者消费行为倾向研究[J].企业改革与管理,2017(12):5—6.

[15] 赵芸,李雷.智慧旅游背景下游客的消费行为分析[J].中国商论,2016(7):120—122.

[16] 张维亚,严伟,汤澍.基于数据挖掘的旅游者消费行为数字足迹特征分析[J].商业经济研究,2016(18):65—68.

[17] 王莹莹.基于智慧旅游时代旅游者消费行为的旅行社发展应对策略研究[D].开封:河南大学,2015.

[18] 张维亚,俞世海.旅游者在线消费行为影响因素的研究进展与启示[J].金陵科技学院学报(社会科学版),2015,29(1):21—26.

[19] 杨玉婷,康厚良.互联网发展对旅游消费者行为的影响分析[J].河北旅游职业学院学报,2014,19(2):22—24+28.

[20] 王美云,苏永华.大数据杀熟对顾客公民行为的影响:以在线旅游消费为例[J].企业经济,2023,42(1):132—140.

[21] 逯玺朝.基于大数据技术的生态旅游情感体验对生态旅游地的认知与消费意愿分析[J].旅游与摄影,2022(18):103—105.

[22] 戴志强.旅游大数据发展策略分析[J].科技风,2022(9):55—57.

[23] 宋江浩.大数据技术在三亚海鲜旅游消费市场监管中的应用研究[D].三亚:海南热带海洋学院,2021.

[24] 文君.基于大数据分析的高端民宿消费行为研究[D].郑州:郑州大学,2021.

[25] 刘婷婷.大数据下消费需求分析及企业精准营销研究:以旅游行业为例[J].现代营销(下旬刊),2021(3):48—49.

[26] 陈馨.大数据时代旅游者消费行为特征研究:以夜间旅游为例[J].现代商贸工业,2020,41(29):21—23.

[27] 李小妹.基于大数据分析的避暑旅游消费行为研究[D].北京:北京信息科技大学,2019.

[28] 吕勤,于卫国.消费大数据在旅游数据分析中的创新及应用[J].数字技术与应用,2019,37(5):87—89.

[29] 张苗荧.大数据重构旅游商业模式与消费生态[N].中国旅游报,2017—12—29(3).

[30] 许亚琼.旅游持续发展与旅游生态保护[J].旅游纵览,2021(1):61—63.

[31] 金磊.生态旅游:生态与环保的和谐对话[J].中国民族博览,2002(4):30—33.

[32] 王泽星.共享经济下乡村旅游发展模式研究:以甘肃省为例[J].中国商论,2022(22):83—85.

[33] 罗志慧,熊正贤,易婷婷.基于包容性增长的生态旅游型森林小镇共建共享模式研究[J].农村经济与科技,2022,33(20):74—78.

[34] 周小红,廖广莉.共创、共享、共生的"湘南红"旅游职业教育产学研合作模式研究:以郴州地方旅游职业院校为例[J].旅游纵览,2022(20):37—39.

[35] 丁洁.乡村旅游新模式:共享农庄[J].旅游纵览,2022(18):129—131+144.

[36] 陈雪钧,李莉.共享经济下康养旅游产业创新发展模式研究[J].企业经济,2021,40(12):152—160.

[37] 龚柯羽，黄萍. 共享农庄路径下的成都龙泉山庄休闲旅游发展模式研究 [J]. 旅游纵览，2021（24）：125—128.

[38] 黄菲，邓雨薇."区块链+共享旅游"服务创新模式分析 [J]. 大陆桥视野，2021（8）：72—73.

[39] 胡命正，徐圣兵. 依托旅游产业的农村合作社资源共享模式研究 [J]. 中国市场，2020（35）：54—55.

[40] 范晓施，杨芳. 大健康背景下对"共享农屋"旅游模式的探究：以浙江省磐安县为例 [J]. 农村经济与科技，2020，31（20）：55—56.

[41] 黄兆成. 共享模式下乡村旅游环境设计与策略研究：以山东地域乡村为例 [J]. 中国艺术，2020（5）：124—128.

[42] 徐岸峰，王宏起，赵天一. 共享平台视角下全域旅游演进机理和服务模式研究 [J]. 中国地质大学学报（社会科学版），2020，20（4）：141—155.

[43] 马婷婷. 共享模式下的乡村旅游民宿设计研究 [D]. 北京：中国矿业大学，2020.

[44] 张蘅，许英达，陈昱兴，等. 新媒体时代吉林省旅游产业信息共享发展模式研究 [J]. 中国市场，2020（12）：189—190.

[45] 吕静，钟华. 深圳共享住宿模式下顾客旅游体验与行为模式分析 [J]. 深圳职业技术学院学报，2020，19（2）：23—27.

[46] 徐追. 共享经济下海南省乡村旅游发展模式研究 [D]. 三亚：海南热带海洋学院，2019.

[47] 杨志国. 共享经济模式下乡村度假休闲旅游资源开发路径 [J]. 农业经济，2019（8）：61—63.

[48] 徐兴花. 共享经济视角下旅游消费者信任影响因素研究 [D]. 贵阳：贵州财经大学，2019.

[49] 郭碧君. 民族村寨旅游共享发展模式研究 [D]. 武汉：中南民族大学，2019.

[50] 李姗晏，林森. 促进旅游共享经济模式健康发展 [J]. 中国发展观察，2019（6）：48—50.

[51] 司首婧."互联网+"背景下国内旅游企业信息服务共享模式探析 [J]. 牡丹江大学学报，2018，27（11）：9—11+20.

[52] 纪花. 共享经济模式下旅游民宿业的发展策略 [J]. 智库时代，2018（37）：45+47.

[53] 毕超毅. 旅游厕所共享模式研究 [D]. 青岛：青岛大学，2018.

[54] 雷海东. 运用"互联网+旅游"共享经济创新发展模式升级旅游经济产业：以潮州市为例 [J]. 福建教育学院学报，2017，18（1）：58—61.

[55] 梁学成. 我国旅游企业间服务共享式合作模式与实现机制研究 [J]. 西北大学学报（哲学社会科学版），2015，45（2）：130—134.

[56] 徐卫红,张凤梅,陈能.旅游特色数据库多馆共建共享模式研究[J].图书馆学研究,2012（19）：23—26.

[57] 段文军,赵燕.西部民族地区高校旅游类优质教学资源共享模式研究[J].文教资料,2012（16）：184—186.

[58] 梁学成.基于服务共享的旅游企业合作模式研究[A].中国旅游研究院.2012中国旅游科学年会论文集[C].中国旅游研究院,2012：107—112.

[59] 云南省首个元宇宙景区上线!AR沉浸式旅游照进现实[J].中国有线电视,2023（6）：12.

[60] 陈浩,宋科,刘闪,等.5G时代下运用元宇宙虚拟旅游助力张家界旅游[J].旅游与摄影,2023（1）：68—70.

[61] 景秀丽,吴鑫颖.元宇宙场域下的乡村旅游产业未来生态图景[J].东北财经大学学报,2022（6）：40—50.

[62] 郭玉洁.文化旅游项目创造文化消费需求的机制与路径研究[D].石家庄：河北经贸大学,2019.

[63] 麦诺文,李蕊伶,葛娟,等.文化遗产的"IP"数字旅游策划研究：以沙井蚝文化为例[J].旅游与摄影,2020（16）：67—69.

[64] 宇,黄艳.文化消费视角下的数字旅游研究[J].湖北经济学院学报（人文社会科学版）,2018,15（10）：54—56.

[65] 郭文杰.环塔里木非物质文化遗产数字旅游价值评估[D].塔里木大学,2015.

[66] 张梓宸,黄萍,龙尧,等.基于人工智能的智慧旅游综合系统模型构建[J].科技视界,2021（12）：10—12.

[67] 莫小泉,朱名强.基于人工智能的广西北部湾区域智慧旅游建设与发展对策研究[J].企业科技与发展,2021（4）：14—16.

[68] [70] 谢奇秀,苏会卫,谭日辉,等.基于人工智能的非遗旅游研究综述[J].科技与创新,2021（5）：108—109.

[69] 鲍绍武.人工智能视域下智慧旅游大数据分析模型的构建研究[J].佳木斯大学学报（自然科学版）,2020,38（6）：33—35.

[70] 王军.浅议人工智能技术在智慧旅游中的应用[J].中小企业管理与科技（上旬刊）,2020（9）：173—174+177.

[71] 邓捷.智慧旅游体系构建中人工智能技术的运用探究[J].旅游纵览（下半月）,2020（4）：17—18.

[72] 魏维轩,王南.人工智能在智慧景区管理中的应用现状与前景初探[J].河北青年管理干部学院学报,2019,31（5）：54—59.

[73] 宋海鹏.基于人工智能的智慧旅游大数据分析模型的构建[J].城市建设理论研究（电子版）,2019（14）：176.

[74] 陈建敏，徐苏丽．基于人工智能的智慧旅游大数据分析模型的构建 [J]．电脑知识与技术，2019，15（11）：189—190．

[75] 王天明，丛晓利．人工智能助力海南旅游发展研究 [J]．经济研究导刊，2019（8）：108—110．

[76] 李国忠．人工智能技术在智慧旅游中的应用 [J]．自动化与仪器仪表，2017（12）：225—227．

[77] 柳红波．人工智能技术在智慧旅游中的应用 [J]．自动化与仪器仪表，2016（2）：147—148．

[78] 明庆忠，韦俊峰．"区块链+"赋能智慧旅游高质量发展探析 [J]．学术探索，2021（9）：48—54．

[79] 沈文星．体验式智慧旅游研究：建构主义视角 [D]．武汉：武汉大学，2014．

[80] 余淼晶．智慧旅游技术过载对旅游者沉浸体验的影响研究 [D]．泉州：华侨大学，2022．

[81] 李晓宇，罗圆．基于游客体验的智慧旅游景区服务质量研究 [J]．当代旅游，2022，20（3）：31—33．

[82] 钟栎娜，邓宁．智慧旅游：理论与实践 [M]．上海：华东师范大学出版社，2017．

[83] 张凌云，乔向杰，黄晓波．智慧旅游的理论与实践 [M]．天津：南开大学出版社，2018．

[84] [86] 吴红辉．智慧旅游实践 [M]．北京：人民邮电出版社，2018．

[85] 张建春．智慧旅游导论 [M]．杭州：浙江工商大学出版社，2016．

[86] 陆均良，宋夫华．智慧旅游新业态的探索与实践 [M]．杭州：浙江大学出版社，2017．

[87] 林德荣，郭晓琳．旅游消费者行为 [M]．重庆：重庆大学出版社，2019．

[88] 杨彦锋．智慧旅游：产业数字化的理论与实践 [M]．北京：中国旅游出版社，2022．

[89] 杨燕青，葛劲峰，马绍之．数字经济及其治理 [M]．北京：中译出版社有限公司，2023．